中原智库丛书·青年系列

公共管理定量分析技术与方法

Quantitative Analysis Techniques and Methods in Public Management

程 方 / 著

经济管理出版社
ECONOMY & MANAGEMENT PUBLISHING HOUSE

图书在版编目（CIP）数据

公共管理定量分析技术与方法 / 程方著. -- 北京 ：
经济管理出版社，2024. -- ISBN 978-7-5243-0072-4

Ⅰ. D035-0

中国国家版本馆 CIP 数据核字第 2024NP9739 号

组稿编辑：申桂萍
责任编辑：申桂萍
助理编辑：张　艺
责任印制：张莉琼
责任校对：陈　颖

出版发行：经济管理出版社
　　　　　（北京市海淀区北蜂窝 8 号中雅大厦 A 座 11 层　100038）
网　　址：www. E-mp. com. cn
电　　话：(010) 51915602
印　　刷：北京晨旭印刷厂
经　　销：新华书店
开　　本：720mm×1000mm/16
印　　张：14
字　　数：254 千字
版　　次：2024 年 12 月第 1 版　　2024 年 12 月第 1 次印刷
书　　号：ISBN 978-7-5243-0072-4
定　　价：88.00 元

前　言

公共管理作为一门跨学科的领域，旨在研究政府和非营利组织等公共部门的组织、运行和政策实施等方面的问题，而定量分析作为现代科学研究的重要手段之一，为解决这些问题提供了有力的工具和方法。本书的目标是帮助读者系统地了解和掌握公共管理领域中的定量分析技术，并在实际问题中灵活应用，以推动公共管理领域的深入发展。

本书系统地介绍了在现代公共管理领域中应用定量分析的关键方法和技术。第一章介绍了定量分析的基础，包括公共管理研究的内容与方法，公共管理定量分析的方法、理论基础和应用领域等。第二章深入讲解了定量研究设计方面的相关内容，涵盖概念、步骤和原则，以及资料分析方法。第三章引导读者了解统计分析的基本概念、抽样调查和统计分析原理。第四章和第五章介绍了统计推断方法，包括参数估计和假设检验等方法，为准确决策提供支持。第六章探究了相关分析和回归分析，揭示了变量关系。第七章介绍了预测分析方法，包括定性预测方法、时间序列和回归预测。第八章详细阐述了决策分析，包括确定型、不确定型和风险型决策。第九章介绍了线性规划基本概念及解法。第十章探讨了大数据分析方法，介绍 Python、网络爬虫、文献计量和社会网络分析方法。

本书在编写技巧上注重全面性与系统性，从定量分析基础出发，逐步深入介绍了公共管理领域中的各种定量分析方法，包括统计分析、预测分析、决策分析等，涵盖了多个层面，为读者提供了一套完整的定量分析体系。本书注重理论与实践相结合，不仅介绍了定量分析的理论基础，还通过丰富的实际案例和应用场景理论联系实际，帮助读者更好地理解和应用所学知识。此外，本书强调方法的操作性，部分内容配有详细的步骤和示范，如 Python 编程和网络爬虫等，为读者提供了实际操作指导。

本书适用的读者群体包括公共管理领域的学生、从业者以及对定量分析方法感兴趣的人士。对于公共管理专业的学生，本书提供了系统的定量分析知识，能引导他们在学术研究和实际问题解决中运用科学的方法。对于公共管理从业者，本书提供了实际案例和方法指导，能帮助他们更好地理解数据，做出明智的决策，并优化管理实践。同时，无论是社会科学研究人员还是其他领域的学者，本书的内容将为他们提供有力的分析工具，用以探索数据背后的规律，从而提升研究的深度和广度。

在编写本书的过程中，笔者深感个人水平有限，但仍希望通过精心研究和努力创作，为读者呈现一本有益的作品。如有不足之处，敬请读者批评指正，期待借此机会不断进步与成长，读者的理解和支持，将是笔者不断前行的动力。

目　录

第一章　定量分析基础

一、公共管理研究的内容与方法

（一）公共管理的研究内容

公共管理（Public Administration），作为政府公共部门管理的关键组成部分，被认为是公共行政学的一个分支，其内涵与公共行政学相当。它专注于研究公共组织，尤其是政府组织的管理活动和运作规律，涵盖了广泛的社会管理范畴，旨在促进人类共存与合作的大规模协调。长期以来尽管公共管理的定义相对模糊，不同学者从不同的学科视角给出了多样的解释，但大多数学者一致认为其核心是管理社会公共事务。

公共管理这一术语，融合了"公共""管理"的双重内涵，它所蕴含的深层意义远不止于字面。它不仅关注政府和其他公共机构的职责范畴，更强调这些机构与广大公众利益之间的紧密联系，以及由此引发的广泛社会参与和共同分享。因此，政府和其他公共机构的核心任务，可归结为向公众提供各类必要的公共产品或服务。

公共管理作为公共行政理论与实践的进化成果，其核心聚焦于政府公共部门、非营利组织以及私人部门在公共事务管理中的角色和互动，致力于构建和维护公共秩序，以及实现和保护公共利益。这一过程涵盖了政治、法律、经济和管理等多个领域的理论与方法的应用，包括依法制定与执行公共政策、管理公共事务、提供公共服务等一系列复杂而精细的活动。这些活动不仅要求高效的组织与协调，更需要深刻的洞察力和责任感，以确保公共利益的最大化和社会秩序的和谐稳定。

公共管理的主要研究方向包括对作为公共事务管理主体的公共组织进行结构、功能以及与其环境之间关系的深入探究。此外，公共管理学还着重研究公共管理活动的各个环节，包括但不限于规划、组织、控制、决策、协调、监督和评估等方面。通过这些研究，公共管理学致力于探索如何运用各种科学知识和方法来解决公共事务管理中的难题，以更有效地提供公共产品或服务。

根据之前的定义，公共管理的核心领域涵盖了广泛的方面。首先，它包括了对公共组织的结构、功能、外部环境和运作机制的研究，以深入理解其运作方式及对社会的影响。其次，公共管理关注行政管理体制改革，以及中央与地方之间的协调，致力于优化政府管理体系，提高治理效能。在市场经济的背景下，公共管理探讨了政府的职责与作用，政府机构的变革，以及政府与市场、企业、社会之间的相互关系与互动。最后，公共管理还涉及公共部门人力资源的培训与有效利用，规划、决策、监督、控制等管理活动，以及公共项目的评估和应对突发事件的危机管理。社会管理与服务、公共信息管理和咨询服务、公共政策、公民参与、科技管理和文化管理等领域也是公共管理的重要研究方向。综上所述，公共管理作为社会科学和自然科学相互渗透的产物，具有广泛的研究性质，其特征包括公共性（社会性）、管理性、科学性、应用性、实证性和综合性。

（二）公共管理的研究方法

中国古语有云：“工欲善其事，必先利其器。”这句话深刻地表达了一个普遍的道理：成功的实践离不开合适的工具和方法。在学科发展的道路上，引入和创新研究方法至关重要。这不仅可以帮助学科不断进步，还能够拓展其发展的边界和潜力。

任何学科的发展都需要有效的研究方法的支撑。换言之，一个学科研究方法的成熟度和独特性是评价该学科独立性和发展潜力的重要标志之一。因此，公共管理作为一门学科，其研究方法的创新和发展尤为关键。

公共管理研究方法不仅是一种思维逻辑和方法路径，而且是一系列行动的步骤、程序和技巧的总和。这些方法的成熟与发展直接影响着公共管理学科向科学性、合理性和实践性的方向迈进。因此，我们必须不断完善和创新公共管理研究方法，以满足现实问题的需要，并推动学科的持续发展。

自从威尔逊提出"政治与行政二分"这一开创性理论以来，公共管理学的学科发展已走过了一个多世纪的岁月长河。在这一漫长而丰富的历史脉络中，众多国外的专家和学者对公共管理的研究方法、技术手段以及演变趋势进行了全面而深入的回顾与评论。特别是他们高度重视定量分析方法在公共管理研究中的核心地位，认为这一方法对于推动公共管理研究方法的创新具有举足轻重的意义。

公共管理研究方法致力于深入探究公共管理领域的问题，它是公共管理学术研究方法、公共管理实践问题解决方法以及公共管理咨询方法的统一体。这意味着公共管理研究方法不仅是理论探索的工具，也是解决实际问题和提供咨询服务的重要手段。

在公共管理研究方法的发展历程中，早期阶段主要采用了经验科学的方法，包括观察、实验、比较、抽样、案例分析、访谈和调查等。这些方法主要以经验数据和案例为基础，强调对现实情况的直接观察和分析。

然而，随着时间的推移，公共管理领域开始引入了更加系统化和科学化的方法，如运筹学、控制论、系统工程和统计分析等。这些新的分析方法不仅丰富了研究工具和技术，也提高了研究的科学性和准确性。

特别值得注意的是，在过去的几十年中，公共管理学界逐渐开始重视定量分析方法的运用。以回归分析、时间序列分析和事件历史分析为代表的高级定量研究方法开始受到关注，并被广泛应用于公共管理领域的研究实践中。这些方法的引入不仅提升了研究的深度和广度，也推动了公共管理学科的发展。

近年来，公共管理研究更加倾向于采用定量分析方法，并积极融入其他学科的研究方法和技术，如地理学、心理学、经济学、政治学和社会学等。这种跨学科的融合不仅丰富了公共管理研究的视野，也促进了学科之间的交流与合作。

然而，需要强调的是，定量分析方法并非仅仅是机械的工具，它本身也在不断发展演进。定量分析方法的发展动力来源于对理论进步和学科建设的追求，它们为公共管理学科的发展提供了重要的支持和推动力。

研究范式代表着学术界对学科领域、范畴和研究问题的一种认知框架，这种框架是学者通过长期研究逐渐形成的。在公共管理领域，学者曾就公共管理的本质和范式进行过激烈的讨论。经典公共管理理论将官僚体系视为研究的核心，这一体系深深植根于韦伯所倡导的纯官僚理论之中。然而，部分学者对此持有不同的看法，他们认为，官僚体系的理念与美国长久以来所秉承的自由主义民主传统存在明显的矛盾，因此，他们主张应以民主治理作为公共管理的新核心范式。与此同时，后现代公共管理学者则提出了一种不同的观点，他们强调权威表述和协作治理在公共管理中的重要性，认为这两者对于现代公共管理的有效运作至关重要。因此，在公共管理研究中，存在着一系列不同的范式，这些范式可以概括为一个三级结构（见图1-1）。这些范式在公共管理研究领域为学者提供了多样化的视角和方法论，不仅拓宽了学科的研究范畴，还深化了对其内在规律的探索。其中，第一级范式将公共性置于公共管理学科的核心地位，作为学科研究的基础和出发点，使得所有的公共管理文献都围绕这一核心概念展开深入研究。第二级范式则注重方法论的多样性，包括政治分析、管理分析、法律分析、历史分析、伦理分析等不同的研究方法，为研究者提供了丰富的工具和手段，使其更加全面和深入地理解公共管理现象。第三级范式则更加关注具体的研究问题，将研究焦点细化到具体的公共管理实践和政策问题，从而推动了学科知识的实际应用和发展。这些范式的互补与融合，共同构成了公共管理研究领域丰富多彩的学术图景。

假定	研究内容	问题
公共管理区别于一般性管理	公共性质的地位	如何改进公共部门工作

（a）一级范式最重要层次（公共性）

次要层次	经营理论	政治理论	司法理论	伦理理论	历史/感知理论	综合理论	其他
假定	公共管理就是效率、有效性和经济	公共管理就是谁想得到什么	公共管理就是合法权益	有关道德伦理	历史与现实紧密相关	公共管理复杂的管理过程	未确认模式
研究内容	个人群体、组织结构和程序	个人群体、社区、政治组织结构和程序	法律制度和程序	伦理标准和程序	历史文献、人物与事件	与管理有关的相关问题	未确认模式
问题	如何更高效和经济地运作	如何取得权力与资源	如何解决冲突、贯彻法律和制度	伦理对管理和社会的影响	如何避免历史错误	如何全面地理解公共管理	未确认模式

（b）二级范式次要层次（认知理论）

图1-1 公共管理研究范式——三级层次模型

更次要层次	假定	研究内容	问题
组织管理和执行决策	公共管理中组织管理的重要性	结构与程序	如何进行组织工作
人事管理	公共管理中人事管理的重要性	结构与程序	人事制度的程序与效果
政治/立法机构与程序	公共管理中政治/立法机构与程序的重要性	结构与程序	政治与立法机构的描述与评价
金融与预算	公共管理中金融与预算的重要性	结构与程序	预算/金融程序与效果
公共管理理论	公共管理中公共管理理论的重要性	结构与程序	公共管理的正确性
政策制定与分析	公共管理中政策制定与分析的重要性	结构与程序	政策程序与效果
社会经济问题	公共管理中社会经济问题的重要性	结构与程序	变化的社会与经济问题
研究方法改进	公共管理中研究方法改进的重要性	结构与程序	更好的有效性与可靠性
技术使用与管理	公共管理中技术使用与管理的重要性	结构与程序	管理目的
其他			

（c）三级范式更次要层次（研究领域）

图1-1 公共管理研究范式——三级层次模型（续图）

公共管理研究的方法可大致划分为两大类别：一种是我们通常所说的规范研究；另一种是实证研究。公共管理学科被广泛视为与实际应用密切相关的学科，着重于规范性研究以解决现实问题。这种研究方法旨在回答"应该怎么做"的问题。规范性研究在方法论上具备灵活性和多元性，它不仅可以借助假设构建数学模型的分析工具，也能够依据伦理推理和价值论证来展开深入探讨。数字和模型的支持并非其必要条件，而是可以依据研究的具体需求和目标灵活选择。这种研究方法从已有的经验或理论框架出发，通过严谨的逻辑推理过程，得出具有普遍意义的结论，进而为探究真理或制定行为准则提供有力支撑。值得注意的是，这里的经验或理论来源十分广泛，既可以是对个案事实的深入剖析，也可以是基于深思熟虑构建的理论模型，甚至还可以是基于某种假设前提的探索性研究。在研究结果方面，经过深思熟虑的理论模型具有更高的理论效度和信度。这种综合的方法有助于公共管理学科在理论与实践之间实现无缝过渡，为解决复杂的社会问题提供了强有力的支持。

实证研究方法着眼于科学性和知识性，专注于回答问题的本质，即"是什么"。这种方法注重于利用可观察或凭经验得出的事实，其基石包括观察、实验和数学模型，逐步形成了以数据为主要支撑的定量研究模式。定量研究通常分为定性和定量两大类，前者强调案例分析和思辨，而后者则注重于调查和统计数据。然而，无论采用何种方式，研究都强调依据事实、逻辑推理和证据进行分析。

通常，我们习惯将一系列特定的研究方法（如文献综述、实地调研、历史回溯、深度访谈以及个案分析等）归入定性研究的范畴。这些方法注重于对研究对象进行深入、细致的描述和理解，强调主观性、情境性和解释性。相对地，问卷调查、数值计算以及统计分析等研究方法则被视为定量研究的代表。这些方法侧重于对大量数据进行收集、整理和分析，通过量化指标来揭示现象的普遍规律和趋势，具有客观性、精确性和可重复性的特点。通过这样的分类，我们可以更好地理解和应用这两种不同的研究方法，以便在研究中取得更为全面和深入的成果。无论采取何种方法，两者的核心都在于确保数据的准确性、研究结果的可靠性，以提升解决问题的能力。

定量分析方法不仅不排斥经验科学的研究方法，而且将其视为基础的研究手段，包括观察、实验、对比、抽样和调查等方法。定量分析方法在抽样调查分析的基础上，运用运筹学、控制论、系统工程、统计分析以及计算机模拟进行定量分析和计算实验。

定量分析的主要特点是从系统整体的概念出发，研究系统与环境之间的关系，以及整体与局部，结构、功能与运行之间的相互作用。

二、公共管理定量分析方法

（一）公共管理定量分析的内涵

定量分析的起源可追溯到分析化学的一个细分领域，它的核心目的是深入剖析某一对象内部各因素间的数量特征、关联及变化，或是多个对象间的数量关系。这一过程的关键在于，借助管理学、统计学、运筹学、系统工程等科学手段，针对复杂问题展开剖析。通过整理思路、提炼核心要素，并明确这些要素间的逻辑联系和数量关系，我们可以确立量化的准则，进而构建出相应的数学模型。最终，借助有效的算法，我们可以得出既合理又满足实际需求的结论。

定量分析的理论基石，可追溯到实证主义。它继承了实证主义对观察实验和资料收集的重视，同时，也吸纳了逻辑实证主义对逻辑思维和演绎推理的强调。这使得定量分析既具有科学的实证基础，又具备严密的逻辑推理能力，为解决实际问题提供了有力的工具和方法。

在公共管理学的广阔领域中，定量分析扮演着举足轻重的角色。它起始于将某一具体的公共问题或命题设定为一个有待验证的假设，随后，借助数学方法的强大工具，结合实际观察所得的记录资料，深入剖析这一问题或命题的数量特性。这一过程不仅关注数量特征的揭示，更致力于探索各数量要素之间的内在联系和它们随时间变化的趋势。

通过这样一个严谨而系统的定量分析过程，我们得以获得一系列有关公共管理问题的量化数据。接下来，对这些数据进行细致的检验和必要的修正，可以验证或调整我们对公共管理问题的理论预测。这一过程不仅增强了理论的可靠性和实用性，更为公共管理事务的处理提供了坚实的量化规律性基础。

更好地展开公共管理定量分析需要明确两个重要关系。首先，我们需要搞清楚研究问题的发现、分析和解决之间的关系，简单来说，就是理解研究问题的因果关系。面对复杂多变的公共管理事务，从事公共管理的人员首要任务之一是揭示公共事务内在的因果联系。其次，我们还需要理清定性分析和定量分析之间的关系。定性分析通常依赖于访谈或文献资料，采用描述性方法；定量分析则基于社会调查所得的数据，运用统计分析手段。定量分析的规范性有助于使研究结果更具普适性，而定性分析的深入性则有助于更清晰准确地建立起研究中尝试阐明的因果机制。在社会科学领域，传统的研究方法主要是定性分析，但随着社会关系的日益复杂，单纯依赖定性分析往往难以深入研究。因此，结合定性与定量分析，将更有助于深入理解和解决公共管理中的复杂问题。

公共管理定量分析方法具有三个关键特征，这些特征对于解决问题至关重要。首先，这些方法具备实证性，即它们的过程和结果经得起验证。采用适当的数学方法对特定问题的数据进行深入分析，可以使每个分析阶段和结果都得到清晰呈现，能够接受逻辑和事实的检验。这种实证性保证了分析的可靠性和有效性。其次，公共管理定量分析方法以明确性为特征。公共管理学使用的概念通常具有清晰的定义，避免使用模糊不清的语言表达，以免引起歧义，从而使分析过程和结果易于理解。这种明确性有助于确保分析结果的准确性和可理解性。最后，这些方法具有客观性。分析的结果与分析者无关，只要采用相同的方法对相同的数据进行分析，都将得出相同的结果。虽然基于不同的研究目的，分析者可能会选择不同的方法进行处理，导致得出不同的结果，或者即使采用不同的分析方法，但也可能得出相似的结果。这种客观性确保了分析的公正性和可信度。在不同背景下，这些特征有助于公共管理者和政策制定者更好地理解问题，并采取相应的行动。

这些特征共同确保了公共管理定量分析的有效性和可靠性，使其成为解决复杂问题和制定科学决策的重要工具。

（二）公共管理定量分析的意义及其局限性

在当今社会中，公共管理是确保社会运转顺畅、促进公共利益最大化的关键领域之一。随着社会变革的不断深化和科技的快速发展，公共管理的决策制定需要更多地依赖数据和分析。定量分析作为公共管理中的一种重要手段，不仅可以帮助政府机构和公共组织更好地理解和解决社会问题，还能提高政策的科学性、准确性和效率性。然而，定量分析也存在着一些局限性，需要在实践中加以注意和克服。

1. 意义

（1）提供客观依据。定量分析通过收集、整理和分析大量数据，提供了客观、可靠的依据，有助于政府机构和公共组织做出理性、科学的决策。

（2）优化资源配置。通过定量分析政府可以清晰地了解资源的分配情况和利用效率，帮助政府更合理地配置资源，实现资源的最优化利用，提高公共服务的质量和效率。

（3）预测趋势和风险。定量分析可以通过历史数据和模型预测未来的趋势和可能出现的风险，为政府制定长期规划和风险管理提供重要参考。

（4）监督政策效果。通过定量分析政府可以对政策实施效果进行评估和监测，及时发现问题和改进措施，确保政策的有效实施。

（5）推动创新和改革。定量分析可以揭示问题的本质和规律，为公共管理领域的创新和改革提供理论和实践指导，推动公共管理体系的不断完善和发展。

2. 局限性

（1）数据质量和可靠性。定量分析的结果在很大程度上取决于数据的质量和可靠性，如果数据不准确或者存在偏差，将会对分析结果产生误导性影响。

（2）简化复杂问题。公共管理涉及的问题往往是复杂多样的，而定量分析往往会简化问题，忽略一些非数字化的因素，导致分析结果与实际情况存在偏差。

（3）缺乏综合性。定量分析通常只能提供数据之间的相关性和趋势，但不能提供问题背后的深层次原因和解决方案，容易忽视一些非数字化的因素和人文因素。

（4）误解因果关系。定量分析往往只能描述变量之间的相关性，而不能确定因果关系，容易让人产生误解和错误的推断。

（5）需要专业知识和技能。定量分析需要具备一定的统计学和数学知识，以及数据处理和分析技能，而这些专业知识和技能并不是所有公共管理人员都具备的，可能会限制定量分析的应用范围和效果。

三、管理定量分析的主要理论基础

管理定量分析吸收和借鉴了许多学科的研究成果，尤其在近现代科学技术的发展成果中，数理统计学、系统工程、运筹学和管理学的数量化方法为管理定量分析提供了重要的工具和方法。事实上，这些学科的发展既得益于其他学科的发展，如预测学、经济学、心理学和计算机等学科，又表现为相互渗透、相互促进、相互交融的特点，所以管理定量分析与这些学科之间是一种既交叉渗透，又各有侧重、各有分工的关系，管理定量分析的发展会推动其他学科的发展，相关学科的发展也会为管理定量分析提供更多思路和方法。因此，管理定量分析的主要理论基础为数理统计学、系统工程、运筹学和管理学。

（一）数理统计学

19世纪，比利时杰出的学者凯特勒以其卓越的贡献奠定了数理统计学的基石。他独辟蹊径，将概率论巧妙地引入社会科学领域，成功地将数学中深奥的大数定律应用于社会经济现象的深入剖析中。凯特勒深刻洞察到，社会现象的发展并非偶然无序，而是蕴含着内在的规律性。他的杰作《社会物理学》等作品，巧妙地运用概率论，为社会科学研究开辟了一条全新的方法论道路。

19 世纪 60 年代，凯特勒的研究更进一步，他将国势学、政治算术与概率论的科学方法完美融合，为近代应用数理统计学的形成奠定了坚实的基础。这一时期的数理统计学，已经开始显露出其作为一门学科的雏形。

在此后的岁月里，统计学家不断汲取其他学科的养分，特别是生物学领域的成果。其中，高尔顿、皮尔逊、戈塞特和费希尔等杰出学者，为数理统计学的发展做出了重要贡献。他们相继提出并深入发展了回归和相关、假设检验、χ^2 分布和 t 分布等理论。这些理论的提出，不仅丰富了数理统计学的理论体系，而且使数理统计学逐渐发展成为一门结构完整、逻辑严密的学科。

数理统计方法在社会实践中的广泛应用，已经深刻影响了社会统计学的演变与发展，并且迅速在自然科学领域中找到了自己的位置，从而催生了自然技术统计学的迅速成长与进步。列宁高度重视统计在社会主义管理体系中的核心地位，他专门撰写了一部标题为《统计学和社会学》的著作，对统计学的内涵与价值进行了深入且独到的解读。因此，列宁被公认为是社会主义统计学的奠基人。他在推动社会主义统计工作的规范化以及马克思列宁主义统计学的完善方面做出了杰出的贡献，使统计在社会主义革命与建设的进程中，成为理解社会现象、管理经济活动的有力工具。

由此可见，数理统计学的建立是为了适应社会政治经济的发展和国家管理的需求而进行的。作为统计实践经验的理论概括，数理统计学的发展与社会生产力的进步密切相关。因此，统计工作的手段和方法反映了一个企业甚至一个国家的科学管理水平。统计学在捕捉和解释数据背后的趋势和模式方面发挥着重要作用，为有效的决策制定和资源分配提供了有力支持。

（二）系统工程

系统工程是以系统为研究对象的。事实上，我们对系统这个词并不陌生，如人体有呼吸系统，通信联络要通过邮政系统、电话系统等。总之，系统乃是由两个或更多彼此独立却相互关联的元素（或称为组成部分）所构成的整体，这些元素在协同作用下，能够展现出某种独特的、特定的功能。简言之，只要这些元素间存在区分性，同时又保持着某种程度的联系，并共同组成了一个具备特定功能的集合体，那么我们就可以将其称为系统。系统是一个普遍的社会存在，在自然界有，在社会中也有，如太阳系、银河系、原子核结构系统、生命系统等都是自然系统。它们是天然形成的，而在现代社会中，人类为了实现某种目的，有组织有计划地建立了很多系统。例如，政府就是这类系统的典型例子。它由不同的人、财、物、信息等组成科室、部门，它们之间相互独立，而又在政府管理中形成一个有序的整体，各自发挥不同的职能，最终完成一个共同的目标——为社会提供公共产品和公共服务。实际上，大多数系统都是由人造系统和自然系统两者结合而成的复合系统。在这些复合系统内，既有人为组织和控制的一面，又有不以人的意志为转移的客观规律性。正如系统论的先驱冯·贝塔朗菲所深刻洞察的那样："无论如何，我们将被迫在知识的一切领域中运用'整体'或者'系统'来处理复杂性问题，这将是对科学思维的一个根本改造。"他的观点明确指出了在处理复杂性问题时，我们必须摒弃传统的孤立和片面的思考方式，转而采用一种更为全面和系统的视角，这将对科学思维产生深远的影响。值得强调的是，系统工程的研究焦点主要聚焦于人造系统以及复合系统的深入探索。对于一般的自然系统，它们并不属于系统工程的研究范畴，因此不在我们的主要探讨之列。从这种含义出发，系统具有下面六个特征：

1. **系统的集合性**

系统的集合性特质显著，其核心在于构成系统的元素并非单一存在，而是由至少两个或更多独立且相互区别的元素共同构成的集合。这些元素在系统中各自扮演独特的角色，相互区分、彼此独立，共同维持着系统的整体运作。这种集合性特点使得系统成为一个多元素、多层次的复杂整体，各元素之间的相互作用和关系共同塑造了系统的整体功能和特性。

2. **系统的层次性**

一般来说，系统由若干子系统构成，这些子系统又由更小一点的分系统组成，而这个系统又从属于更大的母系统。这样系统之间就形成了一种多级递阶层次结构。

3. **系统的相关性**

系统元素之间或子系统、分系统之间有相互依赖的特定关系，依靠这种关系，系统元素之间构成一个有机的整体。

4. **系统的目的性**

凡是人造系统和复合系统都有特定的目的，这也是区分和评价系统的主要依据。

5. 系统的随机性

系统工程的研究对象——系统，本质上是一种复杂结构。这些参数在时间、空间和数量上的变化并非遵循固定的模式，而是呈现出一种随机性。这种随机性源自系统内部各元素间相互作用的复杂性和不确定性，以及外部环境对系统的随机影响。

6. 系统的适应性

任何系统都置身于特定环境中，生存与活动均受其影响，与此同时，系统也会对环境产生作用，形成相互交织的影响关系。为了确保系统能够持续发挥其原有功能，系统必须具备一种特殊的能力——适应性，即能够灵活应对环境变化的能力。这种适应性体现在多种系统上，如自适应系统能够通过自我调整来适应外部环境的变迁，而自学习系统则能通过学习机制不断提升自身适应环境的能力。通过这些特殊功能，系统得以在变化的环境中保持稳定，确保功能的连续性和有效性。

随着人类的各种活动日益变得多样化、复杂化和高级化，为了实现人类的某一目标，不是一个人或少数几个人能够完成的，往往需要大量的人、设备、资源等高度组织和配合，这种组织的集合体就是实现某一特定目标的人造系统或复合系统。在这样的系统中，包含着人和物的多层次复杂关系，它们之间相互作用、相互影响、相互制约。如果把它们机械地凑合在一起，系统只能是个别事物的集合，丧失应有的功能而成为一堆废物；如果把它们有机地组合起来，协调它们之间的关系，能使系统中各元素各部分不仅完成本身应担负的任务，还与其他元素和部分最有效地配合，以最优的方式达到整个系统的目标。系统工程学是一门专注于研究由多个子系统构成的复杂整体系统的学科。它的核心目标是协调并平衡这些不同子系统之间的多样目标，以达成系统功能的最优化，进而最大限度地挖掘并发挥系统各组成部分的潜能。系统工程学不仅是一种科学方法，更是一种涵盖各种组织管理技术的综合体，旨在有效地运用系统资源。在系统工程学的框架下，各种技术和方法被整合起来，以确保系统的设计和运作在最佳状态下。这种综合性的方法有助于提高系统的效率和性能，同时也为解决复杂的工程和管理问题提供了有效的工具和理论支持。

系统工程与运筹学的关系极为密切，运筹学是系统工程的主要理论基础。直到目前，还有少数数学工作者并不认为有必要把运筹学与系统工程严格区分开，他们认为，运筹学与系统工程无论是思维过程，还是采用的方法都极为相似，只不过现代系统的发展已使系统工程的适用范围更广泛了。无论怎样评价这两门学科的关系及其今后的发展，目前谁都不否认运筹学是系统工程的主要理论基础。运筹学的各个分支，如数学规划、网络分析、排队论、存贮论、决策论、对策论等仍然是处理系统优化的主要技术手段。

（三）运筹学

运筹学，这门学科在 20 世纪 30 年代末逐渐崭露头角，以其独特的应用价值吸引了广泛关注。它并非孤立存在，而是紧密地结合了现代科学技术与数学方法，为解决实际问题提供了有力的工具。对于运筹学的界定，学术界至今仍在探讨中，尚未形成统一的认识。莫尔斯与金博尔在 1951 年的《运筹学方法》中，对运筹学定义为：决策机构在对其控制下业务活动进行决策时，提供以数量化为基础的科学方法。这一定义着重强调了数量化科学方法的重要性。

与此同时，也有观点认为运筹学是一门兼具深度和广度的应用学科。它广泛汲取了各类科学技术和数学方法的精髓，针对实际中提出的各种问题，提供了切实可行的解决方案。更为重要的是，它为决策者提供了量化的决策依据，帮助他们在众多选择中筛选出最优决策。这一定义凸显了运筹学的多学科交叉特性及其在实际决策中的关键作用。

然而，我们也不得不承认，任何决策都不可避免地涉及定量和定性两个方面。定性因素往往因其复杂性和不确定性而难以用简单的数学方式表示。因此，在实际应用中，我们往往难以找到绝对的最优决策，而是更多地追求次优或满意的决策结果。从这个角度来看，运筹学也可以被理解为一种在复杂环境中寻找相对较好答案的艺术——毕竟，相比于没有科学方法指导的决策，运筹学至少能够帮助我们避免更糟糕的结果。

因此，运筹学的性质与特点可以概括为：

（1）运用数学方法解决实际问题，具有定性和定量方法相结合的特点。

（2）从整体角度考虑问题，重视系统和整体性的特点。

（3）具有跨学科的特点，涉及经济学、管理学、数学、工程学和系统学等多个学科。

（4）具有开放性，随着社会经济的发展，不断解决新出现的问题和产生新的学科分支。

（5）运筹学具有许多分支，主要是因为研究的问题具有复杂性和多样性。

（6）具有广泛的应用性，源于实践、为了实践、服务于实践。

为了充分发挥运筹学的效能，前英国运筹学会会长托姆林森归纳出了六大核心原则，这些原则不仅为运筹学的实践应用提供了明确指导，也为跨学科合作与问题解决提供了重要思路。

第一，合作原则，强调运筹学工作者与实际部门工作者的紧密合作。这种合作能够确保运筹学的理论与方法更好地贴近实际需求，从而提高解决问题的效率和准确性。

第二，催化原则，提倡在多学科共同解决问题时，应积极引导人们摒弃传统观念的束缚，以开放的心态接纳新的思维方式和解决方案。

第三，相互渗透原则，要求各部门在思考问题时能够打破部门壁垒，从全局角度出发，充分考虑其他部门的需求和利益，以实现整体效益的最大化。

第四，独立原则，强调在解决问题时，应保持独立的研究态度，不受任何个人或部门的特殊政策所影响，以确保研究结果的客观性和公正性。

第五，包容原则，指出解决问题的思路应该具有广泛性，方法应该具备多样性，不应局限于某种特定的方法或框架。这种包容性有助于我们更全面地分析问题，找到更有效的解决方案。

第六，平衡原则，要求我们在考虑各种关系和矛盾时，应权衡各种因素，寻求平衡点，以实现整体利益的最大化。

运筹学作为一门综合性学科，其分支众多，包括线性规划、非线性规划、目标规划、整数规划、动态规划、图论、网络计划技术、排队论、存储论、对策论、决策论和多目标决策等。这些分支不仅各自具有独特的研究领域和应用场景，而且相互关联、相互补充，共同构成了运筹学的完整体系。通过综合运用这些分支的理论和方法，我们可以更全面地分析和解决各种实际问题，推动运筹学在实践中的应用和发展。

（四）管理学

管理学，作为一门博大精深的学科，不仅蕴含着深厚的科学内涵，而且闪耀着实践艺术的独特光芒。它之所以被誉为科学，是因为它所坚守的原则与运用的方法都具备广泛的适用性和深厚的理论基础，它们是对客观规律的深刻揭示和精准把握。同时，管理学又要求管理者在实践中具备丰富的经验和卓越的人际关系处理能力，这种艺术性的运用，不仅需要对人性的深刻理解，更需要灵活多变的管理技巧和策略，只有在这样的基础上，才能在纷繁复杂的管理实践中取得卓越的成就。

1911 年，美国人泰罗推出了其杰作《科学管理原理》，此举被视为科学管理理论的诞生标志，因而泰罗被后人尊称为"科学管理之父"。这一理论的出现，无疑为管理领域带来了一场革命性的变革。随后，众多的学者纷纷追随泰罗的脚步，致力于研究如何将科学管理理论应用于实际管理中，以取代传统的经验管理模式。这些研究不仅深入探讨了科学管理的核心理念和方法，还提出了一系列行之有效的管理策略，极大地提高了管理效率，推动了管理学科的进步与发展。

现代管理学呈现出以下几个显著特征：

（1）普适性：管理学致力于探究管理活动的普遍性原则，是各专业管理学科的理论基石，归纳总结各项管理活动的共性规律。

（2）综合性与跨学科性：管理学的综合性要求从各个社会领域、各类组织的管理活动中抽象出普适的管理理念和方法，综合运用各门社会科学、自然科学和技术科学成果。管理活动的复杂性需要综合考虑多种因素，涉及经济学、数学、心理学等多学科，以促进管理的定性和定量分析，为实践提供有效指导。

（3）强调历史渊源：管理学承载着历史的沉淀，是前人管理实践和思想的总结、发展和创新。了解管理学的历史脉络对于理解其基础和发展至关重要。

（4）实用导向：管理学以提供实用的管理理论、原则和方法为目标，强调经济效益和社会效益的可行性衡量标准。只有理论与实践相结合，管理学才能真正发挥作用。

（5）系统观念：管理学运用系统思维和方法指导管理实践，将组织视为整体和子系统，超越传统科学方法的局限性，强调概念网络的相互关联与影响。

（6）人文关怀与创新：现代管理将人置于核心地位，关注人的需求满足和发展，并强调管理和管理学的不断创新与发展。

四、管理定量分析的主要程序

（一）管理定量分析的主要程序

管理定量分析作为一门科学，遵循科学的程序解决实际问题，通常包含四个方面：问题识别与认知、理论或模型构建、理论与实践相结合解决问题、实践指导理论发展并与实际情况对比修正。其工作步骤具体包括：

1. 问题确定与定义

在进行管理定量分析之前，必须明确问题，确保问题清晰、明确且可测量。这需要进行定性分析，确定决策目标和关键因素，并分析各种因素之间的关系和外部环境因素，以清晰、明确、可测量的语言表述问题。

2. 模型建立

模型是对问题的抽象概括和严格逻辑表达，其质量直接影响定量分析的有效性。在建模过程中，首要任务是精准识别并确立那些能够左右问题目标的变量。这需要仔细甄别哪些变量是可以主动操控的，哪些又是无法直接控制的。同时，还需要深入剖析这些变量之间错综复杂的相互影响关系，确保对其有全面而深刻的理解。为了更直观地展现这些变量及其之间的关系，学者通常会借助数学表达式或关系图来进行表示。建模这一工作，既体现了科学的严谨性，又展现了艺术的创新性，它需要充分依托自身的专业知识、丰富的实践经验以及独特的处理技巧，从而构建出既准确又实用的模型。

3. 数据获取

建立问题模型后，要通过各种途径收集与变量对应的数据资料，确保数据准确、真实和完整，以实现数据的价值和意义。

4. 求解方法确定与问题解决

确定适当的求解方法，将实际数据代入模型求解问题，并进行解的检验和验证。解的验证方式涵盖了期待性检验和回顾性检验两种重要手段，旨在确保我们得出的解与实际情况相吻合。在期待性检验中，我们根据预期的目标和预设条件，对解进行前瞻性的分析和评估，以验证其是否满足预期的要求。回顾性检验则是对解进行事后回顾和反思，通过与实际数据的对比和分析，来检查解的准确性和适用性。

5. 实施与跟踪观察改进

根据分析和结论，组织实施最佳或满意方案，制订详细周密的计划，坚持观察和记录，为进一步研究打下基础。因问题的解决并非一劳永逸，需持续跟踪观察并改进方案。

在实际应用中，以上步骤常交叉反复进行。整个过程的关键在于建立能够描述现实世界复杂问题的数学模型，该模型需精确反映问题的本质。只有深刻理解上述过程的实质，方能真正把握定量分析的思想、逻辑与科学方法。

（二）管理定量分析过程中应该注意的几个问题

面对错综复杂的管理问题，定量分析给我们提供了一个解决这类问题的新视角和新手段，虽然这种手段和方法具有很多的优点，但是现实问题并不都能用数据表达，有的问题只有局部可以量化，其他方面难以量化，因此管理定量分析并不是万能的。在解决实际问题时，管理者或决策者必须同时考虑定性和定量因素，既要进行定量分析，也要进行定性分析。一个具体的定量技术在解决实际问题时可能会因为应用不当而失败。因此，在使用定量分析技术时要注意以下六个方面：

（1）鉴于定量分析技术在应用过程中涉及一定的资源投入，特别是在处理那些规模庞大且情况纷繁复杂的问题时，不仅需要我们投入大量的智力资源，而且不可避免地需要物质资源的支持。因此，在采用定量技术之前，我们务必对所需的总费用进行精确的估算，以确保有充足的资金储备来支持整个分析过程。这样不仅可以避免在分析过程中出现资金短缺的尴尬情况，还能保证分析工作的顺利进行，从而达到预期的效果。因此，充分的资金准备是使用定量技术前不可或缺的重要步骤。

（2）开发和实施最适用技术方法的过程中，我们必须对所需时间进行周全的考量，以免因时间紧迫而草率从事，导致分析工作不够深入。对于那些尚未成熟的技术，我们必须投入足够的时间和精力进行深入的开发和充分的论证。只有通过这样的过程，我们才能保证定量分析的结果具有真正的价值，能够成为指导实践的理论和成果。因此，在追求技术方法的先进性和实用性的同时，我们绝不能忽视对时间的精准把握和对技术成熟度的深入评估。只有这样，我们才能在技术开发和实施的过程中取得真正的成功。

（3）对所定义的问题必须清晰、明确、可测，这是定量分析的第一步，是决定后续工作的关键，因此要十分重视对问题的把握。我们通常可以采用多种方法和途径集中各方面的智慧，获取全面的信息，对问题进行恰当的定义。

（4）在定量分析的过程中，我们既要强调理论的重要性，也要注重其在实际应用中的价值。这不仅是一个单纯的理论探讨过程，更是一个将理论与实践紧密结合的综合性过程。在这个过程中，理论发挥着关键的指导作用，帮助我们建立起分析的基础和框架；同时，实践则提供了宝贵的经验和数据，使理论得以在真实环境中得到验证和应用。

（5）定量分析人员在进行数据分析时，应特别注意将复杂的分析结果转化为决策者或管理者能够轻松理解并欣然接受的形式。这是因为决策者或管理者往往对定量分析技术缺乏深入的了解，对于直接呈现的数据结果可能会感到陌生和不信任，从而对其应用产生疑虑。为了确保分析结果的有效应用，定量分析人员需运用通俗易懂的语言和直观的表达方式，将复杂的数据和模型转化为决策者或管理者能够轻松理解的内容，以增强其信任度和接受度。这样不仅能够提高决策的科学性和准确性，还能促进定量分析技术在实践中的广泛应用和持续发展。

（6）我们必须深刻认识到定量分析技术并非万能，它具有一定的局限性和适用范围。在正确运用定量技术时，仅仅掌握运算方法是不够的，我们还需要对其局限性、假设条件以及适用场景有充分的了解。只有这样，我们才能充分发挥定量分析技术的优势，避免其潜在的缺陷。成功应用定量分析技术，通常能够为我们提供适时、准确、灵活、经济、可靠且易于理解和应用的结果，从而为我们做出科学决策提供有力支持。因此，在运用定量分析技术时，我们必须保持谨慎和理性的态度，确保其发挥最大的效用。

五、管理定量分析的基本方法

根据分析的目的和用途，可以把定量分析方法划分为五大类。

1. 统计分析

统计分析包括描述统计和推断统计。统计学作为一门学科，其发展与国家管理紧密相连，随着国家和社会管理的不断演进而逐渐壮大，历经数百年的积淀，统计学已经形成了一个包含数理统计学和应用统计学在内的庞大而复杂的学科体系。在这个体系中，描述统计学占据着基础性的地位，是统计研究工作的起点。描述统计学通过一系列方法，如数据的整理、分类、简化以及图表的绘制等，对数据的特征和变量间的关系进行详尽的描述和概括，为后续的统计分析提供了坚实的基础。与此同时，统计推断作为现代统计学的核心，也是统计研究工作中不可或缺的一环。它利用概率的形式来分析和判断数据间是否存在某种关系，并通过样本统计值来推测总体的特征。统计推断不仅可以帮助我们深入了解数据的内在规律，还能为决策提供有力的支持。描述统计和推断统计在统计学中相辅相成，相互联系。描述统计为推断统计提供了必要的基础，使推断统计能在准确描述数据的基础上进行分析和推断；推断统计则是对描述统计的深化和发展，其通过运用概率和统计原理，从样本数据中推导出总体的特征和规律。在具体的研究中，我们应该根据研究目的的不同，选择采用描述统计还是推断统计。如果我们的研究目的是简单地描述数据的特征和分布情况，那么描述统计将是一个合适的选择；如果我们需要对多组数据进行比较，或者希望通过样本信息来推断总体的特征和规律，那么推断统计将是一个更加合适的方法。通过灵活运用这两种统计方法，我们可以更好地理解和分析数据，为决策提供有力的支持。

2. 预测分析

预测，本质上是一种通过洞察已知事件来探寻未知事件的艺术，旨在揭示未来可能上演的种种场景。预测的理论与技巧融入不同领域的实际运作之中，便衍生出诸如社会、人口、经济、政治、科技、军事和气象等多个预测分支。依据方法特性的不同，预测可以分为定性预测分析与定量预测分析两大类别。定性预测分析是建立在对既有资料的深入研究、丰富的专业知识、技术积累、经验总结以及敏锐的判断力基础之上的。它借助归纳、演绎、分析、综合、抽象和概括等思维工具，对资料进行深度加工，从而洞察事物发展的内在性质、方向及程度。其主要目的不仅是预见现象未来的走势与特性，还能在细致分析的基础上，给出大致的数量级估计。然而，定性预测方法的主观性较强，其局限性也不容忽视。它缺乏严格的量化手段，如观察、测量、统计和计算，因此难以对特定事件提供精确的描述、解释和表述。同时，由于操作规则不够严谨，研究结构容易受研究者个人背景知识的影响，导致结果存在一定的不确定性。此外，定性分析主要基于经验描述和归纳逻辑，其推理过程往往缺乏严格的逻辑约束。因此，在实际应用中，尽管定性预测方法对数据的需求相对较小，且能考虑到诸多难以量化的因素，我们仍需对其局限性有充分的认识，以确保对预测结果的有效性和可靠性做出准确评估。定量预测分析则是一种以准确、及时、系统和全面的调查统计资料与社会信息为基础，运用统计方法和数学模型对事物的发展规律、规模、速度、程度和比例等关系进行精确测定的方法。它涵盖了时间序列预测、因果预测等多种技术形式，使我们对研究对象的认识更加精确，能够科学地揭示规律，清晰地呈现关系，并预测事物的发展趋势。然而，定量预测分析也并非完美无缺。有时为了追求量化，它可能将原本复杂的事物简化或模糊化，导致某些观点被误解或曲解。为了提高预测质量，为决策和计划提供更为可靠的依据，我们通常会将定性和定量方法相结合。这样做可以比较并分析两种方法的预测结果差异，综合考虑各种因素，从而提高预测的准确性和合理性。通过利用定性分析对定量预测结果进行修正和调整，我们可以取得更为精准和有效的预测效果。

3. 规划分析

在公共管理的广阔领域中，高效且精准地调配人力、物力、财力以及时间等资源，以达成最优的社会与经济效益，无疑是一项极其艰巨的任务。规划分析作为一种方法论，通过深入剖析既定目标、可用资源以及所需完成的任务，致力于探寻出最适宜的解决方案。这一科学的研究领域，我们称为规划论，它作为运筹学这一学科的杰出分支，涵盖了线性规划、非线性规划、目标规划、动态规划以及随机规划等众多细分方法。在规划分析的过程中，决策者面临着诸多因素的考量。他们需要仔细评估资源的可用性，确保每一项资源都能得到合理利用；同时，还需明确目标的优先级，确保方案能够优先满足那些对社会经济效益影响最大的目标。此外，不确定性因素也是决策过程中不可忽视的一环，它们可能来源于外部环境的变化，也可能来源于内部条件的波动，这些都需要决策者在制定方案时予以充分考虑。通过运用这些规划方法，公共管理者能够更加精确地制定政策、计划和项目，从而实现资源的最优配置，进而达到社会经济效益的最大化。这种科学的规划方法，对于解决公共管理领域中的复杂问题具有极其重要的意义。它不仅能够提升公共管理的效率，还能够确保政策制定的科学性和合理性，为社会的和谐稳定与持续发展提供有力的保障。

4. 决策分析

在管理学的广阔领域中，从明确目标开始，历经方案的构思、筛选、实施到最终验证的每一个阶段，共同构成了广义决策的全貌，而狭义决策，则聚焦于方案选择的那一刻，是决策过程的精髓所在。管理者在日常工作中，如同航行在决策之海上的舵手，需时刻调整航向，做出各种关键决策。因为从本质上讲，管理就是一场围绕决策问题展开的精彩博弈。因此，决策在管理中占据着举足轻重的地位，可以说是管理的核心所在。管理者的每一个决策，都深刻影响着组织的发展方向、资源的优化配置以及绩效的最终实现。这就要求管理者必须具备卓越的决策能力，能够根据不同的情境灵活选择和应用不同的决策模式和方法。决策分析是一门集经济学、数学、心理学和组织行为学之大成的综合性学科。它的目标在于提升决策的质量，降低决策所需的时间和成本，为管理者提供有力的决策支持。决策分析的过程犹如一场精密的舞蹈，包括发现问题、明确目标、设定评价标准、制定方案、优选方案以及实施方案等一系列步骤。决策分析方法多种多样，大致可以分为两大类：一类是基于心理学和社会心理学的研究成果，通过一系列有效的组织形式，充分激发专家集体的智慧，使决策更加精准和高效。这类方法包括德尔菲法、名单列举小组法、头脑风暴法、方案前提分析法以及提喻法等，它们注重团队协作和专家意见的整合，适用于需要主观判断和专业经验的领域。另一类是运用数学、模型和计算机技术的决策分析。这类方法的核心在于将管理中的各个变量以及它们与目标之间的关系用数学关系式进行精确表达，即建立数学模型，随后，通过电子计算机进行运算，将各种数据代入模型，从而做出科学、客观的决策。这类方法包括系统工程、线性规划、决策树法、博弈论、投入产出分析以及排队论等，它们适用于需要大量数据分析和复杂计算的情境，能够提供更加客观、科学的决策支持。这两种类型的决策分析方法各有千秋，各有其适用的场合。基于心理学的方法强调团队协作和专家智慧，适用于需要主观判断和专业经验的领域；而数学化、模型化和计算机化的方法则更适用于需要大量数据分析和复杂计算的情境，能够提供更加客观、科学的决策支持。在实践中，管理者应根据具体情况和问题性质，灵活选择和应用合适的决策分析方法，以实现最佳的决策效果。

5. 评价

评价从字面来看，是对某一事物或现象的价值进行衡量与判断的过程。这一活动在人类社会中无处不在，涉及各个领域。在更为专业的层面上，评价分析有着一套严谨且系统的定量方法，用以确保评价结果的客观性与准确性。这些方法包括但不限于投入产出分析、层次分析法和景气分析等。投入产出分析，是一种通过对比投入与产出的数量关系来评估经济效益的方法。它基于经济学原理，将投入与产出进行量化处理，通过计算投入产出比来评价事物的经济性能。这种方法常用于企业项目评估、政策效果分析等领域，能够直观地展现投入与产出之间的关系，为决策者提供科学依据。层次分析法，则是一种将复杂问题分解为多个层次和因素，通过比较各因素的重要性来得出评价结果的方法。它注重问题的层次性和系统性，通过构建层次结构模型，将评价目标分解为若干个子目标或因素，然后运用定性与定量相结合的手段，确定各因素之间的相对重要性，最终得出整体评价结果。这种方法在环境评价、战略规划等领域具有广泛应用。景气分析，则是一种通过分析宏观经济形势和行业发展趋势来预测未来经济走势的方法。它通过对一系列经济指标进行监测和分析，判断当前经济的景气状况，进而预测未来经济发展的可能趋势。这种方法对于把握市场脉搏、指导企业决策具有重要意义，能够帮助企业更好地应对市场变化和挑战。

六、管理定量分析的应用

尽管管理定量分析技术的发展历程相对较短，但其应用范围却十分广泛，尤其是随着计算机技术的不断进步，管理定量分析技术在实践中的应用得到了推广。这里我们将从多个角度探讨管理定量分析技术在不同领域的具体应用。

　　首先，管理定量分析技术在社会科学领域中扮演着重要角色：①行政管理方面：应用于经济运行状态的分析和预测、经济计划和预算系统的制定、金融政策、国防、治安保卫、外交、经济信息服务、司法信息、人事管理等。②社会管理方面：主要应用于地区规划、城市规划、防灾措施、垃圾处理、地区生活信息系统、社会公共事业规划、老人和残疾人安置以及地区医疗系统建设等。③文化教育方面：用于广播电视节目编排、教育经费合理使用、文化教育信息服务、教育计划编制、学校规模控制与布局、人力资源优化管理、教学质量控制与多媒体教学管理等。④外交和国际事务方面：应用于国际合作、国际关系、贸易、能源、粮食、资源、环境保护和信息网络等。

　　其次，管理定量分析技术在国内交通、医疗卫生、环境生态与水资源、工商管理等领域也有广泛应用。总的来说，管理定量分析技术在公共管理、经济管理和企业管理等领域中发挥着重要作用。其应用不仅有助于提高决策的科学性和准确性，还能够有效地优化资源配置、提高效率、降低成本，为各个领域的发展提供有力支持。因此，管理定量分析技术在未来将继续发挥着重要作用，具有广阔的发展前景。

　　最后，从管理定量分析的现状来看，管理定量分析发展至今，有不少具体的技术和方法已经非常成熟，但也有不少技术和方法还处在不断发展的过程中，还有些技术和方法才刚刚被人们认识，处于萌芽状态，因此，管理定量分析还是一个年轻的学科，有着很好的发展前景。展望管理定量分析的发展：它成熟的学科分支将向纵深发展；其新的研究领域会不断产生，不断发展；它将会继续汲取其他学科的最新成果，与新的技术结合，不断拓展和壮大；它将不断改进优化传统观念，与时俱进，不断创新。

第二章 定量研究设计

一、定量研究设计概述

（一）定量研究设计的概念

严谨的学术探索活动，无一例外地遵循着既定的规范与准则。正是这些规则，确保了学术研究能够有条不紊地进行，从而保障了整个研究过程的精确与细致，以及最终研究成果的可信度。因此，在开始一项研究之前，精心设计研究过程不仅是整个研究工作的起点，更是不可或缺的一环。在公共管理领域，研究既可以采取定量的方式，也可以采用定性的方法。本书则主要针对公共管理定量研究的方法与技术进行研究。从定量研究的视角来看，设计实质上是针对已确定或尚待确定的研究问题，提出一种设想或规划，用以指导寻找答案的过程。这一规划的内容相当丰富，包括但不限于明确的研究问题、具体的研究方法与手段、研究的逻辑框架以及可能的研究成果等。

"设计"这一术语，其内在含义涵盖了对预设研究目标的深思熟虑以及对潜在成果的展望。在此基础上，研究者必须精心策划这一设想，以确保其目标的顺利实现。因此，在进行定量研究设计时，必须确保其具备清晰明确的导向、切实可行的操作方法以及高效丰富的成果。正是这些严格的要求，使得定量研究设计能够事先进行周密的"预设"。与定量方法不同，定性方法往往缺乏固定的设计模式。即便存在某种设计，它也不能一成不变地应用于所有情境，而是需要根据研究的具体环境和条件进行灵活调整和完善。这意味着定性研究的设计是一个动态的过程，需要不断地根据实际情况进行修订和优化。

（二）定量研究设计的目的

科学研究的逻辑主要包括演绎和归纳，定量分析方法主要依据演绎的逻辑。这个逻辑要求研究者采取如下研究步骤：首先，通过对既有理论的逻辑推演建立所需要的研究假设；其次，对研究假设采取操作化步骤使之变成可以被证实或证伪的工作假设；再次，收集资料；最后，通过分析收集到的资料得出结论。定量研究设计的核心目的在于对研究问题进行深入的剖析与推敲，从而明确该研究的价值所在，衡量其重要性及必要性。这不仅是对研究问题的简单探讨，更是对研究本身意义的深度挖掘。同时，定量研究设计还需详细规划解答该问题的具体步骤和方法，确保研究过程的有序性和科学性。这样的设计不仅能够确保研究顺利进行，更能提升研究结果的准确性和可靠性。

文献回顾已经成为研究过程中的必要步骤，而且这个步骤一般也是在方法设计阶段进行的，通过文献回顾我们可以发现该领域已经取得的成果，研究者可以据此进行评论，或指出其中的精彩之处，或指出其中的不足之处，有时候这种不足之处就是后续研究者需要继续努力的地方。其他研究者可以就这些不足之处提出自己的研究问题并论证该研究问题的价值和重要性。在提出问题之后，研究者还要在方法设计中给出自己的解决方案，即研究者准备用什么样的具体方法、分析技术得到答案，这些是进行定量研究设计的主要目的，明确这些目的可以使研究者对自己的研究有清晰的认识和全面的把握。

（三）定量研究设计的基本内容

1. 研究问题及其作用

任何一项社会研究都是从选择研究问题开始的。只有研究问题确定了，后续的研究工作才有基本的方向。研究问题在一项研究中的重要性不言而喻。

（1）研究问题。研究问题是指社会科学研究所要探究的具体议题，其需满足能够运用社会科学方法进行深入研究的条件。一般来说，一个好的社会科学研究问题，要么是有新的材料或数据，要么是有新的理论视角。换言之，好的研究问题需要满足以下两个条件之一：

第一，发现了一种新的社会现象，或者收集到了新的材料。我们可以对这种现象进行描述性研究，或者在此基础上进一步寻找已有的理论视角来解释。另外，对于问卷调查而言，如果对研究问题的测量指标比以往的研究更加细致，从而能够更加全面地反映研究问题的本质，那么它也是一个好的研究问题。

第二，针对同样的或不同情境下的经验现象，运用新的理论视角去解释或验证。这里面分为两种情况：一是从现有的材料逻辑出发，建构新的理论解释；二是从新的理论逻辑出发，寻找经验材料的验证。在定量研究中，研究问题大多属于第二种情况，即理论检验型研究问题。

（2）研究问题的作用。爱因斯坦等曾说："提出一个问题往往比解决一个问题更重要。因为解决问题也许仅是一个数学上或实验上的技术而已，而提出新的问题，却需要有创造性的想象力，而且标志着科学的真正进步。"自然科学如此，社会科学也是同样的道理。具体而言，研究问题的作用主要体现在以下三个方面：

第一，它决定了资料收集的方向和目标。研究问题一旦确定了，才会找到资料收集的边界，即哪些人、哪些事情应该进入资料收集范围都是由研究问题决定的。例如，一项关于民众政治态度的研究，首先，研究者需要确定的是何种政治态度，是政治信任还是政治效能感，又或是政治价值观，这三者之间是有区别的；其次，研究者要考虑的是面向的对象，是全国民众，还是单独的城市或农村的居民，又或是纵向的历史比较等。只有弄清楚这些问题，研究者才会基本明确资料收集的方向。

第二，它会影响研究方法的选择。有些研究问题是比较适合用量化方法来分析的，比如有关社会网络的问题，而另外一些研究问题则较为适合用定性方法来研究，比如基层政府内部行为。因此，我们往往说，一旦研究问题确定了，你所能选择的主要研究方法也就基本确定了。

第三，它还会影响研究质量和研究结果。首先，一个不恰当的研究问题从一开始就预示着其研究质量可能难以达到高标准。这类问题往往缺乏创新性和独特性，导致研究结果和结论容易陷入重复和冗余的境地，无法为学术界或实践领域带来新的见解或突破。其次，研究问题的选择必须与研究者的能力、社会生活的经验积累以及客观条件相契合。如果研究问题超出了研究者的能力范围，或者与研究者所积累的社会生活经验不符，那么研究者将很难对问题进行深入的把握和理解。此外，客观条件的限制也可能对研究问题的选择产生影响，如果研究问题所需的资源、数据或环境条件无法满足，那么研究的质量和结果同样会受到影响。

2. 研究问题的提出

研究者在进行课题设计之前必须要提出并清楚界定自己的研究问题，尤其是要将比较宽泛的研究领域变成某个研究领域中特定的研究问题。如果在研究问题尚未被清楚界定之前就开始进行课题研究并收集数据，可能会导致收集到的数据不适用。因此，研究问题的明确化非常重要。具体到定量研究，一般存在着两种类型的研究问题，即描述性研究问题（发生了什么）和解释性研究问题（为什么会发生）。

（1）描述性研究问题。描述性研究的目的在于通过对特定总体或现象进行全面描述，以揭示其各种特征和分布状况。一般而言，描述性研究是下面将要介绍的解释性研究的前一阶段，因为对某种社会现象的全面描述往往可以激发人们提出"为什么"的问题。对于一个宽泛的研究主题，我们可以从时间跨度、空间位置、所描述现象的普遍性程度、所涉及的维度、抽象程度、分析单位六个方面来进一步明确要描述的研究问题。

（2）解释性研究问题。解释性研究作为社会科学领域中的一种独特的研究类型，其核心目标在于深度剖析现象背后所隐藏的成因或引发的结果。其目的在于透过表面现象，探寻那些潜藏在背后的深层次、内在性的规律，从而揭示某一现象发生或变化的真正动因和机制。这种研究方法着重于回答"为什么"的问题，试图理解特定现象背后的机制和驱动力。在了解解释性研究之前，我们先对一些术语进行介绍。首先是"变量"。变量即具有多个类型或多个取值，比如，性别就是一个变量，它有男性和女性两种类型；收入也是一个变量，它有从零元到几千元乃至上万元这样连续的取值。其次是有关"原因""结果"的术语，我们一般用因变量、自变量和中介变量来区分。

因变量：因果模型中被认为是结果的变量一般称为"因变量"（用 Y 表示），它是一个随其他变量变化而变化的变量。

自变量：因果模型中被假定为原因的变量则通常称为"自变量"（用 X 表示）。比如，如果我们想了解性别是否会影响收入，那么收入即为因变量，性别即为自变量。

中介变量：它位于自变量和因变量之间，是指自变量影响因变量的具体方式或手段（用 Z 表示）。在前面举的关于性别与收入关系的例子中，我们可以这样解释：不同性别的人收入之所以不同，是因为职业可能存在性别隔离，即性别先影响了人们所从事的职业，进而影响到了收入水平，这里的"职业"即为中介变量。我们可以用一个示意图来表示上述三个变量之间的关系（见图 2-1）。

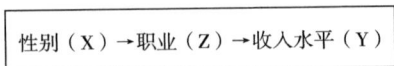

性别（X）→职业（Z）→收入水平（Y）

图 2-1　自变量、中介变量和因变量

一般来说，对于解释性研究，我们需要重点关注四个问题：第一，我试图要解释的是什么现象（因变量是什么）；第二，该现象产生的可能原因有哪些（自变量有哪些）；第三，我想要解释的是哪一种可能原因（该研究的主要自变量是什么）；第四，这种因果关系的可能机制是什么（中介变量是什么）。具体来说，根据其关注焦点的不同，解释性研究可以分为两种类型或者说包含两个阶段：

一是宽泛的原因结果分析。这种类型的研究试图把某种具体现象（如改革开放后犯罪率的上升）所有可能的原因或导致的结果都找出来，它是解释性研究中聚焦程度最低的一种类型（见图 2-2 和图 2-3）。

？（X）→犯罪率的上升（Y）

图 2-2　寻找原因

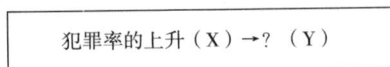

犯罪率的上升（X）→？（Y）

图 2-3　寻找结果

一般而言，寻找某种现象的原因和结果有三种方法：第一，阅读相关文献。当我们对研究问题有了初步想法后，就可以去查阅前人相关研究的文献，看看他们在这个主题上有何发现，尤其是从不同的视角进行了哪些解释。在此过程中，我们一般十分关注这些研究的不足之处以及一些尚未解决的争论，它们能够帮助研究者进一步聚焦研究问题。第二，根据个人经历与直觉。每个人的独特生活经历都赋予了他们一种独特的观察现实的视角，尤其是当他们注意到现实与自身日常经验的不符之处时。第三，尝试去找一些相关的专业人士了解情况。某一领域内有着丰富实践知识的"内部知情人员"往往可以给我们提供一些有价值的信息。

不过，我们也不能拘泥于上述某种方法，而是要利用各种灵感来源进行全方位的思考，以尽可能全面地认识某些现象的原因和结果。在这之后，我们就需要收集信息去验证所有的原因，或者仅仅聚焦一个到两个可能的原因。

二是某个确定的因果模型验证。这种提出解释性研究问题的方法比上一种要更加聚焦，即它并不是直接问哪些因素导致了犯罪率的不断上升，而是更加具体地提出"X（比如收入差距的扩大）导致了犯罪率的不断上升（Y）"（见图2-4），接下来的研究就聚焦于这个具体问题。进一步，如果我们发现收入差距的扩大的确会导致犯罪率的上升，从而想进一步了解其中的作用机制，即为什么收入差距的扩大会导致犯罪现象的增多？我们能在二者之间建立起一种联系吗？如果可以，我们对犯罪率上升这种现象就有了一个更深的理解。比如，我们可以假设"收入差距的扩大导致了人们社会心态的失衡，进而影响到犯罪率的上升"。基于这一假设，我们就可以使用经验数据来验证这个因果模型。其实，根据对犯罪率上升的多种原因的探讨，我们还可以发展出更加复杂的模型，即加入更多可能的中介变量，其原理与前面相同，在此不再赘述。

收入差距的扩大（X） ——————→ 犯罪率的上升（Y）

图2-4 一个待验证的简单因果命题

总的来说，上述两种不同类型的研究问题往往代表了一项研究的不同阶段。最初，我们可能感兴趣的是对一种现象进行简单描述，接着就会提出"为什么"的问题，即哪些原因导致了它的发生，随着探讨的深入，我们可能会聚焦到某一个特殊的原因上，并开始针对这个特殊的原因提出更复杂的问题。由此可以看出，澄清研究问题是一个渐进的过程，并非在一项研究开始的时候就能一步到位。因此，在提出和明确研究问题的过程中，也要注意不应让最初关注的焦点使我们忽略了一些其他问题，它们也许比最初的研究问题更重要和更具有可操作性。同时，在后续收集和分析数据的过程中，我们的研究问题也会更加细化，并且可能会出现新的研究问题。

3. 课题设计的主要类型

无论是描述性研究还是解释性研究，我们需要做的并不是简单地报告研究结果，而是要提供一个可供比较的参考架构来帮助解释研究结果。不同的课题设计常常采用不同的方式进行比较，我们主要介绍解释性研究的几种课题设计类型。

（1）描述性研究。对于描述性研究结果的解释，我们尤其需要一个可供比较的参考架构来借此理解特定的发现。一般而言，对于描述性研究的结果可以采取横向比较或纵向比较的方法。所谓横向比较，即将所观察的这组数据和其他组的数据进行比较；纵向比较是指将观察到的这组数据与同一组不同时期的数据进行比较。这种比较能够为我们在分析单一数据的时候提供一个参照背景，从而避免得出错误的结论。

（2）解释性研究。一般而言，解释性研究旨在发现变量背后的因果关系，而我们课题设计的目的就是要提高因果推断的质量。若想确认两个变量间存在着明确的因果联系，必须严格满足三项核心标准：第一，共变。这是指两个变量之间必须存在实际的关系——相关，也就是一个变量的改变会影响到另一个变量的改变。第二，时间顺序。对于存在因果关系的两个变量，一定是原因在前，结果在后。比如，在探讨家庭教育背景对子女教育水平的影响时，我们通常会强调父母受教育程度对子女受教育程度的显著影响，而非反过来，认为子女的受教育程度影响了父母的受教育程度，后者显然不符合常识。第三，非虚假相关。这是指两个变量之间的共变不是由其他变量引起的。比如，病人的住院次数和死亡概率之间存在正相关关系：病人的住院次数越多，死亡的概率也就越大；反之亦然。但是，住院次数和死亡概率二者之间并没有什么直接关系，这里的第三个变量是病人的病情，即病人的住院次数和死亡概率都是由病情所决定的。所以，当遇到有关因果推断的研究问题时，我们相应的课题设计应力图满足以上三个条件，尤其是最后一个条件，它一般最难确定。具体来说，如果提出一个"X 导致 Y"的因果模型，我们需要尽可能保证的确是 X，而不是其他因素导致了 Y。这就要求在课题设计的过程中，我们必须尽可能确保模型中其他可能的解释变量已经被消除（控制），从而使我们对有关因果过程的结论更加有信心。接下来本书将简单介绍定量研究中常见的三种课题设计。

1）实验设计。最经典的实验设计主要涉及三对基本元素：

第一，自变量和因变量。在实验设计中，自变量又称为"实验干预"，通常为二分变量，即只有两个取值"有"或"无"，它是研究者在实验组前测和后测之间引入的干预因素，而因变量就是我们研究所关注的变量。一般而言，实验设计的目的就是观察出现干预和不出现干预所导致的因变量的差异。

第二，前测与后测。在典型的实验设计流程中，为了确保结果的准确性和可靠性，研究者通常会对因变量进行两次测量，一次是在实验干预之前，另一次是在实验干预之后。在实验干预之前进行的测量，称为"前测"；在实验干预之后进行的测量，称为"后测"。比较前测和后测之间的差异，可以评估实验干预（自变量）对因变量的影响程度。这种设计有助于确定实验效果的可靠性和显著性，并提供了对实验结果进行全面解释和分析的基础。通过前后测设计，研究者能够更准确地理解实验中自变量引起的因变量变化，从而加深对研究问题的认识，并为实验结果的解释提供更深入的见解。

第三，实验组与控制组。在实验设计中，实验组是指那些接受特定实验干预的参与者群体。相对地，控制组则是由未接受该实验干预的参与者组成，这些参与者在其他方面与实验组具有相似的特征，以确保实验结果的准确性。通过设立这样的两组，研究者可以对比实验干预对实验组的影响，同时排除其他潜在因素的影响，从而更准确地评估实验干预的效果。

接下来，我们简单介绍一下实验设计的操作原理。根据某种理论，我们认为变量 X 和变量 Y 之间可能存在因果关系，即 X 会导致 Y。为了验证这一假设，我们一般会在加入变量 X 的干预之前和之后分别对变量 Y 进行测量，然后对两次测量的结果进行比较。如果结果发生了变化，我们就可以初步判断，这种变化是由于外在干预即变量 X 的作用。但是，该变化也有可能是其他因素导致的，比如单纯随着时间的流逝而发生的变化、前测行为本身对后测结果的影响等。为了排除这些外在环境因素对结果变化的影响，我们很有必要加入一个控制组。控制组在实验中扮演着至关重要的角色，它们同样会经历实验前后的两次测量过程。在实验开始前，控制组与实验组应当处于完全相同的初始状态，确保两者在除变量 X 外的所有条件上保持一致。然而，在实验过程中，控制组的成员将不会接受变量 X 的任何外在干预。通过对比实验前后控制组中因变量 Y 的数值变化，我们可以观察到在没有变量 X 影响的情况下，Y 随时间自然发生的差异。随后，我们将实验组在变量 X 干预下 Y 的变化与控制组 Y 的自然变化进行差值计算，从而能够精确地得出变量 X 对变量 Y 的单独影响效果。当然，这个结论的成立是有条件的，即两个组在实验前必须完全相同，且在实验过程中也是完全一样对待（除了实验组接受干预）。为了保证两组对象在开始时是基本相同的，我们可以通过随机分配实验组和控制组的方法来实现。然而，保证它们在实验过程中有着相同的外在环境实在太困难，这也是实验研究经常在实验室进行的原因之一。

2）纵向设计。纵向设计是一种研究方法，其特点在于在多个时间点上收集数据，以描绘某一现象随时间的发展而产生的变化。这种设计不仅关注现象的变化趋势，还着重于探究不同时间点之间的联系和因果关系。它主要包括三种不同的类型：标准纵向设计、准纵向设计和追溯性纵向设计。

第一，标准纵向设计。与上面的实验设计相比，标准纵向设计只涉及了实验设计表格的一部分，即只有实验组，缺少控制组（见图 2-2）。它主要测量同一组的个体（完全相同的样本）在前后两个不同时间节点上的结果，在这两个时间点之间，我们可以对其进行实验干预，这些干预既可能是积极的，也可能是自然的（并非由研究者引发的事件，而是随时间的推进自然发生的）。这样，通过观察前测和后测之间结果的差异，我们就可以发现所关注的因变量随时间所发生的变化，或者某个干预自变量与因变量之间可能的因果关系。

第二，准纵向设计。准纵向设计和标准纵向设计非常类似，只不过它在两个不同时间点上收集的数据并非来自完全相同的样本。这种设计是为了避免随着时间的变化再去追踪同一批人所存在的困难。这项设计同样存在上述标准纵向设计在得出有因果影响的结论方面的问题（缺少控制组），更重要的是，它不能做到在时间点一和时间点二的样本完全一样。所以，我们甚至不能确定真的测量到了变化，而关于这一点上面的标准纵向设计至少是可以做到的。

第三，追溯性纵向设计。如上所述，前两种类型的纵向设计实施起来面临的一大困难是：要随时间变化去追踪样本，而且有时不得不等待很长时间再去收集样本数据。但是，随着时间的变化去追踪一个群体经常是不可行的，而且研究过程中样本的流失率会产生一些更加严重的问题，比如会对前测和后测之间观察结果的比较产生影响。一个替代的方法是，只关注研究中的一个时间维度，即只在最后一个时间点收集数据，但是向被访者询问两个时间点的信息，这样我们就可以发现在这两个时间点之间所发生的变化。不过，除了纵向设计所存在的固有缺陷之外，该设计还有"选择性记忆"的问题，并且人们还有可能根据当下的状况重新解释过去的事。即使该研究能够捕获很多"变化"，我们也不能确定这些变化是真实的，还是被访者自己感知的。

3）截面设计。在定量研究中应用最为广泛的研究设计要属截面设计。该设计需要我们在同一个时间点收集至少来自两个群体的数据，并比较这两个群体在因变量上有多大程度的差异。具体而言，截面设计具有三个明显的特征：第一，无时间维度，即截面设计的数据不同于前述的实验设计和纵向设计有前测和后测之分，它是在同一个时间点收集数据的；第二，在建立因果推论时，它着眼于因变量的既存差异，而非引入干预变量后所产生的变化；第三，它根据既存差异来分组，而不是随机分配来分组，样本根据其碰巧所属的自变量类别被划分成各个研究组。

其实，截面设计也可以加入时间维度，即重复截面设计。需要注意的是，在不同时间点上所进行的若干次截面研究都必须用完全相同的问题来考察，否则就无法进行比较。

4. 研究计划书的写作

总的来说，一份研究计划书一般包括以下六个方面的内容：

（1）说明研究问题和研究目的。这主要包括：你要研究的问题是什么，它为什么值得研究，它在理论上或实践上有什么样的意义。

（2）文献回顾与研究假设的提出。文献回顾是为了了解前人在这个研究问题上已经做的工作，进而指出在现有的知识范围内有关该问题的研究可以进一步拓展的地方。比如，你可以在文献回顾中指出目前有关该问题的研究结果所存在的相互矛盾的地方，进而指出你的研究就是为了解释这种悖论性现象。在文献回顾的过程中，你也要相应提出你的研究假设。

（3）确定分析单位和抽样方案。明确界定研究问题的分析单元是至关重要的环节，它能够为研究者提供明确的方向，确保数据收集的针对性和有序性。同时，这也有助于避免在研究过程中出现层次谬误和简化论的错误，从而保障研究的科学性和准确性。在构建具体的抽样方案时，有三个核心要素不容忽视。首先，必须明确界定研究的总体范围，即研究对象所属的整体领域或群体。这是抽样工作的基础，只有明确了总体范围，才能确保样本的代表性和有效性。其次，抽样方法和程序的选择同样至关重要。不同的抽样方法各有优缺点，适用于不同的研究情境。因此，在选择抽样方法时，需要综合考虑研究目的、总体特征以及可用资源等因素，确保所选方法能够最大限度地满足研究需求。最后，样本规模的大小以及样本的准确性要求也是抽样方案中不可忽视的要素。样本规模的大小直接关系到研究的精确度和可靠性，而样本的准确性要求则涉及数据的真实性和有效性。因此，在确定样本规模时，需要综合考虑研究目的、资源限制以及统计精度要求等因素；同时，在设定样本准确性要求时，也需要考虑到数据收集和处理过程中的可能误差和偏差。

（4）说明资料收集方法。这是指要采用实验法还是问卷调查法，又或是深入的田野访谈法，还是多种资料收集方法兼用。这与研究问题的性质，以及研究者的人力、物力是否充足等综合性因素有关。

（5）说明资料分析方法。一般来说，资料收集的方法在很大程度上决定了资料分析方法，比如你采用问卷调查法收集资料，那么你主要依赖的分析方法就是双变量与多变量分析、多元回归，以及其他一些更为复杂的统计分析方法。

（6）确定具体实施方案。这包括研究人员的组成及培训安排，还有研究的时间进度和经费使用计划等。需要指出的是，在实际撰写研究计划书时，不必拘泥于以上的方案步骤，只要基本的内容包括即可，具体的计划书撰写格式可以结合自己研究问题的特征来决定。

二、定量研究的基本步骤

定量研究是我们认识社会现象的一种科学研究活动。作为人的一项科学认识活动，定量研究是有组织地、有计划地进行的。为了保证研究的顺利进行，必须按照人的认识规律，科学地安排定量研究的每项工作。

定量研究通常可以分为准备、调查、研究与总结四个阶段。

（一）准备阶段

人类社会的复杂多样使可供选择的调查课题非常多。一般来说，社会研究都是从一定的问题出发,增进对社会某一方面的了解。准备阶段的主要任务包括确定课题、初步探索和总体设计。

1. 确定课题

合理确定定量研究的课题是搞好社会调查研究的首要前提。科学研究始于疑问,但并非所有的疑问都值得进行科学研究,好的研究课题必须具有一定的研究价值,同时可以由科学研究来解答。所谓研究课题即社会研究所要了解、说明或者解决的社会问题。

选择一个好的研究课题对于整个研究过程具有重要的意义。

首先,好的研究课题决定着社会调查研究的方向。每一个社会调查课题都是针对社会生活中特定现象或问题的研究。科学的社会调查旨在通过对社会现象的深入考察,揭示社会问题的本质,并提出解决方案。因此,研究课题的确定必须具有清晰的目标和方向。一旦确定了研究课题,就会影响到社会调查的整体设计和执行过程。不同的研究课题具有不同的研究对象、范围、内容和方法,因此调查团队的组成、工作计划以及调查方法都会有所不同。这种针对性的调查设计能够确保社会调查的有效性和可信度,从而为解决社会问题提供有力支持。

其次,好的研究课题能体现研究者的水平。社会研究的质量和深度存在着差异,而课题选择的合理性直接反映了研究者的思想深度和专业水平。在挑选研究课题的过程中,研究者不仅需要具备扎实的专业理论知识和方法技能,还需要拥有广阔的视野和敏锐的判断力。此外,丰富的社会生活经验也是选择恰当而具有新意的课题的关键因素。只有在这样的基础上,研究者才能够提出具有独创性和实践意义的研究问题,并在研究过程中展现出优秀的学术素养和研究水平。

最后,好的研究课题是社会认识发展的阶梯。从某一问题出发而构建的课题本身就具有认识的功能。在一定的社会历史条件下,社会研究就是研究社会生活中迫切需要解决的问题。提出这些问题,就为这些问题的解决开辟了道路,把人类对社会的认识推上新的阶梯。适当而正确的研究课题,不仅可以带来新知识,而且还会吸引和推动人们去解决现实的问题。

正确选择好的课题,应该遵循以下三个原则:

第一,价值原则。研究课题的价值可以分为理论价值与应用价值两个方面。学术界公认的重要题目,如学科前沿的重大理论问题、"空白"问题等,就具有相应的理论意义和学术价值。应用价值也就是课题对于解决现实问题所具有的意义。有的课题完成后能对社会的发展产生积极影响，研究成果可以供政府或相关部门决策参考。

第二，创新原则。一个具有创新性的研究课题，通常指的是那些涵盖了新颖观点、独特方法或者前所未有的研究领域的课题。最为突出的创新课题往往填补了现有知识的空白，带来了全新的研究视角和理论解释。这种创新不仅可以体现在问题的选择上，也可能表现在研究方法、理论框架、研究对象以及研究内容等方面。对于大部分研究者而言，创新的课题往往意味着在研究思路、理论基础、研究对象、方法论或研究内容等方面与前人有所差异，呈现出自身独特的创新之处。在科学研究中，创新是推动学科发展的动力，只有具备创新性的研究才能够真正地推动知识的进步和学科的发展。

第三，可行原则。在选择调查研究课题时，必须遵循可行性原则，即确保在各种条件下都能够顺利进行研究。一项研究的实施受到许多特定的主观和客观条件的制约。客观条件指的是外部环境或者实际条件对研究的限制。例如，社会环境的限制，缺乏相关支持单位的支持，调查所需的人力、物力、财力不足，文献获取困难，以及研究问题与受访者的生活习惯或宗教信仰相冲突等。主观条件则指研究者自身的条件限制，包括对理论、方法和资料的掌握程度，个人生活经历，甚至是性别、年龄、语言等方面的限制。考虑到这些客观和主观条件，研究者需要在可行性原则的指导下，审慎选择合适的研究课题，并确保能够克服各种困难和挑战，顺利进行研究工作。

不具备某些必要的条件，就不宜选择与这些条件相对应的课题。因此，在选择研究课题的时候，仅仅考虑前两项原则是远远不够的。一个不具备可行性的研究课题，无论多有价值与创新性，最多也只能是一个"伟大的空想"。

2. 初步探索

初步探索包括查阅有关文献和进行实地考察，其目的是在正式调查开始之前对研究对象有初步的了解，为提出研究假设、设计问卷及确定调查方案奠定基础。

（1）查阅文献。文献是研究者获取与研究课题相关的资料的重要来源。通过深入查阅相关文献，研究者不仅能够系统地掌握以往的研究成果，而且能够挖掘出各种独特的理论观点和研究方法。此外，文献的查阅还能帮助研究者全面了解研究对象所处的社会历史背景，为研究的深入展开提供有力的支撑。然而，面对海量的文献资料，研究者如何进行高效的文献查阅呢？

在进行文献查阅时，研究者需要明确自己的目的，并根据研究需要选择性地查阅相关文献。研究者可以利用图书馆和检索工具找出与研究课题相关的期刊论文和书籍等；除了国内的文献，还可以查阅国外和其他专业领域的文献；浏览后筛选出重要的、有参考价值的文献，重点阅读这类文献或进行相应的摘抄。当然，除了查阅文献，我们还可以请教专家。所谓的"专家"即指熟悉这一研究课题的人。文献是被记录下来的过去的知识，我们并不能保证文献里的知识都是全面而真实可靠的。请教专家，征求他们的意见和建议，了解他们的经验和想法，可以更全面地掌握课题的背景、现状等内容。

（2）实地考察。在正式调查前先到现场去走访、询问，以便明确调查的内容、确定调查方法、设计调查问卷，这就是实地考察。通过深入基层进行实地调查，我们能够直接观察到现场的真实情况，从而发现存在的问题和不足。在了解现场的基础上，我们可以进一步提出解决问题的设想和方案，并进行深入的探讨和分析。在这一过程中，重要的是发现问题、提出设想和考虑解决方法，而不是急于得出最终的结论。实地考察是获取真实可靠的第一手资料的最重要办法，实地考察的人员不宜过多，考察的范围和对象不宜太广。在实地考察的过程中，我们应当致力于将调查与研究紧密地融合在一起，从而逐步构思和完善自己的调查方案。

3. 总体设计

调查方案是定量研究中每个阶段工作的详细安排，科学设计研究方案是确保社会调查成功的关键步骤。若将解答问题视为社会研究的终极目标，那么确定解答问题的途径、策略、手段和方案，则是总体调查研究方案的任务。就定量研究而言，调查方案的设计主要包括明确调查目的、确定分析单位、制定抽样方案、设计调查问卷和制定实施方案五个方面的内容。

（1）明确调查目的。研究者在对特定的社会现象进行调查时其目的各不相同，但一般来说都可以归结为描述与解释两种。人们深入认识社会现象的基础就是了解和描述社会现象的状况。描述性研究的主要目标在于理解和说明社会现象的本质及其发展趋势。它通过对现象的观察和描述，揭示其特征、性质和变化规律。然而，对社会现象的认识不应仅止于描述其现状，还需要探究其根源和动态。解释性研究则致力于解释社会现象的原因和机制，预测其未来的发展趋势。

这种研究通过深入分析和解释，揭示现象之间的因果关系和规律性，为我们理解社会现象的本质提供了更深层次的认识。

（2）确定分析单位。分析单位，即我们进行调查和抽样的核心对象，是研究的基石。在大多数情况下，分析单位与抽样单位是一致的，这意味着我们抽样时所选取的个体，正是我们分析时所关注的对象。然而，在某些特殊情况下，这两者可能会存在差异，这就需要我们在研究过程中特别留意。在社会研究领域中，分析单位主要有五种类型：个人、群体、组织、社区以及社会产物。其中，个人是社会科学研究中最为常用的分析单位。尽管我们的研究对象是个人，但我们的目标并不仅仅停留在对个人层面的理解，而是要通过分析个人或其行为，来揭示更广泛的社会现象。群体，指的是具有某些共同特征的一群人。群体特征与个人特征不同，但它们可以从个人特征中抽取出来，形成群体的独特属性。组织则是由一群人为了共同的目标而组成的正式单位，这些单位通常具有明确的结构和功能，如学校、医院等。与此不同，社区是按照地理区域划分的社会单位，它涵盖了从农村到城镇再到城市等各种类型的社会聚集体。每个社区都有其独特的文化、历史和社会结构，这些都是我们进行分析时需要考虑的重要因素。此外，社会产物也是一种重要的分析单位。它包括了各种社会活动、社会关系、社会制度以及社会产品等。这些社会产物都是人类社会活动的产物，它们反映了人类社会的复杂性和多样性。

（3）制定抽样方案。抽样涉及的是调查对象选取的问题，调查对象的代表性又决定了调查结果推广到总体的准确性，可以说抽样是决定调查质量的关键性工作。抽样调查可以分为随机抽样和非随机抽样两大类，具体的抽样方法更是多种多样。抽样设计的任务就是根据研究课题的要求和调查对象的特点确定适当的样本规模并选择最佳的抽样方法。抽样方案首先要对调查对象和调查总体进行界定，选择合适的抽样方法；其次确定样本规模的大小；最后要，研究者还要清楚调查的主要目的，因为具体的抽样方法选择一定要符合调查目的的内在要求。

（4）设计调查问卷。量化资料的收集依赖于概念的操作化和问卷设计，问卷是社会调查研究中用来收集资料的主要工具，无论是自填问卷还是访问问卷都离不开问卷的使用。问卷以书面的形式将研究者想要了解收集的资料汇编成一份询问表。研究者通过问卷收集受访者的资料，为研究课题提供依据。

（5）制定实施方案。研究设计的最终成果通常体现在一份详尽的研究计划书中，其详细描述了调查研究的各个方面和细节安排。一份规范的调查研究计划书必须包括调查课题的目的与意义、调查的内容、调查对象与分析单位、理论假设、调查方案、调查人员的安排、调查时间与经费七个方面的内容。

（二）调查阶段

在这一阶段研究者要进入调查现场，与受访者直接接触。进入调查现场是收集资料的第一步。为确保调查任务顺利完成，研究者需要认真协调两个方面的工作：首先，他们应该努力争取被调查单位或地区相关组织的积极支持和帮助。在不影响其正常工作的前提下，研究者要合理安排调查任务和进程，与相关组织保持密切沟通和合作，确保调查顺利进行。其次，研究者需要尽可能与被调查者建立良好的关系，积极争取他们的理解和合作。研究者与被调查者建立信任和友好关系，促进被调查者的参与和配合，有助于提高调查的质量和有效性。研究者可以通过向当地政府或相关部门寻求帮助，或者通过社会组织领导或群众中有威信的人物作些解释说明，或者通过出示正式的单位介绍信及合法的身份证明等方法来获得受访者的信任，得到受访者的支持和帮助。研究者在进入调查现场后需要尽快取得当地人的信任并建立友善的关系，才能从受访者那里得到真实可靠的资料。这就需要研究者尊重当地的风俗、生活习惯，同时需要尽可能地参加他们的各种活动，在条件允许的情况下为受访者解决一些困难。

研究者在进入现场之后就要开始资料的收集。研究者通过对社会现象的观察、测量与探究来获取社会信息的过程就是收集资料。在定量研究的调查阶段，常用的数据收集方法包括问卷调查、量表测量、访谈采访、观察记录、文献归纳以及实验设计等。为确保众多调查人员能够按照统一标准有序地完成数据收集任务，必须加强调查队伍的组织和领导工作。定量研究更多使用问卷法与量表法收集标准化的资料。

在调查的不同阶段，组织者需要采取相应的措施，以确保调查工作的顺利进行。在调查的初期阶段，组织者应该督促调查人员尽快展开调查工作，确保调查进程的迅速启动。这包括明确分配任务、建立工作计划、提供必要的培训和资源支持，以帮助调查人员快速进入工作状态。在调查的中期阶段，应重视总结和交流调查工作的经验。这一阶段需要定期召开会议或讨论，分享调查过程中的发现、困难和解决方案，以及调查人员的经验和观察。及时沟通和交流，可以更好地发现和解决工作中出现的新情况和问题，确保调查工作的顺利进行。在调查的后期阶段，需要对调查资料进行严格的审核和初步整理工作。这包括对收集到的数据进行归档、清理和初步分析，及时发现数据的问题和不完整之处，并采取相应的补充调查措施。只有确保调查资料的准确性和完整性，才能保证后续数据分析和研究工作的可靠性和有效性。

（三）研究阶段

在收集完资料之后，接下来就是对资料进行整理和统计分析。

1. 整理资料

在社会学定量研究方法中，我们会收集到很多的数据。但是，这些数据并不能直接为调查研究人员所使用，只有对其进行加工整理，去除其杂乱粗糙部分，才能看到其内部的规律性，揭示出事物的本质。资料的整理和简化是调查研究过程中至关重要的一环，它不仅是简单地将原始资料进行梳理和归档，更是对数据进行深入的审核、编码和汇总，以确保资料的质量和准确性。

资料的审核是一个严谨而细致的工作，它主要涵盖了三个核心方面：完整性、统一性和合格性。完整性即指资料总体的完整性与每份资料的完整性。例如，某次新社会阶层的抽样调查，所发出问卷最终回收的份数。如果回收的份数较少，则样本对总体的代表性就不够，可能使最终的分析结果不具显著性。因此，我们必须考虑问卷回收率低的原因，找到解决的办法。每份资料的完整性指的是调查中受访者未回答某些问题而造成资料的不完整。造成每份资料缺失的原因可能是受访者疏忽、忘记、误解或者不愿作答等，这将直接影响数据分析的结果。无论怎样，我们对资料的缺失要引起重视。也就是说，我们在资料审核的时候应该谨慎处理这些缺失的资料。统一性即指回收到的问卷上的数据与录入的数据是否在数量、度量单位及内容上保持一致。审核资料的合格性应当涵盖逻辑审核与计算审核两个方面。逻辑审核主要关注资料的内在逻辑是否合理，以及数据之间是否存在矛盾或不一致的情况。例如，某位受访者填写的政治面貌是群众，却又填写具体的入党时间，或者某位年龄为11周岁的儿童填写政治面貌为党员，职业为高校老师，这些就是属于不符合常识与逻辑的部分。通过各种数字运算来审核计算是否有误，度量单位是否用错，前后的数字之间是否存在相互矛盾的地方就是计算审核。例如，某问卷中男职员占比为57%，女职员占比为44%，这就是运算错误的数据。对于审核后发现的错误，可以根据不同情况采用不同的方式加以解决。那些可以看出存在明显逻辑错误的，调查者可代为更正；一时难以判断或者存在明显错误与出入的地方，就要设法进行查证或补充调查；有些无法重新调查的就要把错误的剔除，作无效处理。

如果将社会调查所得的数据用计算机进行数据分析，这就要求我们把问卷中各种问题的答案转化为计算机能识别的数字符号。编码指的是把文字转换成数字的过程。因此，在问卷设计阶段就需要考虑编码问题，每一个编码只对应一个问题。

资料的汇总是社会调查研究中一个重要的环节，其目的在于将从各种渠道获得的分散数据整合起来，以反映所调查单位的总体状况。这一过程根据研究目的的不同，可以分为总体汇总和分组汇总两大类。

总体汇总主要关注整体情况和趋势，通过对全部数据进行整合和统计，以获取总体的特征和发展动态。分组汇总则更侧重于了解总体内部的结构和差异，将数据按照特定的标准进行分类整合，以揭示不同群体或变量之间的关系和差异。

在资料汇总过程中，可以采用手工汇总和计算机汇总两种技术。手工汇总依赖于人工操作，需要人员对数据逐一进行整理和归纳，操作过程烦琐且容易出错，但对于数据的理解和分析能力要求较高。计算机汇总则借助计算机软件进行数据处理和统计分析，能够快速、准确地完成大量数据的整合和汇总，提高了工作效率和准确性。

2. 统计分析

在定量分析方法中，统计分析被视为资料分析的核心，它是研究社会现象中数量关系的重要工具，也是应用最广泛的方法之一。通过统计分析，研究者可以运用统计学的原理和方法，深入探讨社会现象的规模、结构、比例以及发展趋势等方面的关系，从而为理论研究提供准确、系统的数据支持。

统计分析的核心在于对资料进行简化和描述，使复杂的数据变得易于理解和分析。通过对变量间的关系进行描述和深入的分析，研究者可以揭示出各种因素之间的相互影响和作用机制，进而理解事物的发展规律。此外，统计分析还具有通过样本资料推断整体的能力，即通过对部分数据的分析推断出整体的情况，从而实现对更广泛范围的现象进行研究。

（1）单变量统计分析。单变量统计分析是统计学中最基础、最简单的分析方法之一，它专注于对单个变量的数量特征进行研究和描述。这种分析主要包括对变量的分布情况进行统计，而变量的分布又可以分为频数分布和频率分布两类。

频数分布是对变量每个取值出现的次数进行统计汇总，以展现变量各个取值的出现频率；频率分布则是将每个取值出现的次数与总次数的比率表示为百分比，以更直观地反映变量的分布特征。

为了使变量的分布情况更加清晰易懂，研究者通常采用统计表和统计图的形式进行展示。统计表可以清晰地列出各个变量取值的频数或频率，而统计图则可以通过图形化的方式直观地展示变量的分布规律，如直方图、饼图等。

集中趋势测量即用一组有代表性的数据来说明一组数据的共性和一般水平。最常见的集中趋势测量包括众数、中位数和平均数。众数即出现频率最高的变量值，用 Mo 表示；中位数即将数据按大小排列位于中央位置的数值，用 Md 表示；平均数即总体各单位数值除以单位总数目所得之商。

离散趋势测量与集中趋势测量在统计学中起着截然不同的作用。前者主要聚焦于揭示数据间的差异程度，为我们提供了一个概括性的描述视角。当我们谈论常用的离散趋势测量时，几个重要的概念便浮现在脑海中，它们分别是异众比率、极差、四分位差和标准差。

异众比率，简言之，它描述的是非众数在总体中出现的频率。这里的众数指的是在数据集中出现次数最多的数值，而异众比率则反映了除众数之外的其他数值在总体中所占的比例。这种比率通常用 VR 来表示，它为我们提供了一个量化非众数分布情况的手段。

极差衡量的是一组数据中最大值与最小值之间的差值。这个指标直观地展示了数据的波动范围，有助于我们快速了解数据的分散程度。

接下来是四分位差，这是一种更精细的离散趋势测量方式。首先，我们将数据按大小顺序排列，然后去除头尾各 25% 的数据，这样我们得到了一个位于中间部分的数据子集。其次，我们计算这个子集的最大值与最小值之间的差值，即为其四分位差。这个指标可以帮助我们更准确地把握数据的中部离散情况。

标准差是一个在统计学中非常常用的离散趋势测量指标。我们先计算每个数据点与平均数的差值，然后将这些差值平方后求和，再除以数据的个数，最后开平方即可得到标准差。标准差用小写的希腊字母 δ 表示，它反映了数据与其平均数之间的平均偏离程度，是评估数据离散程度的一个重要指标。

（2）双变量统计分析。在社会调查研究中，通常涉及两个或更多变量之间的关系，而单变量分析仅限于对单个变量的描述和统计。因此，对双变量或多变量之间的关系进行分析是统计研究中更为重要的内容。

列联表是一种特定的数据整理形式，又称为"交互分类表"。其根本作用在于，根据两个不同变量的取值情况，将研究中所涉及的变量进行细致的分类。通过这种方式，我们可以更清晰地观察到不同变量间的关联性和分布状况。

消减误差比例，简称"PRE"，实际上是对变量间关系的某种量化测定。这一指标有助于我们更准确地把握变量间的相互作用，从而更加科学地分析数据。

相关分析是一种统计方法，它通过一个特定的统计值——相关系数，来量化地描述变量之间的关系。针对不同类型的变量，我们采用不同的相关系数计算方法。例如，对于两个定类变量，我们通常使用 Lambda 与 Tau-y 两种方法来确定它们之间的相关系数；对于两个定序变量，我们则更倾向于使用 Gamma 系数、Dxy 系数和斯皮尔曼等级相关系数；对于两个定距变量，皮尔森相关系数则是最常用的指标。

当自变量为定类变量，因变量为定距变量时，我们则采用相关比率来测量它们之间的关系。当面临一个定类变量和一个定序变量的组合时，我们可以选择Theta 系数和 Lambda、Tau-y 系数，但需要注意的是，在使用 Tau-y 系数时，我们需要将定序变量视为定类变量来处理。对于定序变量和定距变量的组合，我们可以采用相关比例测量法和 r 相关系数，但同样地，在使用这些方法时，我们需要根据具体情况，将某一类型的变量看作另一类型的变量来处理。

社会科学研究除了进行单变量统计分析和双变量统计分析之外，还进行两个变量以上的多变量分析。多变量分析主要分为详析分析、多因分析及多项相关分析二部分。

（3）推论统计。推论统计作为抽样调查资料分析中的独特要素，其核心在于利用样本的统计数值来推测总体参数的大致范围或准确值。这一学科领域深入探索了如何通过有限的样本数据，窥见总体特性的全貌。具体而言，推论统计主要包含两大分支：参数估计与假设检验。

参数估计作为一种统计推断的重要手段，其核心在于利用随机样本的统计值来推测总体参数的具体数值。这一过程并非简单的数据汇总或平均，而是建立在严谨的数学原理和统计方法之上。参数估计主要有两种形式：点估计和区间估计。点估计是利用样本统计量来估计总体参数的单个数值，以最适当的统计量代表总体参数；区间估计则是利用样本统计量来估计总体参数的可能范围，以置信区间的形式表示。

在进行区间估计时，首先，需要确定置信水平，即预先设定的置信水平，常见的有95%和99%等；其次，计算标准误差，即样本统计值与总体参数之间的标准偏差；最后，根据样本统计值和标准误差，结合所设定的置信水平，计算出置信区间，该区间表示了总体参数的可能取值范围。

假设检验先基于我们对总体特性的理解或预期，提出一个明确的假设。随后，我们按照随机原则抽取一部分样本，并利用这些样本数据计算得到相应的统计值。统计值用来衡量我们的假设与实际观测数据之间的契合程度。通过比较样本统计值与理论预期值或临界值，我们可以判断原先的假设是否成立，进而对总体特征作出更为准确的推断。简言之，假设检验就是通过实际样本数据来检验和验证我们关于总体的初步假设是否正确的过程。

假设检验的一般步骤包括：首先，建立研究假设 H_1 和虚无假设 H_0；其次，规定显著性水平 α，据此确定拒绝域或接受域的临界值；再次，由样本资料计算出检验统计量的具体统计值；最后，将实际计算的用于检验的统计值与临界值比较，若其拒绝域则拒绝研究假设，接受虚无假设，反之则接受研究假设。

3. 理论分析

在进行资料统计分析的同时，我们需要运用概念、逻辑推理、抽象和综合等思维方式，对所得的经验材料进行理论分析。尽管统计分析可以帮助我们了解对象在数量方面的特征，但它并不能提供关于事物存在的不同状态以及相互联系的深层解释，而理论分析则能够填补这一空白，为统计分析的结果提供必要的解释和论证。

通过理论分析，我们能够深入探讨研究对象的内在机制和原因，从而更好地理解统计数据背后的含义。它不仅可以对研究假设进行验证和论证，还能将具体的经验现象上升到更为抽象的、普遍的理性认识层面。

理论分析，这一复杂的思维过程，是在对调查资料进行了详尽的整理与统计分析之后展开的。它并非简单的数据堆砌，而是运用抽象思维对资料进行深度加工，使我们从直观的感性认识升华到更为深刻的理性认识。虽然理论分析并没有固定的模式，但通常遵循以下五个关键步骤来逐步推进：第一步，我们需要对收集到的资料进行细致的审读，并展开总体性的思考。这一过程将资料的各个部分相互关联，形成初步的认识框架。第二步，我们针对个体的背景资料、行为和态度资料以及典型事例进行深入的理论分析。第三步，我们针对分类资料和具体假设进行理论分析。这一过程可以分为三个层次：首先是陈述分类资料，即清晰地描述各类数据的特征和分布；其次是概括和结论性分析，通过对数据的归纳和提炼，得出一般性的结论；最后是论证具体研究假设，通过逻辑推理和实证分析，验证或修正我们的假设。第四步，我们针对全部资料和中心研究假设进行综合分析。这一步是将前面的分析成果整合起来，形成一个完整的理论体系，使我们对调查对象有更加全面和深入的理解。第五步，我们需要对结论及其意义进行理论分析。研究结论可能涉及学术理论观点、实际工作建议或宏观决策建议等多个方面。

美国著名社会学家特纳，在其著作《社会学理论的结构》中详细阐述了构成理论的四大核心要素，即概念、陈述、变量及格式。他进一步指出，在社会学理论的发展过程中，从理论性陈述到格式的形成，存在四种主要的方案，即总体理论方案、分析方案、命题方案以及模型方案，而理论分析方法则有矛盾分析法、历史分析法、因果分析法、比较分析法、功能分析法及系统分析法。

（四）总结阶段

总结阶段的任务是撰写研究报告、总结调查工作和评估调查结果。

1. 撰写研究报告

研究报告是对调查研究成果的全面呈现，是社会调查工作的重要总结和结晶。在定量研究中，调查报告以规范的书面语言和严谨的逻辑展现，详细描述研究过程、采用的方法、得出的结果以及可能的政策建议和未来研究方向。它不仅是社会研究者展示研究成果的主要方式，也是与同行学者进行学术交流的重要工具。

总的来说，我们可以认为，调查报告就是整个定量研究的缩影：先通过对前人研究的文献进行梳理和总结，提出自己的研究课题；同时，需要介绍与研究课题相关的理论，为研究设计中的研究假设提供理论依据；最后，重点简洁地阐述反映变量之间的关系或者变量之间变化的研究假设。研究报告的形式并不是固定不变的，它需要根据社会调查的具体情况来确定。这些情况包括但不限于调查的对象、调查的范围、调查的具体内容以及预期的阅读对象等。正是这些不同的因素，决定了研究报告最终会以何种形式呈现出来。总的来说，研究报告可以分为综合性研究报告和专题性研究报告、应用性研究报告和学术性研究报告等。报告结构依次应该包括标题页、致谢、目录、图表索引、摘要、导言、文献回顾、研究方法、研究结果、讨论、结论、注释、参考书目、附录。学术性研究报告一般可分为导言、方法、正文以及结论和讨论四个部分。撰写研究报告是一个有条不紊的过程，其中包含了多个严谨的步骤，依次是确立主题、材料取舍、拟定提纲、撰写研究报告及修改研究报告和进行必要的补充调查。

2. 总结调查工作

对调查工作的总结有助于积累成功的经验和吸取失败的教训，从而为今后更好地进行社会调查打下基础。

尽管每次调查面对的是不同的话题、不同的群体，但是就定量研究而言，实地问卷调查始终是最主要的资料收集方法，因此在定量研究中对调查工作的总结实际上就是对问卷调查实施过程的总结，包括问卷设计、进入现场和开展调查三个环节。对于问卷设计而言，尽管研究者根据前人的研究与自己的经验，会在问卷设计中尽可能包含自己感兴趣的问题，但是"智者千虑，必有一失"，社会的发展变化和调查对象的变化始终会带来新的话题和新的思考，这些在问卷设计中是难以涵盖全面的，所以只能说可以通过每次调查工作的经验积累来减少日后问卷设计的疏漏。对于研究者而言，顺利进入调查现场意味着问卷调查工作成功了一半。当前社会的信任感存在一定的缺失，要直接接触调查对象，说服调查对象参与调查是很困难的，所以研究者开展调查工作总是会借助各种社会力量，间接接近被调查者。因此，有必要对每次进入现场、接触被调查者的经验进行总结，为日后类似的调查工作的开展减少障碍。在开展调查的过程中，如何取得被调查者的信任，如何让被调查者如实地回答问卷中的问题，考验着每一个调查员的沟通能力，同时也需要很多沟通技巧。所以，在总结调查工作时，有必要考虑与被调查者沟通的问题，总结沟通过程中的经验。

社会调查工作发展到今天，其科学性、准确性和可靠性都在不断地提升，这得益于各个时期的社会研究者在开展社会调查工作中对经验和教训的总结，这使后人开展社会调查可以少走弯路，使调查结果更能反映研究的问题，极大地提高了调查工作的质量。

3. 评估调查结果

对调查成果的评估是一项系统性的工作，主要聚焦于其科学性和研究价值。这种评估旨在深入分析调查研究在方法学、程序实施、数据收集与处理、统计分析、逻辑推理以及研究结论等方面是否存在任何错误或缺陷。评估的目的是客观地评价调查成果的理论贡献和实践意义，以确保其科学性和可靠性。

由于建立在社会统计基础之上的社会学定量研究被越来越普遍地运用，加上社会调查研究初期需要收集和阅读各种相关文献和研究报告，那么，如何判断所获得的资料是否可靠？保罗·拉扎斯菲尔德创建并倡导了社会学研究的评估方法和技术。社会学评估的最终目的是更好地获取所需证据，运用这些证据去解释、检验理论或构建新理论。

对调查成果的评估需要回顾整个研究开展的过程，包括理论基础、理论命题、研究设计、研究实施和研究结论几个方面。理论基础是研究的基本出发点和检验对象，因此需要检验调查成果是否基于理论又回归理论。理论命题即研究问题的假设，需要说明调查成果是否回应了研究假设，即肯定或者否定研究假设。研究设计包括样本选择、变量操作化、资料收集方法和资料分析方法等。研究设计的科学性和合理性是确保调查成果有效性的关键。要说明研究成果是否有效，就要说明研究中是否选取了合适的调查对象，是否将变量转化为合适的调查问题，以及是否采取了合适的调查方法和分析方法。研究实施的过程包括研究者如何进入研究现场，如何与被调查对象接触，以及如何进行现场记录，这是研究者能否获取准确资料的关键。研究结论是通过对资料的摘编和分类处理获得的，其核心问题是研究者如何建构理论或者作出解释。如果研究结论能够有效说明研究的问题，就说明此次调查的过程是科学合理的，调查成果是有价值、有意义的。

对整个研究过程的回顾，有助于清晰了解一项研究的基本要素及其相互关系，以及研究的展开情况，从而可以在具体的逻辑环节上对调查成果进行评估，说明调查的有效性情况。

三、公共管理中定量研究设计的基本原则

（一）定量分析以定性分析为基础

定量分析由于可以通过数学模型来展现事物之间的关系（主要通过变量之间的因果关系模式），而且可以通过抽样对大量的同类现象进行研究，因此使其在诸多研究领域中占据主流的地位，甚至逐渐成为一种"潮流"，这可以看作是社会科学对自然科学的有效借鉴。但是我们需要注意的是，自然现象同社会现象毕竟有本质上的不同，这种本质上的差别就是以人为主体的社会研究对象所具有的意识性和主观能动性。由于这种差别的存在，就使得社会科学研究的对象相对于自然科学的研究对象来说更为复杂，更具有异质性，而且它受到个人因素的影响也更为强烈。这些社会科学所独有的特点，要求包括公共管理学在内的社会科学不能只重视定量分析而忽视定性分析的作用。

在社会科学研究中，定量分析和定性分析是两种主要的研究方式，它们相辅相成、相互促进。定量分析侧重于利用数量化的数据进行统计分析和量化研究，而定性分析则注重对事物的本质特征进行深入理解和描述。这两种分析方式之间存在着密切的关联和相互依存关系。定量分析常常建立在定性分析的基础之上，借助定性分析的深度洞察和理论构建来指导和解释定量研究的结果。

在进行数据分析时，研究者需要综合考虑定量分析和定性分析的优势，确保研究方法的选择与研究问题的复杂性相适应。在研究设计阶段，研究者需要先进行必要的定性分析，深入了解研究对象和问题的本质特征，然后再有针对性地设计定量研究方法，确保研究工作有针对性和系统性。

（二）定量分析能够为公共管理研究提供新认识、新发现及论据支撑

在确定研究问题的时候要尽量使自己的研究能够为公共管理研究提供新的认识。譬如，对于新出现的现象和问题，我们如果能够从学术上给予研究和分析，便可以为公共管理研究提供新的认识。此外，对于已有的问题和现象，如果我们

能通过新的角度来分析和观察，也可以得到从已有观察视角中尚未发现的新知识。因此，在研究设计阶段，通过对既有研究文献的回顾，发现其中的不足或者其忽略之处，然后研究者就此进行规划设计，就可以使自己的研究实现一定程度的创新，从而为公共管理研究领域提供新的认识。

在确定了研究问题的情况下，公共管理研究领域中的定量分析过程也就是一个假设检验的过程。在仔细分析前人研究的基础上，保留那些经典的变量并且加入在新的研究情境中起重要作用的变量，最后透过模型筛选的结果就可以发现变量之间的关系。值得强调的是，这里所谓根据研究情境加入新的起重要作用的变量的前提就是要对研究问题预先进行定性分析，只有通过定性分析才能找到此项研究同以往研究的不同之处。比如，此项研究中出现的新的环境变量的影响，研究对象的新属性和特点等。研究者在将这些"疑似"会产生作用的变量引入模型之后，通过模型的检验就会发现这些变量确实有影响作用，根据同已有研究的比较，就可以为该领域提供新的发现，从而在学科知识上有所建构。此外，定量分析方法由于有随机抽样和模型显著性检验等手段的支持，可以使研究结论具有一定程度的信度和效度，也就是说定量分析方法在发现新的变量之间关系的同时就已经获得了有力的数据支持和证明。

（三）定量分析变量选择要"抓主略次""避繁就简"

定量分析的逻辑及方法使得它具有相对更强的科学性，尤其是它利用数学模型来选择变量并且展现变量之间关系的模式使它成为一种主流的研究方式。目前众多社会科学统计软件的开发和使用上的普及，使得研究者在模型选择方面也更加便利，从而在公共管理领域中出现一种现象，就是把得到的变量尽可能地放入模型中，使模型越来越复杂，越来越让其他学者难以理解，失去了学术评价的基础。这种现象其实是要避免的，尤其是对刚刚涉入公共管理研究领域的初学者来说。因此，在进行定量分析的初始设计及其整个执行过程中，我们需要对理论框架进行精心打造，力求其简明扼要，避免冗长复杂的论述。在变量的选择上，我们要抓住主要矛盾，对于次要的变量要有所取舍，以免让研究过于繁杂。通过精心挑选，我们应选择那些对研究至关重要的核心变量，它们将构成我们研究命题的基石，同时也是我们待验证假设的核心组成部分。这样做的目的既有统计技术上的考虑（因为变量的逐渐增加会使得模型的稳定性逐渐变得较差），而更重要的是理论上的考虑（因为理论框架过于复杂就无法清晰展现概念之间的关系），因而较难评判理论之间的优劣。

在探讨公共管理定量研究设计的原则时，我们有必要对其中几个关键要点进行深入剖析，以帮助读者更好地理解和应用。首先，当我们着手进行定量研究设计时，对定量研究方法的理解是至关重要的。我们必须对其优势和局限有清晰的认识，既要善于发挥其精确、客观的优势，也要警惕其可能带来的机械化、过度简化的弊端。同时，定性分析的运用可以在一定程度上弥补定量分析的不足，提供更加全面、深入的理解。其次，理论框架的构建并非空中楼阁，而是深深扎根于对研究问题的深度剖析和对既有研究与理论的审慎评价之中。我们需要通过细化研究问题，对既有理论进行批判性思考，从而构建出既符合实际又具有创新性的理论框架。最后，在变量选择这一关键环节上，我们不能盲目追求所谓的"新发现"，而应当审慎、理性地添加变量。我们需要根据研究问题和具体的研究情境，选择那些真正核心的变量来构建模型。盲目添加变量不仅可能会导致模型复杂化，还可能会掩盖真正重要的信息。这三点不仅是公共管理定量研究设计中的重要原则，也是初学者在实践中容易忽视或误解的地方。因此，我们应当对此给予足够的重视，并在实践中不断加以应用和完善。

四、公共管理研究资料的分析方法

（一）文献法

文献法是一种研究方法，旨在通过查阅各种文献资料来获取所需信息，从而全面、准确地了解和掌握研究课题。这种方法旨在解决如何在广泛而繁杂的文献资料中选取与课题相关的信息，并对这些信息进行适当的分析和运用的问题。与直接和研究对象互动不同，文献法通过间接方式获取信息，使研究者能够在不直接接触研究对象的情况下获取必要的数据和观点。

1. 确定研究问题并拟定研究计划

确定研究问题并拟定研究计划是进行任何研究的首要步骤。研究者在开始研究之前，需要清晰地确定研究的目的和方向，并确立相应的研究问题。这一过程不仅需要对研究领域进行深入思考和探索，还需要充分考虑现有的知识和研究进展，以确保研究问题的科学性和实践性。

一旦研究问题确定，接下来的关键是制订详细的研究计划。研究计划可以被看作是研究工作的路线图，它指引着研究者按照一定的步骤和方法有序展开研究。在制订研究计划时，需要考虑诸多因素，如研究目的和意义、研究内容和阶段、文献收集的途径和方法、研究工作的时间安排、人员分工、经费预算以及研究成果的呈现形式等。

一个良好的研究计划应当具备系统性、可操作性和可评估性，以确保研究工作能够顺利进行并取得预期的成果。同时，研究者在制订研究计划时还需要灵活应对可能出现的变化和挑战，不断优化和调整研究策略，以提高研究的效率和质量。

2. 文献检索

文献检索是为了满足研究需求而查找相关文献的过程。在进行文献检索之前，研究者需要明确研究课题的范围，包括时间范围和内容范围。对于公共管理研究而言，文献检索是开展研究工作的基础，也是确定研究选题的重要步骤。

公共管理研究涵盖的内容极为广泛，其所需的文献类型也丰富多彩。这些文献类型包括但不限于官方档案、日常工作的记录文件、项目执行过程中的汇报总结、经过精心整理的统计数据、反映时事动态的报刊、汇集前人智慧的书籍、记录声音和图像的声像资料，以及日益丰富的网络资料等。为了收集到尽可能全面、详尽的资料，研究者必须采取多元化的检索途径。具体而言，研究者可以亲自前往相关单位的资料室、档案馆和博物馆，通过实地查找来获取珍贵的档案和相关文件；同时，也可以查阅各级各类的统计年鉴，或是直接获取相关单位的统计报表，以得到最准确、最权威的统计数据。此外，大型图书馆往往拥有完善的检索工具，可以协助研究者找到所需的报纸、杂志和书籍。值得一提的是，随着信息技术的飞速发展，网络检索已经成为一种高效、便捷的资料获取方式。研究者可以利用各种网络资源（如专业数据库、在线图书馆等）进行高效的文献检索。这种方式不仅能够帮助研究者快速找到所需的资料，还能确保资料的时效性和全面性。

3. 文献收集与积累

文献收集是一项重要而复杂的任务，需要通过浏览、精读和记录文献，以形成提纲、摘录和摘要。现代技术的运用使文献的收集变得更加便捷和高效。在进行文献收集时，必须确保文献的全面性和客观性。首先，应优先选择原始的第一手材料，以确保其客观性和真实性；其次，对于第二手材料，需要仔细考察其来源，超越使用者的个人立场和主观态度；最后，文献收集者应当具备历史责任感和现实精神，对收集到的资料进行筛选，保留真实可信的部分，丢弃虚假和不准确的内容。

文献积累是文献收集工作的另一个重要方面。每个研究课题都需要积累一定量的文献资料，而研究过程也是一个新的文献资料积累的过程。在积累文献时，应该尽量保持全面性。这意味着研究者不仅应该收集涉及课题的内容，还应该注意收集不同人从不同角度对同一问题的记载或评论的文献；同时，应该收集不同或甚至相反的观点，以丰富研究的视角和思考。积累文献的方式多种多样，可以通过书写读书笔记、制作卡片、摘抄等方式有选择性地收集与课题相关的部分，以便开展后续的研究工作。

4. 文献鉴别

收集到的文献是研究的重要基础，然而，如果不进行鉴别和筛选，即使是再丰富的资料也难以真正地帮助我们理解和解释研究中的问题，甚至可能会产生混淆。文献的鉴别可以分为"外审""内审"两类。

外审法主要涉及对文献本身的真实性和可信度进行评估。首先是对作者真实性的审查，这包括通过对作者其他作品的分析来确定其语言风格和逻辑一致性，进而验证文献的真实性；其次是对文献版本的审查，可以通过对文献的物理特征进行技术测定，如纸质、墨水褪色程度等，以推断文献形成的年代和真实性。

内审法的核心任务则在于深入检验文献内容的真实性与精确性。为实现这一目标，它采用了一系列严谨而细致的方法。首先，通过文献间的相互参照，即对比不同文献中的相关内容，以验证信息的一致性和可靠性。其次，借助实物与文献的相互参照，将文献描述与实际物品进行比对，确保文献描述的准确性。再次，文献与历史背景的相互参照也是关键步骤，通过将文献内容置于特定的历史脉络中，以揭示其时代特征和背景信息。最后，将文献与作者生平、立场和基本观点相互参照，有助于理解作者的写作意图和观点倾向，从而进一步评估文献内容的真实性和客观性。通过这些方法的综合运用，内审法则能全面而深入地审查文献内容，确保其真实性和准确性。

总的来说，外审法和内审法都是通过比较和综合分析来进行文献鉴别的，目的在于筛选真实可靠的资料，提高文献收集的质量。在具体研究中，研究者可以根据文献的性质和复杂程度采取不同的鉴别方法或相互交错地使用多种方法。

5. 文献分析与形成结论

完成文献鉴别后，我们就进入了文献分析的阶段。在这一过程中，我们对已收集并经过鉴别的文献内容进行深入分析、描述和整理，以期从中得出研究的结论。

文献分析是一个系统的过程，需要对文献进行逐条审查，理解其中所涉及的各种观点、观点之间的联系和可能存在的差异。通过文献分析，我们可以深度挖掘文献中蕴含的信息，探索研究问题的多个方面，识别出文献之间的共性和差异性，并进一步推进研究的深度和广度。

在文献分析过程中，研究者需要运用批判性思维，审视文献的逻辑性、合理性和可信度，辨别其中的优势和局限性。通过对文献内容的深入探索和理解，研究者可以建立自己的研究框架和理论模型，为后续研究工作提供重要的指导和支持。

总之，文献分析是研究过程中不可或缺的一环，它为我们提供了丰富的研究素材和启示，有助于我们更全面、更深入地理解和探索研究问题，从而为研究结论的得出奠定坚实的基础。

（二）访谈法

访谈法是一种通过口头交流获取研究资料的方法，通过与受访者进行深入的对话，访谈者可以了解受访者的动机、态度、个性和价值观念等，从而获得研究所需的第一手资料。

在访谈过程中，访谈者与受访者之间形成一种互动和影响的关系，这是访谈方法的特点之一。尽管访谈中角色可能会发生变化，但访谈者始终处于倾听的角色，而受访者则扮演谈话者的角色。

与日常谈话相比，访谈具有更为明确的目的性和正规的接触方式。访谈的设计和实施需要遵循一系列科学原则，并将受访者提供的信息限定在访谈的目的范围内。

访谈作为一种言语事件，反映了特定社会现实的存在，并具有重要的方法论意义。通过访谈，研究者可以深入了解社会现象背后的原因和动机，从而为研究提供丰富的素材和深刻的洞察。

根据研究经验，访谈法可以分为十个基本步骤。

1. 确定研究主题，提出研究假设

确定研究主题，提出研究假设（Hypothesizing）主要包括发现问题、构筑概念、发展操作定义、提出研究假设。

首先，研究者需要从实际问题中发现研究的焦点和关键问题，这可能涉及对现实生活中的现象、事件或者矛盾的观察和思考。在发现问题的基础上，研究者开始构建相关的概念框架，通过对问题进行分类、整理和分析，逐渐形成一系列相关概念，并将其联系起来。

其次，研究者需要明确操作定义，即确定研究中所涉及的概念或变量的具体含义和测量方法，以确保研究过程中的概念和变量具有明确的操作性和可测量性。

最后，基于发现的问题、构建的概念框架和明确的操作定义，研究者提出研究假设，即对研究问题的解释或预测。研究假设是研究者对问题可能的答案或解释进行的假设性推断，是对研究目的和问题的进一步界定和限定。

2. 确定访谈的目的、必要性和可行性

相较于观察法与问卷法等调查手段，访谈作为一种独特的调查方式，其必要性源于研究者对特定情况真实性的无法确知。调查的核心任务，就是深入探究情况，或者说，通过一系列的调查手段来检验某个预设假设或判断的真实性。在这样的背景下，访谈的直接目标是通过与被访者的深入交流来验证研究假设的可靠性。

访谈的必要性体现在两个紧密相连的层面：首先，通过实施访谈，我们能够验证某种假设对于解决理论或实践问题的有效性，即所策划的访谈在理论和实践层面上都具备显著的价值。其次，访谈对于验证某一假设而言，具有不可替代的重要性。无论是单独进行还是与其他调查方法相结合，没有访谈的支持，我们就无法对该假设进行有效的验证。

确定访谈的可行性，则是确保所计划的访谈能够按照既定计划顺利展开的关键步骤。在评估可行性时，我们需要重点考虑两个核心方面：第一，访谈对象是否愿意参与并接受访谈。这涉及访谈者与被访者之间的关系建立、被访者的个性特征、访谈的主题内容，以及访谈的时间和地点安排等多个因素，它们都可能对被访者的参与意愿产生影响。第二，访谈者自身是否具备进行访谈所需的充分条件。例如，访谈者是否拥有足够的专业知识、丰富的经验和良好的沟通技巧，以及是否有充足的时间，这些因素都将直接影响到访谈的顺利进行和效果。

3. 确定访谈对象

在确定访谈对象的过程中，我们应始终坚守获取真实信息的基本原则。

首先，在选择访谈对象时，必须确保所选范围与调查问题保持紧密的关联。只有在与问题息息相关的范围内进行筛选，访谈者才能有效地获取到所需的关键信息。在某些情况下，我们可以根据所需信息的具体性，直接锁定访谈对象的选择范围。例如，若我们渴望了解高校女教师对素质教育的独到见解，那么我们的选择范围就应该限定在"高校女性教师"这一特定的群体中。在其他情况下，若我们所寻求的信息涉及多个不同的群体，如想要深入探究农村失学儿童失学的根本原因，那么我们就需要考虑到与这一问题相关的多个群体，包括但不限于失学儿童本身、他们的老师、同学、家长以及邻居等。

其次，在确定了与问题相关的范围之后，我们可以选择随机的方式或人为指定的方式来挑选访谈对象，每种方式都有其独特的优点和潜在的不足。随机选择的方式有助于我们更客观地了解不同观点和态度的分布，但在实际操作中可能会遇到一些可行性的问题。人为指定的方式虽然能够提高操作的可行性，但也可能因为排除了某些特定的对象而影响到访谈结果的全面性和可信度。

最后，在人为指定的范围内选择访谈对象时，我们需要考虑两个关键因素。第一，所选择的访谈对象不能坚决拒绝参与访谈，否则将影响我们获取信息的完整性和有效性。第二，这些对象应该具备提供所需信息的能力，即他们应该对所调查的问题有足够的了解和认识，能够为我们提供有价值的见解和信息。

确定访谈对象之后，应充分了解其性别、年龄、文化背景、职业等因素。这有助于选择适当的访谈方法，建立良好的人际关系，取得访谈对象的合作和信任，从而提高访谈的质量和效果。

4. 确定访谈内容和问题

确定访谈内容就是确定需要探讨的问题范围。访谈者的假设决定了访谈内容的范围，所有有助于验证假设的内容都应包含在访谈中。通常访谈者需要预先拟定访谈提纲，以便在访谈中有条不紊地提问，确保获取的信息系统而全面。如果只有一次访谈机会，访谈计划就显得尤为重要，因为无法补救。访谈者还需要设计问题，特别是敏感问题，预先考虑提问方式，既能获取信息，又不令受访者感到尴尬。

5. 确定访谈的时间、地点

访谈的时间与地点应当事先经过细致规划，其中涵盖访谈的次数、预定的日期、确切的开始时间以及整个过程的预计时长。这一步骤之所以至关重要，是因为访谈本质上是一个双向互动的过程，它要求双方在时间与空间上都具备相应的便利性和舒适性。

在规划访谈时间与地点时，有两个核心要素必须予以充分考虑。首先，要满足研究目的的需求，这要求我们必须根据研究内容、目的以及预期的访谈深度来灵活调整访谈的时间与频次。其次，我们必须充分尊重并考虑访谈对象的便利性，确保他们能够在舒适、无压力的环境中自由回答问题，从而得到真实、深入的反馈。

一般而言，最佳的访谈时间应选择在受访者学习、工作或家务等日常生活相对轻松、心情相对舒畅的时段。这样，他们就能够更加专注和投入地参与到访谈中来，并提供更为准确和丰富的信息。

至于访谈地点的选择，则需要根据访谈的主题和对象的具体情况进行灵活调整。如果访谈内容主要涉及工作方面的问题，那么工作场所可能是更为合适的访谈地点，因为那里的环境更有助于受访者回忆起相关的工作经历和细节。如果是关于个人或家庭方面的问题，那么在家中进行访谈可能更为合适，因为家是一个相对私密和舒适的环境，有助于受访者敞开心扉，分享真实的想法和感受。

对于公共场所的选择，则需要事先进行充分的考察和评估。我们必须确保该地点不仅适合进行访谈，而且能够提供足够的私密性和安静度，以便访谈双方能够专注于交流，而不受外界因素的干扰。

6. 确定访谈的记录方式

访谈的记录方式主要分为手工记录和机器记录两大类。

手工记录的优势在于其经济实惠，无须投入大量资金购买先进的记录设备。然而，其缺点也显而易见，即信息量相对有限。尤其是在访谈对象语速较快的情况下，手工记录可能难以捕捉到全部的语言信息，更不必说那些微妙的非语言信息了，如表情、肢体语言等。这些因素都可能导致记录的不完整，从而影响后续的数据分析和解读。

相比之下，机器记录则展现出了其独特的优势。它能够提供更为完整和详尽的记录，使访谈者能够更全面地观察受访者的表现。同时，机器记录还解放了访谈者的双手，让他们能够更专注于提问和与受访者的交流，从而获取更为深入和丰富的信息。然而，机器记录的成本也相对较高，需要投入更多的经费来购买和维护记录设备。这一点在实际应用中需要充分考虑，根据研究需求和预算情况来选择合适的记录方式。

7. 制订访谈计划

经过详尽的筹备，访谈者必须构建一份周密的访谈计划，以确保整个访谈过程能够流畅展开，并成功达成预定的研究目标。这份访谈计划通常涵盖了多个核心方面：第一，它需要清晰地阐述访谈的初衷、必要性和实施的可能性，为整个访谈活动奠定坚实的基础；第二，访谈计划需要对各项访谈内容进行系统的梳理和详细的说明，确保访谈内容既全面又精准；第三，它需要明确访谈对象的选取标准和理由，确保访谈对象具备代表性；第四，访谈计划还需要安排合适的时间和地点，以便访谈者与访谈对象能够在一个舒适的环境中交流；第五，计划还需要确定访谈的记录方式，确保访谈内容能够被准确、完整地记录下来；第六，访谈资料的整理、分析和访谈报告的撰写计划也是不可或缺的一环，它们将帮助访谈者系统地梳理和分析访谈结果；第七，访谈计划还需对所需的资金和设备进行详细的说明，以确保访谈活动能够顺利进行；第八，针对可能出现的信度和效度问题，访谈计划也需要提前进行说明和规划，以确保访谈结果的可靠性和有效性。

8. 实施访谈

访谈的关键环节在于依照预先精心策划的访谈方案，实施实地或电话形式的深度交流。这一过程涵盖了多个核心要素：首先，依据设计好的方案，与访谈对象进行深入的沟通，确保访谈内容得以精准记录；其次，在进行访谈的过程中，必须持续监控访谈的进展状况，对可能出现的问题给予及时解答，以保障访谈流程的顺畅无阻；最后，为了验证访谈的实际执行效果，研究者可以选择对部分已完成的访谈样本进行交叉验证，通过这一方式，能够更全面地了解访谈者在实际操作中的表现，进而确保访谈结果的质量与准确性。

在访谈过程中，控制和复查环节的实施对于保证访谈的顺利进行和数据的准确性至关重要。通过监测访谈进展和解答问题，访谈者能够及时发现并解决可能出现的问题，确保访谈的质量。通过进行交叉验证访谈，研究者可以更全面地了解访谈者的实际执行情况，进一步提高访谈数据的可信度和可靠性。

9. 整理和分析访谈结果

在公共管理研究领域中，对访谈结果的整理与分析是一项至关重要的任务。

首先，我们需对收集到的访谈资料进行详尽而细致的审核，确保其中不含有任何错误或遗漏。原始资料的价值无可替代，它们是我们洞察事物本质、提炼知识的基础。因此，对资料进行有条理的整理与深入的理解，不仅有助于我们更好地把握访谈的核心内容，更为后续的资料收集工作提供了明确的方向和焦点。

其次，在整理访谈录音记录时，我们需要严格遵循时间顺序，将声音信息精确转换为文字形式。在这一过程中，我们必须忠实于访谈内容的原话，不得随意删减或改动。同时，我们还需要仔细标注访谈双方的言语特点、语气变化、节奏变化以及动作和表情等非语言信息，以确保记录的完整性和准确性。

再次，对于手头的记录，我们同样需要给予足够的重视。通过回顾当时的记录要点，我们可以尝试重现访谈的情景和对话，从而进一步补充和完善记录内容。由于人的记忆会随着时间的推移而逐渐减弱，因此，及时整理手头记录成为访谈后的一项紧迫任务。

最后，完成访谈结果的整理后，我们需要按照一定的标准和逻辑进行归类与分析，通过找出主线并建立必要的关系，我们可以更好地理解访谈数据的内在逻辑和联系，随后，将整理好的资料输入计算机进行统计分析，以便更加高效地提取信息和发现规律。

在分析访谈结果时，我们需要解决一系列关键问题。首先，我们需要确定访谈对象在表述中的可信程度，并给出相应的理由。其次，我们需要评估访谈对象的陈述是否能够支持之前的理论假设，哪些部分能够证实假设，哪些部分可能推翻假设。最后，我们还需要确定访谈结果的适用范围，并解释其背后的原因。通过这些分析工作，我们可以更加深入地理解访谈数据所蕴含的信息和价值，为公共管理研究提供有力的支持。

10. 撰写访谈报告

在分析访谈结果并得出结论之后，撰写访谈报告成为必要的一步，以便让更多人了解访谈的结论。访谈报告需要详细回顾访谈计划，包括设计的目的和实施过程。另外，需要对访谈过程进行描述，包括访谈对象的选取、访谈方式以及实际进行访谈的情况。最重要的是，报告需要对访谈结果进行深入的分析和阐述，解释所得结论的背后原因，并提供相关的数据支持和实例。通过清晰准确地回答以上问题，访谈报告可以为其他研究者或相关人士提供有价值的参考，促进对问题更深入的理解和讨论。

（三）问卷法

问卷调查是一种通过书面形式，利用严谨设计的测量项目或问题，对研究对象进行调查的方法，以获取研究所需的数据和资料。研究者设计问题表格，通过邮寄、面对面或跟踪访问等方式，邀请被调查者填写问卷，以了解他们对某一现象或问题的看法和意见。这种方法可以在较短的时间内收集大量数据，而且相对成本较低，适用于大规模的调查研究。问卷调查可以涵盖多种主题和问题，从社会、经济到健康、教育等各个领域，为研究者提供了广泛的应用空间。

不同研究目的和不同类型的问卷设计程序会有一定的差异，但一份高质量的问卷一般都需要经过以下八个基本程序：

1. 明确问卷调查的目的

问卷设计的核心在于明确调查的目的和内容，这是设计有效问卷的首要前提。调查的目的是什么？需要了解哪些信息？在公共管理领域，调查的目的通常是为决策者提供参考，可能涉及长期战略规划或解决特定问题的政策制定。因此，在设计问卷时，必须清晰地定义调查的目标，并在调查计划中详细说明，以指导问卷的具体设计。调查的内容可以涵盖民众的各种观点、习惯、行为和态度，既可以涉及抽象的概念，如理念、信仰、价值观和人生观，也可以涉及具体的习惯或行为。

2. 确定调查的主题和资料范围

根据调查的目标和要求，需要对调查的内容、所需收集的资料以及资料来源进行详细的分析和规划，以确保问卷设计的合理性和有效性。首先，研究人员应对所需的资料进行全面梳理，明确主要资料和次要资料，并剔除不必要的内容；其次，仔细分析哪些资料需要通过问卷获取，以及需要向何处、何人进行调查；最后，需要考虑调查的范围和对象，并确定合适的调查地点、时间和对象。这一过程需要深入思考和周密计划，以确保问卷设计能够有效地满足调查目的，为后续数据收集和分析奠定坚实基础。

3. 构建问卷设计的框架体系

这一步需要针对问卷调查的目标进行系统分解，并建立起目标的分级体系，以便更好地构建问卷设计的框架体系。这个框架体系应当根据分级体系，逐步分解整体问题，直至提出具体的问题。在构建框架的过程中，需要考虑问卷的形式，包括开放式、封闭式或半封闭式。对于封闭式问题，需要进一步考虑是采用肯定否定式、多选题、数字式还是排序式等形式。选择何种形式应当综合考虑研究者的时间、研究范围、对象、目的、分析方法以及解释方法等因素。这样的综合考虑将有助于设计出更合适的问卷，从而有效地收集到需要的数据，为后续的分析和解释提供有力支持。

4. 拟定并编排问题

首先，需要仔细考虑每一项资料所需的提问方式，构思出合适的句型和问题内容。要尽可能详尽地列出问题，确保覆盖调查目的所需的所有信息。其次，需要对问题进行仔细检查和筛选，确保问题的准确性、清晰度和相关性。检查时需要关注是否存在多余的问题，是否有遗漏的问题，以及是否存在不适当的问题。针对问题的不足之处，要进行删减、补充或替换，以确保问卷的整体质量和有效性。这一步骤至关重要，可以确保问卷设计的科学性和可操作性，从而提高调查的准确性和可信度。

5. 确定问题的表述方式

问题的表述需要精准而清晰，以便应答者能够迅速领会其核心意图，并乐意提供真实无虚的答复。在措辞方面，应展现亲切友好的态度，充分考虑到应答者的认知水平和理解能力，尽量避免使用晦涩难懂的专业术语。针对敏感性话题，应巧妙设计调查方式，确保问卷内容既合理又易于回答，同时消除主观臆断和潜在暗示，防止答案失真。

依据过往经验，问题的表述应符合以下准则：语言应明确且精炼，防止产生歧义；应避免提出具有双重或多重意义的问题，以减少理解上的困扰；反问句和否定句也应尽量避免，以免给应答者带来不必要的困惑；此外，还需避免问题可能引发的从众心理和权威影响，以及任何可能诱导应答者的措辞，从而确保调查结果的真实性和有效性。

6. 问卷的排版和布局

在问题的设计上，需确保内容上相关联的问题得以归类编排，即先聚焦于同一框架的问题，随后转向另一框架的探讨。对于同一框架内的问题，应遵循逻辑顺序、时间脉络或内容体系的逻辑，从而保持回答者的专注度与思维连贯性。问题的排序，原则上应遵循从易到难、从简单到复杂、从具体到抽象的渐进过程，使回答者能够逐步深入，顺畅作答。同时，为确保问卷的有效性及回答者的舒适度，回答问卷的时间应严格控制在 20 分钟之内。问卷中的每个问题都应发挥其独特作用，既避免冗余问句的浪费，也不遗漏任何关键信息的询问。在问卷的排版布局上，应追求整齐划一、美观大方的视觉效果，以便于回答者的阅读、作答与后续的统计分析工作。

7. 进行问卷预调查

为了确保问卷设计的科学性和适用性，预调查是不可或缺的一环。这一环节旨在通过小范围的实践测试，对问卷的结构和内容进行再次验证，确保其既合理又有效。在预调查阶段，要精心挑选适量的样本（一般控制在 30~50 个），并严格按照预先设计好的调查问卷实施。

随后，仔细分析预调查的结果，并认真听取调查过程中遇到的各类问题和反馈。在此基础上，要对调查问卷进行细致入微的调整和修改，以消除其中可能存在的瑕疵。预调查的重要性在于，它能够帮助调查者及时发现问卷中可能存在的问题。例如：结构不合理可能会导致被调查者回答流程不畅，甚至会产生误导和反感，进而影响调查目标的达成；问题表述不清或存在歧义，以及问卷长度不当等问题也可能会影响被调查者的配合度和回答的真实性。此外，问题种类的选择也是至关重要的，它直接关系到问卷能否准确、全面地反映调查目的。

8. 问卷的修订和定稿

根据预调查所获取的反馈数据，我们需要对问卷进行深入的修订与改进。在问卷题目的选择上，我们特别注重题目的代表性，即题目应能够充分体现出所要测量的核心特征；同时，我们也强调题目的内部一致性，确保题目间能够相互印证，一致反映研究的主要目的。通过细致入微的题目分析，我们需要保留那些与主题紧密相关、信息价值高的题目，而剔除那些相关性较低、信息冗余的题目。当问卷修订工作全面完成后，经过仔细审查，确定无须再进行修改，我们便可将其视为最终定稿，并正式投入实际使用，用以收集更加准确、有效的数据。

（四）实验法

实验法，这一独特的研究方法，起源于自然科学领域的探索，其后逐渐渗透到社会科学研究之中。实验的本质在于，将所研究的事物置于特定或受控的情境中，以细致地观察其表现与变化。具体来说，实验是指研究者根据预定的目标，借助先进的科学仪器与设备，人为地操控或模拟自然与社会现象，进而在排除外部干扰的情况下，凸显主要影响因素，并在有利的条件下深入探索自然与社会的发展规律。

实验法可以被精准地定义为：研究者依据研究目标，经过精心规划与准备，全面掌控实验环境，构建特定的实验条件，并科学选取研究对象，以明确自变量与因变量之间的因果联系，进而揭示研究对象的本质特征及其内在规律。实验法的核心目标在于，通过严谨的实验设计，判定两个变量之间是否存在明确的因果关系，从而为科学探索提供有力的实证支持。

一项完整的实验操作程序通常包括以下内容：

1. 选择研究课题，提出研究假设

在挑选公共管理的研究课题时，我们必须全面而细致地考虑其理论价值、实际需求以及现实操作的可行性。

首先，从理论视角来审视，所选取的课题应具备推动公共管理理论和科学进步的能力。特别是那些位于学科前沿、具有核心地位的重要议题和关键理论问题，更应成为我们研究的重中之重，以此推动学科理论的深化和拓展。

其次，从实际需求的角度来看，研究课题必须紧密围绕公共管理发展的实际需求展开。它应当能够针对社会实际问题提出有效的解决方案，并在公共管理实践中发挥积极的推动作用。这样的课题不仅具有现实意义，还能为公共管理的实际运作提供有价值的参考和指导。

最后，我们必须充分考虑研究的可行性。选择的课题应当能够通过公共管理实验研究的手段得以解答，同时还需要根据研究者的主客观条件进行恰当的选择。这包括研究者的知识储备、研究经验、实验条件以及研究资源等方面的因素。只有在充分考虑这些因素的基础上，我们才能确保研究课题的顺利实施和取得预期的研究成果。

任何实验都是在一定的理论框架和研究假设下进行的，这意味着实验并非无的放矢，而是在理论的指引下，通过实际的观察、测量等手段来检验假设的真实性。在实验过程中，假设的提出先于实验的实施，理论框架的构建先于实践操作的开展。整个实验过程往往围绕着验证研究假设展开，可以说，假设是实验研究的灵魂与核心。研究假设通常涉及两个社会现象或事物之间的因果关系或相关关系的陈述，研究者通过对这些关系的深入探讨，可以更深入地理解公共管理领域的复杂现象，为实践提供更为科学的指导。

2. 确定研究变量，给出操作定义

在科学研究的广阔领域中，概念或属性常常展现出质与量上的多变性。换言之，同一概念或属性会以不同的形态或分量呈现于我们眼前。研究者对这些具有变动特性并可加以量化的概念，赋予了"变量"的称谓。然而，在实际的研究过程中，有些概念由于其抽象性和复杂性，使它们的测量变得尤为困难，难以确定其精确的度量指标。为了解决这一难题，研究者采用了"操作定义"这一方法，将那些难以捉摸的概念转化为可以量化的变量。

操作定义，简言之，就是通过一系列具体、可测量的指标来阐释和界定概念。这一过程是将抽象定义中的概念从理论高度逐渐引至经验层面，细化为若干个具体、可操作的测量指标。这些指标往往与概念中的变量紧密相关，共同构成了概念的操作化过程。

在概念操作化的过程中，关键在于寻找那些能够清晰区分、具有显著特征的测量指标，以揭示概念的内在属性。每一个指标都反映了概念的某一侧面或某一变量，它们共同构成了一个完整的概念画像。

在探索测量指标的过程中，研究者可以灵活地将经验方法与理性方法相结合，共同发挥作用。经验方法主要依赖于研究者对概念的直观感受和深入理解，通过提出一系列可能的指标，并逐步筛选，逐步逼近概念的核心本质。这种方法强调实践经验和直观认知的重要性，有助于发现那些能够真实反映概念特征的测量指标。理性方法则更加侧重于对文献的深入分析和梳理。研究者通过对相关文献的广泛阅读和深入研究，全面把握概念的各种含义和维度。在此基础上，他们根据概念的变量特征，列出备选的测量指标，并通过逻辑分析和比较，筛选出最合适的测量工具。这种方法强调逻辑严谨性和理论支撑，有助于确保测量指标的准确性和有效性。

3. 选择实验对象，创设实验环境

在实验研究中，实验对象的选择是一项至关重要的任务。它们不仅需要在特定环境中具有显著的代表性，而且对于复杂事物而言，更需要展现多元化的代表性，涵盖不同的类型和层次。在选择实验对象时，我们通常会采用两种策略。

第一种策略是随机抽样法，即按照随机原则从调查对象的总体中选取样本。

当调查对象总体规模庞大，个体间差异较小，且实验者对总体情况了解有限时，这种方法尤为适用。它确保了样本的广泛性和客观性，有助于我们获得对研究对象的全面而深入的了解。

第二种策略是主观选择法，即实验者根据实验目的和要求，结合对调查对象总体的深入了解，有意识地选择具有代表性的单位作为实验对象。当调查对象总体规模较小、个体间差异较大且实验者对总体情况有较为全面的了解时，这种方法更为合适。它允许实验者根据研究需求精准地选取实验对象，从而提高实验的针对性和有效性。

在实验过程中，还需特别注意实验对象与实验环境的匹配性。实验对象和实验环境在各方面应尽量保持一致或相似，这是进行实验对比研究和量化分析的基础。只有确保实验对象与环境的匹配性，我们才能获得客观、准确的实验结果，进而得出科学、可靠的结论。因此，在实验设计和实施阶段，应充分考虑并控制各种潜在的影响因素，以确保实验的严谨性和可靠性。

4. 操纵自变量，控制无关变量

自变量在实验设置中处于核心地位，它承载着实验者所设计的改变与条件，因此也常被称为实验处理。这一要素实际上代表了实验者为了观察被试者的反应与变化而精心设计和调控的特定情境或刺激。实验的实质在于探究自变量如何引发被试者的各种反应与变化，因此，对自变量的操控显得尤为关键。在实验过程中，实验者必须严格按照实验设计来系统、有序地安排实验刺激，确保它们以预期的方式作用于被试者，从而准确揭示自变量对被试者的影响。

同时，为了确保实验结果的准确性，实验者还需要对可能干扰实验进程的无关变量进行有效控制。这包括多个方面：一是要防止无关变量进入实验刺激，保持实验方法的稳定性和一致性。无论面对何种被试者，实验者都应确保实验刺激的方式、强度、范围等保持一致，并采用统一的检测方法和工具以及统计分析标准。二是要解决实验对象可能带来的干扰问题，如避免前测效应和实验对象的不配合。实验者需要通过与实验对象的沟通，让他们理解并支持实验活动，同时采用巧妙的实验设计，使实验对象在实验过程中难以察觉实验的真实目的。三是对于复杂多变的社会环境因素，实验者需要灵活采取多种控制方法，以最大限度地减少对实验的干扰。

操纵自变量和控制无关变量如图 2-5 所示。

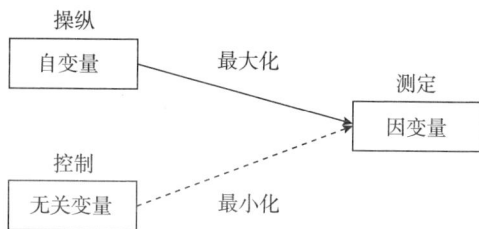

图 2-5　操纵自变量和控制无关变量

5. 实施实验，进行前测和后测

实验的前测，就是实验启动之前对被试者所进行的一系列与实验紧密相关的特质测试。这一环节至关重要，因为它不仅能帮助实验者精准把握被试者在特定特质上的现有水平，为评估实验效果设立一个清晰的参照基准，而且还为后续的取样和分组工作提供了有力的数据支持。在进行前测这一关键环节时，测验人员必须高度重视测验内容与实验目标的契合度，确保所测量的特质能够准确反映实验所关注的焦点。此外，测验过程必须严格遵循客观性原则，采用经过验证和标准化的测验方法，以确保测试结果能够真实反映被试者的实际情况，避免主观因素干扰结果的准确性和可靠性。同时，测验人员还应特别注意，在测验过程中应尽可能避免任何可能引导被试者表现或改变其真实反应的暗示，以保证测试结果的纯粹性和有效性，从而为后续的实验分析提供可靠的数据支持。

与实验的前测相对应，后测在实验过程中同样占据着举足轻重的地位。在进行后测时，需要注意三点：首先，后测必须在停止实施实验变量后立即进行，以避免被试者受到其他外部因素的干扰而导致特质水平发生变化；其次，后测与前测必须保持同质性，即两者所测的特质和测验方法应保持一致，以确保测试结果的连贯性和可比性；最后，还需确保后测与前测分数的同质性，以便对实验结果进行准确的分析和解读。通过严谨的后测工作，研究者能够更全面地了解实验效果，为科学研究的深入推进提供有力的数据支撑。

6. 整理分析资料，撰写实验报告

实验过程积累了大量的资料，为了从这些资料中提炼出有价值的信息，可以采用科学的统计方法进行深度分析。首先，可以采用描述统计的手法，将反映结果的原始资料进行列表整理、图示呈现，并计算资料的平均数、标准差以及相关系数等关键指标，从而直观地展现数据的分布和特征。其次，进一步运用推断统计的方法，严谨地检验自变量与因变量之间的潜在关系，确保实验效果的评估不再依赖于主观感觉，而是建立在坚实的数据基础之上。在这一过程中，通常可采用 Z 检验、T 检验、F 检验等推断统计方法，以确保分析的准确性和可靠性。

实验的最后阶段，则是撰写详尽而严谨的实验报告。报告的格式和内容会根据实验研究问题的特性而有所不同，但一般而言，它应包含五个关键部分：第一，清晰地阐述实验研究所探讨的问题，为后续内容奠定基调；第二，说明实验的目的，强调实验问题的重要性以及进行实验的动机和预期目标；第三，详细介绍实验的计划，包括被试的选择、实验方法、时间安排、材料准备、实验环境的设置以及具体的实验步骤等；第四，运用统计方法，对实验结果进行深入分析，揭示其中的规律和趋势；第五，根据实验事实的材料，对实验研究的问题做出明确的解答，形成实验结论。

实验研究的流程具体如图 2-6 所示。

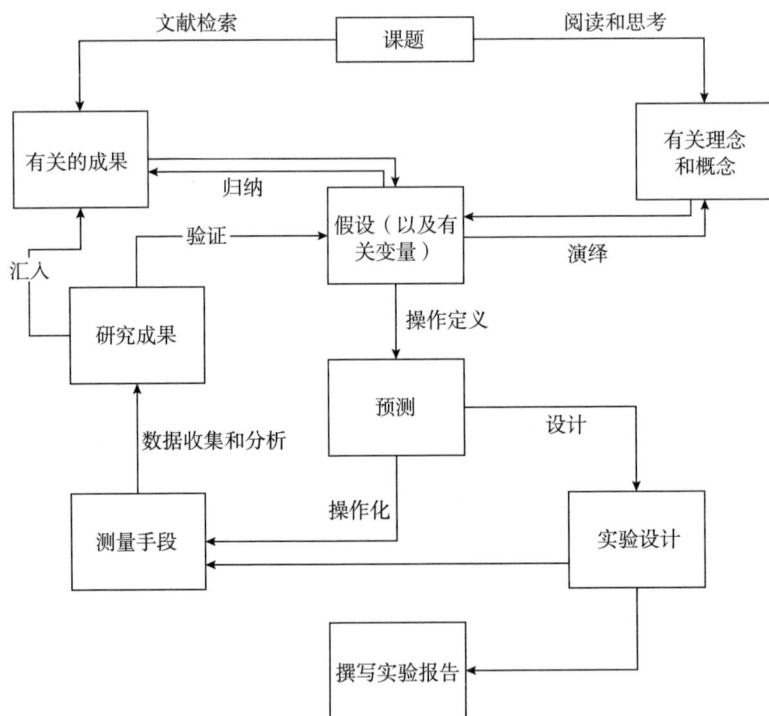

图 2-6　实验研究的流程

第三章 统计分析初步探索

一、统计分析基本概念

（一）基本概念

被深入探讨的对象——无论是具体的事物还是抽象的现象——其完整的集合被称为总体。简言之，总体上就是一个集合涵盖了所有我们正在研究的目标对象。当我们为这一总体划定界限之后，其内部包含的每一个单独的元素或单元，我们称为个体。然而在科学研究中，我们往往不会直接研究整个总体，而是从中随机挑选一部分作为研究的对象，这种挑选过程称为抽样。抽样所得到的那一小部分总体的集合，我们称为样本，其中的每一个个体则被称为样品。样本中所包含的样品数量，我们用 n 来表示，这被称为样本容量。

总体与样本之间的关系，就像是整体与部分的关系的缩影。样本需要能够代表总体，才能有效地反映总体的特征。当样本是通过随机方式从总体中抽取时，我们往往认为这样的样本具有代表性，能够较为准确地反映总体的真实情况。统计学的核心任务，就是通过深入研究这些样本，来推断出总体的特征和规律。

但是，样本具有两重性：第一，通常样本是已知的，总体是未知的；第二，样本由哪些个体组成却是未知的。抽样的随机性要求样本在抽取之前的取值是随机的。因此，来自总体的部分个体 X_1，…，X_n 如果满足：①同分布性，即 X_i

（i=1，…，n）与总体同分布；②独立性，即 X_1，…，X_n 相互独立。此时，我们可以称为容量为 n 的简单随机样本（以下简称样本），而称 X_1，…，X_n 的一次实现为样本观察值，记为 x_1，…，x_n。

一般说来，总体是通过样本描述统计而推断出来的，因此为了区分总体和样本，抑或为了区分描述统计与推论统计，对于描述总体的资料，用希腊字母表示，对于描述样本的资料，用英文字母表示。

统计量是由样本数据加工得到的量的统称，是按照统计学理论逻辑构造而成的，通常具有固定分布类型的参量。它是样本与总体之间真正的"桥梁"，而样本观测值是构成这个"桥梁"的物质材料。

（二）统计分析过程

总体分布是样本取值概率规律的根源所在，它规定了样本在取值时呈现出的特定规律，即样本观察值的产生方式。因此，我们可依据这些样本观察值来推断总体的特征和状况。一般而言，统计分析便是基于已有的样本观察值展开深入分析，从而窥探出总体的真实面貌及其分布特点。统计分析过程一般经历三个程序：首先，在一定范围的总体内，采用一定的调查和测量方法进行抽样，获得样本观测值数据；其次，利用已有的统计学理论知识构造一个特定的已知分布的统计量，并根据观测值计算统计量的取值；最后，依照统计量的取值去描述样本并推断总体（见图3-1）。

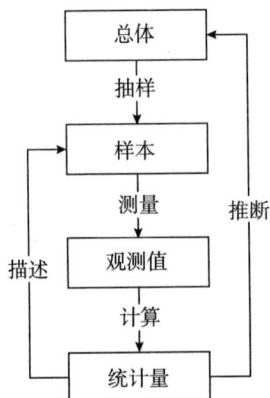

图3-1 统计流程

一旦数据被收集之后，接下来就需要描述数据的特征。研究者描述样本数据的特征，通常会使用两种指标：

（1）集中指标（Measures of Central Tendency）。集中指标作为衡量数据集中趋势的统计量，其核心目的在于刻画样本数据的中心特征。这通常是通过选取样本数据的某一代表性标志值来实现的，这一标志值能够揭示样本数据的典型水平和中心位置，或者称为集中趋势。在集中指标中，我们常提到的有平均数、众数和中位数等，它们各自从不同的角度反映了数据的集中特性。

（2）变异指标（Measures of Variability）。变异指标是反映离散趋势的统计量，能反映样本数据之间分散波动的情形，通常用偏离样本数据平均值的程度来刻画，如方差、标准差等。

除此之外，研究者有时还会展示资料的分布图，以便让读者更容易了解资料的特色。

二、抽样调查

理论上，研究范围内的每一个对象都应该被调查，但全面调查将会耗费巨大的人力、物力和财力，且耗时耗神。因此，社会科学研究通常采用从总体中抽取部分分子的方式进行调查，然后通过对这些分子的调查来获得所需材料和信息。如何从总体中抽取这些分子，就是本章接下来将要介绍的内容。

（一）抽样概论

狭义的抽样即为概率抽样（又称"随机抽样"），它是指：按照随机原则从全部调查对象（总体）中选取一部分单位进行调查，并依据对该部分单位的调查所获得的数据，对总体的情况和特征做出具有一定可靠性的估计和判断的方法。虽然概率抽样能够从少量的样本推论到更大的总体，但社会科学研究也常常遇到无法使用概率抽样而只能采用非概率抽样的情形（如对流浪者、艾滋病患者等特殊群体的研究）。尽管非概率抽样无法对总体的情况进行推论，可是它具有典型性，是探索性研究中常用的样本选择方法。抽样的本质就是选择调查对象的过程。因此，从广义上看，抽样方法包含了概率抽样和非概率抽样两大类。

1. 抽样在社会调查中的使用

抽样方法的使用大大推动了社会科学领域调查活动的开展，它既节省了研究资源、缩短了研究时间，又提高了研究资料的准确性和可靠性。在社会科学研究中，抽样调查的发展与政治选举中的民意测验息息相关。在 1920 年的总统大选民意测验中，美国《文学摘要》（*Literary Digest*，以下简称《文摘》）杂志曾利用电话簿和汽车车牌的登记名单，通过向六个州的部分民众邮寄明信片的方式来询问他们的支持对象，且根据反馈回来的明信片，该杂志准确预测出获胜者，使得抽样调查的重要性初见端倪。在此后的诸多政治选举中，民意测验成为各位候选人是否当选或者选民支持率的重要参考。不过《文摘》在 1936 年的民意测验中却给出了完全错误的预测。1936 年的大选前，《文摘》将 1000 万张调查选票寄给了从电话簿和汽车车牌的登记名单中挑选出来的调查对象，并收到了超过 220 万张的反馈。根据调查结果，该杂志预测共和党候选人艾尔弗雷德·阿尔夫·莫斯曼·兰登（Alfred "Alf" Mossman Landon）将以 57%的得票率击败民主党候选人富兰克林·德拉诺·罗斯福（Franklin D. Roosevelt）而当选为新一任总统。但选举的结果却是罗斯福以 61%的得票率获得第二届总统任期。与此同时，盖洛普（Gallup）则利用配额抽样，准确地预测了选举结果。虽然《文摘》出现错误预测的部分原因在于该次调查的回收率较低，只有 22%，但问题的根本症结在于调查抽样框只包含了不成比例的富人样本：电话用户和汽车拥有者。尽管在前几次选举中，该抽样框也准确地预测了选举结果，但当时的社会背景完全不同。在 1929 年以前，下层社会的穷人基本上不参加投票，因此这种抽样框的偏差对前几次预测的影响不大。然而，1929 年开始的经济大萧条使大量的人口被抛入下层社会，选民结构发生了较大的变化，与此同时，罗斯福新政得到穷人的大力支持，下层民众是罗斯福的重要支持者。因此，在这样的社会背景下，排除了穷人的抽样框显然无法做出正确的估计。由此可见，预测的准确性并不是完全取决于样本数量，而是在于样本是否具有代表性，是否能够真实地反映总体的情况。只有在抽取的样本能够很好地代表总体情况时，抽样调查才能发挥其省时省力的优势。

2. 重要概念

（1）总体与分析单位。总体就是指满足研究条件和要求的全体研究对象。总体中的每一个分子或者元素即为分析单位。例如，我们要对郑州市居民的生活质量进行调查,那么居住在郑州市的所有居民(包括农村居民和城镇居民)就构成了该项研究的总体,而每一位郑州居民就是研究的分析单位。当然,分析单位可大可小,它可以是一个人、一个家庭,也可以是一个团体、一个组织或者其他单位,这取决于调查的需求。

(2)抽样框与样本总体。抽样框是指包含总体所有分析单位的列表清单,它与实际的总体在数量上必须是一致的。在上述的郑州市居民生活质量调查中,该研究的抽样框即为包含每一位郑州居民的花名册。前面已经介绍过,抽样就是按照一定的原则从抽样框中选取部分具有代表性的分子,这些被选中的分子就是所谓的"样本"。一定数量的样本就构成了研究的样本总体。不同于总体所指的全体研究对象,样本总体是指由每一个将要被调查的具体对象所组成的集合,而调查的目的就是通过对这个集合的观察来了解总体的情况。当然,通过科学的抽样方法得到的样本信息,仅能描述构成抽样框架的各个元素组成的总体,而不能随意推广。同一个总体经过多次抽样可以产生多个样本总体,每个样本总体内的样本数量则称为样本容量。同一总体的多个样本容量可以相同,也可以不同。

(3)抽样误差。尽管我们一直强调科学的、随机的抽样方法的重要性,但是无论采取哪种方法,所抽取的样本都不可能毫无偏差地代表着总体的所有特质。经由任何抽样方法所得的样本,都只能近似地反映总体的情况。我们只能说抽样方法越科学合理,所抽出样本的代表性就越强,与总体的相似程度也就越高。因此,误差不可避免地存在于样本和总体之间。研究中的误差分为调查误差和抽样误差。调查误差主要是在调查过程中由于技术原因或人为因素所造成的偏差,而抽样误差则是指用样本指标来估算总体指标时所存在的不可避免的偏差,也被称作"代表性误差"。在抽样调查中,抽样误差不仅是可以精确计算出来的,也可以通过适当的抽样方法将其控制在调查所允许的误差范围内。控制抽样误差的有效手段主要涵盖两个方面:首先,通过增加样本数量来减少误差。相较于小样本,大样本在反映总体特征时更具优势,因为样本规模越大,其在保持其他条件不变的情况下,对总体的代表性就越强,从而能够更准确地反映总体的真实情况。其次,提升总体的同质性也是降低抽样误差的关键。从同质性较高的总体中抽取样本,相较于从异质性较强的总体中抽取样本,其产生的误差会更小。当总体中的个体特征高度一致时,任何抽取的样本都能较为准确地代表总体的情况。例如,若总体中有高达99%的个体对某项行为持赞成态度,那么从中随机抽取的样本，其个体态度与总体态度存在严重偏差的可能性极小。相反，若总体中只有50%的个体赞成某项行为，那么个体态度与总体态度出现偏差的可能性就会显著增加，从而导致抽样误差增大。

（4）置信水平与置信区间。置信水平是对我们利用样本统计值去估计总体参数值时，这一估计值落在某一特定范围内的可能性进行度量的一个指标。置信区间则是用来估计总体参数值的范围。置信水平是对区间估计可靠性的一种衡量，它反映了我们对估计结果所落范围的信心程度。同时，置信区间的宽度与置信水平之间呈现出正相关的关系，也就是说，当我们希望提高置信水平，即增加对估计结果的可信度时，往往需要扩大置信区间的范围，使其更宽。因此，置信区间越宽，意味着我们的置信水平也就越高。此外，置信水平和置信区间还提供了确定样本大小的依据，研究者可以根据允许的抽样误差范围来计算所需的样本量。因此，在进行统计推断时，置信水平和置信区间是评估抽样结果可靠性和确定样本规模的重要工具。

3. 抽样的原理

抽样方法所依据的数学基石，主要源于大数法则与中心极限定理的深刻内涵。大数法则揭示了一种普遍规律：在大量的随机现象中，某些统计量会趋于一个稳定的值。中心极限定理则指出，在特定的条件下，无论总体的分布形态如何，当样本量足够大时，样本均值的分布都会趋近于正态分布。为了更好地说明大数法则和中心极限定理，我们引入一个假设抽样分布。假设一个总体有且仅有10人，这10人对某项政策的满意度分别为0分、1分、2分、3分、4分、5分、6分、7分、8分、9分，即其中1号个体的满意度为0分，2号个体的满意度为1分……10号个体的满意度为9分。我们通过计算可得，总体的平均满意度为45分。前面已经介绍过，同一个总体可以抽出许多相同样本容量的不同样本集合，而每一个样本集合通过调查都会产生各自的样本平均数。当我们从以上的10人总体中抽取不同的样本数量时，样本均值的分布如图3-2至图3-7所示。

从图中我们可以发现，随着样本容量的增大，样本平均数将会更加趋近于总体平均值，且样本平均数的分布趋向于一个"两头小、中间大、左右对称"的"钟形"分布，即所谓的正态分布。在此正态分布中，两端分布的极不准确的估计概率较低，大量样本平均数都会集中地、对称地分布于总体平均值附近。此即为中心极限定理：如果样本容量足够大，所有样本平均数将呈正态分布，而正态

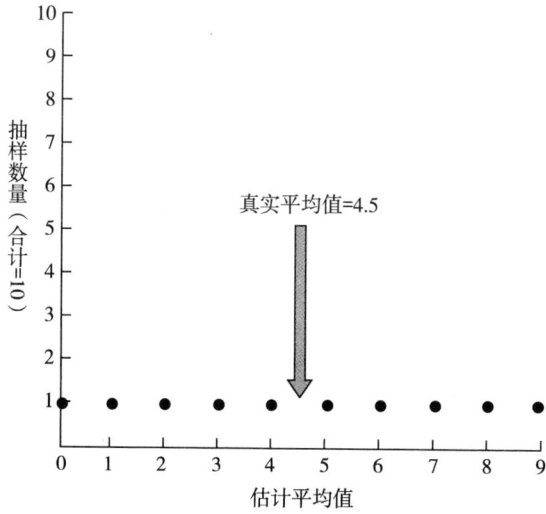

图 3-2 样本量=1 时的样本均值分布

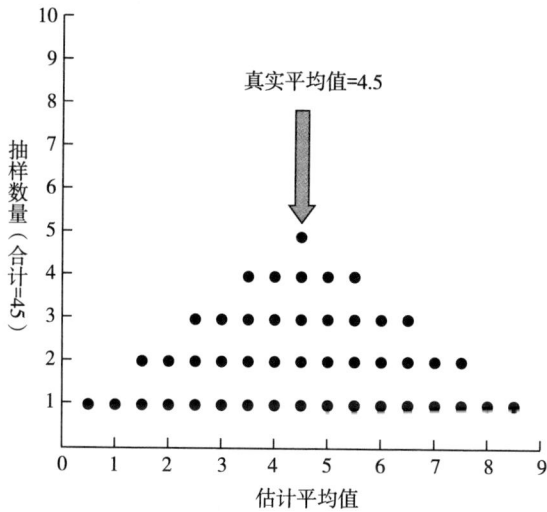

图 3-3 样本量=2 时的样本均值分布

真实平均值=4.5

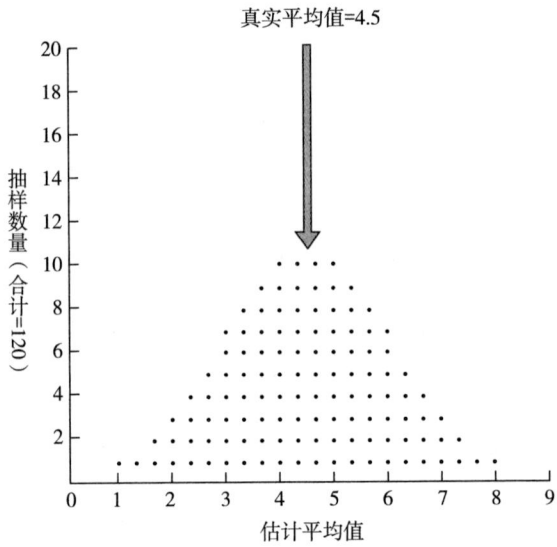

图 3-4　样本量=3 时的样本均值分布

真实平均值=4.5

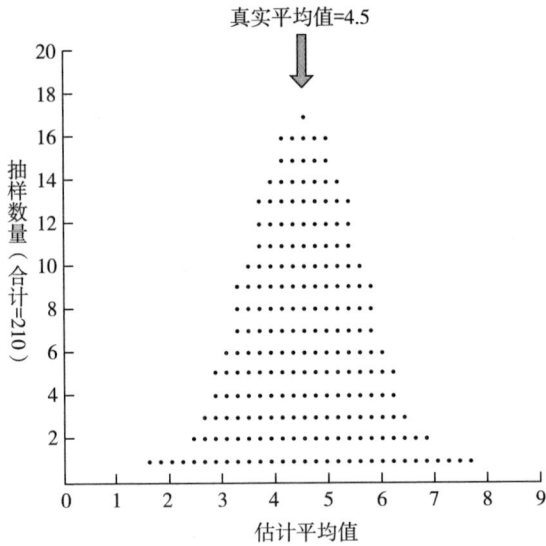

图 3-5　样本量=4 时的样本均值分布

真实平均值=4.5

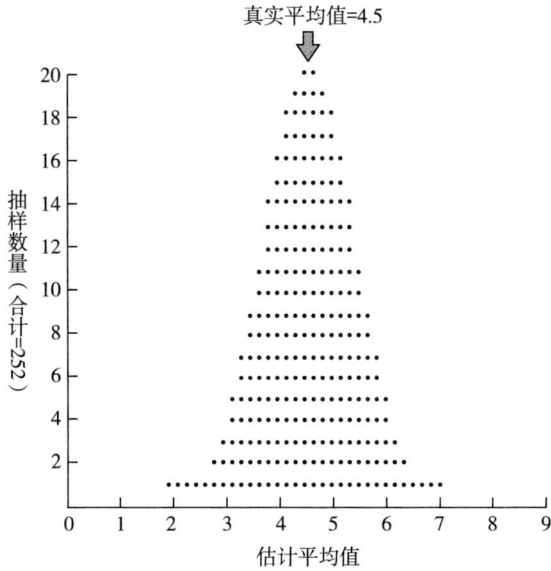

图 3-6 样本量=5 时的样本均值分布

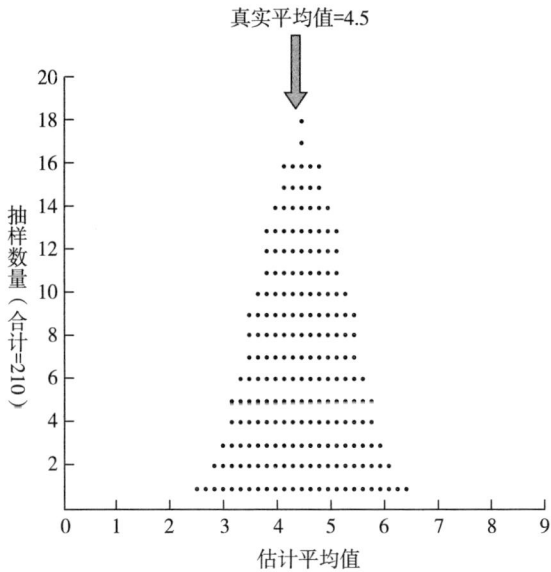

真实平均值=4.5

图 3-7 样本量=6 时的样本均值分布

分布的平均数（样本平均数的均值）就等于总体平均数。如图 3-8 所示，在正态分布中，其中心轴为总体平均数（M）。不仅如此，根据抽样分布中 M 和 SE（抽样分布的标准误），可以计算出有 68.26% 的样本均值在"M±（SE）"这两个数值之间，95.46% 在"M±2（SE）"这两个数值的范围内，而将有 99.73% 落在"M±3（SE）"这两个数值的范围内。落在某个数值范围内的概率就是所谓的置信水平，而这个数值范围即为置信区间。这样的抽样分布特征，在统计推论时具有重要意义。

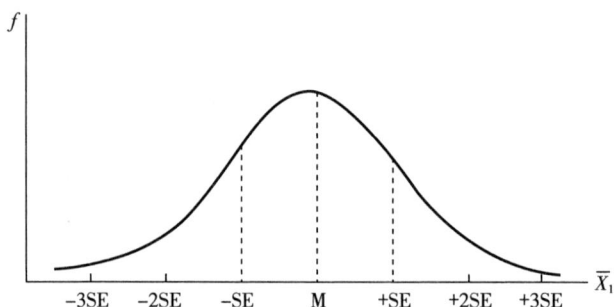

图 3-8 正态分布（均值的抽样分布）

4. 抽样设计的原则和步骤

（1）抽样设计的原则。抽样设计就是指确定抽样方法和步骤的过程。在抽样的总体设计上，需要坚持以下两个原则：

第一，随机原则。抽样调查的基础是样本，因此抽样设计必须先保证总体中每一个分子都有已知的、同等的被抽取为样本的概率。

第二，抽样效果最大化原则。在一定的调查经费条件下，要选取抽样误差最小的设计方案，即在给定的精确度要求下，力争实现所选取的样本最具代表性、最省时省力。

（2）抽样步骤。从总体中选取样本时，必须尽量减少抽样误差，保证样本的代表性。为实现这一目标，抽样流程可以分为以下五个步骤：

第一，界定总体。这一步要明确全体研究对象的范围，包括时间、地点和人物。例如，要调查郑州市居民的生活质量，可将总体的范围详细界定为 2023 年（时间）郑州市（地点）所有年龄介于 18 岁和 70 岁之间的居住者（人物）。

第二，制定抽样框。这一步要将所有符合总体定义的分子名单一一列表，保证抽样框的完备性和准确性。

第三，决定样本大小。正常情况下，样本规模越大越具有代表性，但研究者所要付出的代价也就越大。因此，在决定样本规模时，必须同时考虑抽样误差和研究代价两个因素。

第四，设计抽样方法。抽样方法多种多样，当然不同的抽样方法可能造成的抽样误差也有所差别。研究者需要权衡各种因素，并根据研究目的从中选择一种最适合的方法，从抽样框中选取所需数量的样本。

第五，评估样本之正误。任何抽样方法都可能存在抽样误差，因此在选中样本后，研究者需要根据从样本中收集到的资料来评估样本的正误。样本的评估，可以选择一些在总体和样本中都比较容易找到的资料或特征（如年龄、性别、居住地、受教育程度等）来进行对比，如果总体与样本在较多的特征上具有相近似的分布，则该样本具有较强的代表性。

（二）概率抽样

社会科学研究关心的是总体的情况，但囿于全面调查所需要的巨大人力、财力和时间等条件限制，研究者常常会从总体中选取一定数量的具有代表性的样本。当研究者试图利用这些样本来精确地、统计性地描述和推论大型总体的情况时，比如全国总人口中失业者的比例、民众对某项具体政策的满意度等，概率抽样是最科学的样本选择方法。概率抽样的前提是要明确总体的范围，进而能够在已知总体数量和构成情况的基础上，根据确切的精确度（抽样误差）要求来计算样本数量并按照随机原则抽取调查样本。常用的概率抽样方法主要包括简单随机抽样、系统抽样、分层抽样、整群抽样、GIS 地图抽样，以及将以上几种方法结合起来使用的多阶段抽样。

1. 简单随机抽样

简单随机抽样是概率抽样中最基本、最易于操作的方法。在抽样时，研究者无须对总体中的分子或分析单位进行分组或排列，而是要将它们进行充分的混合，使总体中的任何一个分子都有同等的机会被抽取，然后再按照随机原则直接从总体中抽取既定数量的分子作为样本。进行简单随机抽样的关键是对总体中的每个分子都进行编码（编号）以制定出完备的抽样框。最常用的方法是抽签法或者抓阄法，即把每个个案都进行编码并写在大小相同的卡片或者纸片上，然后将它们放入一个容器中充分搅动使其均匀混合，最后再从容器中任意抽出所需数量的纸片，那么这些纸片所代表的个案即为一个简单随机样本。采用这种方法来选取样本可以保证每个分子都有被抽中的可能性，且被抽中的机会或者概率相同。这个相同的机会或概率即为抽样比例 f=n/N。例如，要在 200 位参与者中抽取 20 位幸运观众，则每位参与者被抽中的概率都是 10%，抽签法的操作方式一般只适用于规模较小的总体。如果总体的规模较大、构成数目众多，则大多采用随机数表来抽取样本，该表中所有数字的出现和排列都是根据随机原则进行的。使用随机数表抽样时，一般先将总体中所有的分子都进行编码，然后在随机数表中任选一个数作为起点（任意一行或一列），以任意固定的顺序或方向（左、右、上、下或者对角线）开始抽取，既可以选取相连的数字，也可以每隔若干个数字才选取一个，直到选满既定数量的样本数，而被选中的号码所对应的分子即为调查样本。例如，要从一个包含 10000 人的总体中抽取 100 人进行调查，我们可以从 00001 开始编码，直至 10000 号，使得每个个体都有一个独一无二的五位数号码，然后以随机数表中的第三行第六列为起点，从左往右抽取号码，选取随机数的最后四位来代表被抽中的号码（如果总体较小，可以选择随机数中的前两位或者后三位等方式来代表被抽中的号码），则选中的第一个号码为 1008，第二个号码为 2751，以此类推，直到选满 100 个号码，这些号码所对应的人就是此次调查所选中的样本。如果选中的某个号码没有相应的分子或者与之前的号码重复了，则另找一个号码补上。当然，除这种最原始的方法以外，研究者也可以运用电脑软件来随机选取号码构成一个调查样本。

2. 系统抽样

尽管简单随机抽样是最基本的方法，但在实际研究中并不常见。如果以人工方式操作，遇到规模较大的总体，这种方式就相当烦琐耗时。通常情况下，如果研究者能够拿到一份包含总体各个分子的名单，即拥有一个完备的抽样框，他们更倾向于采用系统抽样的方法。系统抽样也称等距抽样，其操作方式在于预先依据特定标志或特性对总体中的各个单元进行有序排列，随后，依据既定的顺序与固定的间隔，有条不紊地抽取样本。具体操作步骤如下：先将总体各分子按标志排序并编码，然后根据抽样比例计算出抽样间隔 K（K=N/n），再在第一个间隔内随机选取编码 i 为第一个样本编号，最后依照间隔 K 依次选取第（i+K）， （i+2K），（i+3K）等号码，直至选满既定样本数量，这些号码所代表的分子即为被选中的样本。为了避免可能的人为偏差，必须以随机的方式选取第一个号码。例如，上例中要从10000人中抽取100人进行某项调查，需要先将他们按某种标志（以姓氏笔画或姓氏拼音为序）进行排列，抽样间隔 K = 10000/100 = 100，即每隔100人选取1人，可在第1~100号中用随机方法（随机数表）抽取一个号码作为第一个样本，假定选择36，则名单上的第36、136、236…9936号依次被抽选为调查样本。

需要特别注意的是，名单中各分子的排列方式可能会导致系统抽样产生严重偏差，这种排列方式问题通常被称为"周期性问题"，即倘若总体内的各单元按照与所采用的抽样间隔相吻合的周期性规律进行排列，那么采用系统抽样法时就极易产生严重偏差的样本。例如，在一个有关学生学习态度的研究中，按照抽样间隔，研究者需要从全校学生名册中每隔50人抽取1名学生进行调查。然而，碰巧的是，全校学生名册是以班级为单位排列的，每班刚好50人，且班级内的名单又是按学习成绩排序的。如此一来，系统抽样方法可能抽取到的全是每个班级某一固定名次的学生，假定都是各班第1名或者各班第30名，那么这样的样本就会产生严重的偏误，如果对他们进行学习态度调查，尽管采取了概率抽样方式，研究结果的代表性仍然十分有限。因此，如果要对一份名册进行系统抽样，必须先严格考察名册的基本特征，确保各分子的特定排列顺序不会导致样本偏误，以排除样本的周期性问题。

3. 分层抽样

分层抽样也可称为"类型抽样"，它并非直接从总体中随机选取样本，而是预先依据特定的标志或特征将总体细分为数个类别或层次，每个类别或层次内的个体均具备某种共同属性，随后，在每个类别或层次中，遵循随机性的原则，抽取一定数量的个体，共同构成最终的样本。具体步骤是，先把总体 N 划分为 K 组，使 $N = N_1 + N_2 + \cdots + N_k$，然后再用随机方法从每组 N_i 中抽取 n_i 个单位构成样本总体（每组抽取的样本数量不一定相同），使 $n = n_1 + n_2 + \cdots + n_k$。分层抽样在确定各层样本数时，既可以采用等比抽样方法，也可以选择不等比例抽样的方法。等比抽样是指在每组中都按照其在总体中所占的比例（抽样比例 f）用简单随机方法或者系统抽样方法来选取样本，单位数量多的层多抽，数量少的层则少抽，每组的抽样比例都相同。若总体中某些组别的单位数量显著偏少，那么即使按照相同的比例进行抽样，这些组别在样本总数中的代表数量也会异常稀少。这种情况很可能会导致统计分析的结果不够准确，因为那些单位数量较少的组别在样本中的权重过低，无法充分反映其在总体中的真实情况。在这种情况下，研究者就可以采用不等比例抽样的方法，使得单位数量较少的层也能获得相对较多的样本。例如，研究者要对职工的收入进行调查，并按照职工的受教育程度将其进行分组，假定某大型企业的职工总数为 10000 人，其中，高中及以下学历 5000 人，大专学历 3000 人，本科学历 1800 人，研究生及以上学历 200 人。等比抽样和不等比例抽样的各层样本数如表 3-1 和表 3-2 所示。

表 3-1　职工收入调查的等比抽样

受教育程度	每组单元数（人）	抽样比例（%）	样本数（个）
高中及以下	5000	5	250
大专	3000	5	150
本科	1800	5	90
研究生及以上	200	5	10
合计	10000	—	500

表 3-2　职工收入调查的不等比例抽样

受教育程度	每组单位数（人）	抽样比例（%）	样本数（个）
高中及以下	5000	4	200
大专	3000	3.3	100
本科	1800	5.6	100
研究生及以上	200	50	100
合计	10000	—	500

尽管采用不等比例抽样方法可以保证每组都有一定数量的样本，在某种程度上能够提高统计分析的准确性，但由于各组的抽样比例不同，在资料分析时就需要对所获结果进行修正，以避免偏误。修正的方法主要有加权修正法和相对量修正法两种。假定在上例（按不等比例抽样）所选取的 500 个样本中来调查他们对某项政策的态度，高中及以下学历者有 50 人赞成，大专学历者有 60 人赞成，本科学历者有 70 人赞成，研究生及以上学历者有 70 人赞成，合计赞成者 250 人，

占样本总量的 50%。但我们并不能用 50% 来推论总体，因为这个值是按照不等比例抽样方式测算出来的，还未对其进行修正。如果用加权法来修正，则需要以某一层或某一组为基数，然后计算出其他各层的权重，最后将各层的调查结果与该层所对应的权重相乘得到修正值。这里我们以研究生及以上学历者为基数，各层的权重及修正结果如表 3-3 所示。我们将加权后的结果除以加权后的样本总数可以看到，修正后的赞成人数占样本总数的 44.5%（2225/5000），而不是未经修正的研究结果 50%。采用相对量修正法修正后的结果如表 3-4 所示，修正后的相对量仍然是 44.5%，表示总体中有 44.5% 的人赞成该项政策。

表 3-3　不等比例抽样调查结果的加权修正

受教育程度	样本数	抽样间隔（K）	权重（f）	样本调查结果（赞成数）	加权后结果	加权后样本总数
高中及以下	200	25	12.5	50	50×12.5=625	200×12.5=2500
大专	100	30	15	60	60×15=900	100×15=1500
本科	100	18	9	70	70×9=630	100×9=900
研究生及以上	100	2	1	70	70×1=70	100×1=100
合计	500	—	—	250	2225	5000

表 3-4　不等比例抽样调查结果的相对量修正

变量	高中及以下	大专	本科	研究生及以上	合计
1. 总体：					
a. 绝对量	5000	3000	1800	200	10000
b. 相对量（%）	50	30	18	2	100
2. 样本：					
c. 绝对量	200	100	100	100	500
d1 赞成人数	50	60	70	70	250
d2. 赞成比例（%）	25	60	70	70	—
3. 修正量：					
e. 绝对量 $a \times d_2$	5000×25%=1250	3000×60%=1800	1800×70%=1260	200×70%=140	4450
f. 相对量 $b \times d_2$（%）	50×25%=12.5	30×60%=18	18×70%=12.6	2×70%=1.4	44.5

分层抽样方法是将总体划分为若干个相互独立但同质性较强的子群体，以便更好地捕捉总体的多样性和特征。这种方法旨在增大各子群体之间的差异性，从

而提高样本的代表性和抽样效率。在分层抽样中，首先对总体进行细致的分层，确保每个层次内部的一致性和相似性，其次从每个子群体中按照一定的抽样比例或方式抽取样本，以确保样本能够充分反映总体的特征和分布情况。采用分层抽样方法，可以有效地控制各子群体的抽样偏差，提高抽样的精确性和可信度。这样的方法在总体差异性很大的情况下，既因为考虑到了在总体中起决定作用的标志或特征，可以提高样本的代表性，又由于在每个同质性较强的次级集合中抽取样本，还可以减少可能的抽样误差。当某些分层标志在研究中具有十分重要的意义而在总体中所占的比例较小时（如上例中的研究生及以上学历者），则需要采用不等比例抽样的方法，使得各层在样本总体中都能得到适当的表现。采用不等比例抽样方法得到的研究结果需要经过修正后才能对总体进行推断。

4. 整群抽样

相比前面三种方法，整群抽样更简便易行。它是先将总体划分为多个次级集合，再随机地抽取若干集合，并对抽中的集合中所包含的所有单位进行调查，即该集合中的所有分子都是调查样本。各个集合所包含的分子数量可以相同也可以不同。这种抽样方法尤其适用于大规模的、调查对象分布非常离散的研究，可以节省许多人力、物力和时间等资源。例如，研究者要对全省的农村青年进行某项研究，就可以在全省范围内随机抽取若干村，然后对这些被选取的村中的所有青年进行调查。

分层抽样划分群是为了增强群内的同质性而扩大各群之间的异质性，但整群抽样恰好相反，它划分群是为了扩大群内的差异，使得不同类型的分子尽量集中在同一个群中。虽然整群抽样更为简便，但以群为基本单位，调查对象相对集中，有可能会对样本在总体中分配的均匀性产生影响。因此，与其他随机抽样方法相比，在样本容量相同的情况下，其抽样误差更大，样本的代表性也较低。尤其是在利用自然类聚群体（如村委会、居委会、街道、城市等）时，如果这一群体的同质性较高（如学校生活区、拆迁安置区），那么以此群体为样本，代表性就更低了。理论上，可以通过增大样本容量来减少抽样误差从而解决整群抽样的代表性问题，但这样会导致样本容量接近总体数量而丧失了抽样调查的意义。所以，研究者必须在提高整群抽样的代表性和保持该抽样方法的优势之间进行权衡取舍。

5. GIS 地图抽样

地图抽样法以住宅类建筑为载体，将各类建筑物绘制在图纸上并对实际住户

（排除无人居住的房屋，有效避免了空户的现象）进行编号，借助于户籍、门牌等信息而形成某个较小区域（村委会或居委会）的完整抽样框，然后再按照随机原则抽取一定的住宅户并在户内按随机原则抽取特定的个人而构成样本。它是目前世界上公认的较为精确的抽样方法，具体操作步骤主要分为四步：第一步，先确定某个区域的边界（经纬度）；第二步，按比例绘制出区域内的所有建筑物（包括建筑物的排列顺序和朝向）；第三步，按照某种既定顺序并借助门牌和户籍等信息制作住户清单列表且对各住户进行编号；第四步，依据随机原则抽取一定的住宅户，并在户内进行随机抽样（随机数表或者抽签法）以确定具体的调查对象。

6. 多阶段抽样

以上多种概率抽样方法，在很多调查中是可以结合起来使用的。当总体规模很大且调查对象又十分分散时，直接从总体单位中选取调查样本在技术上难度较大，在这种情况下，一般将抽样过程分为多个阶段进行。具体步骤为：先将总体划分为多个不同的次级集合，然后从中随机抽取若干大群，再在选中的大群中用随机方法抽选若干较小的单位，以此类推，直至抽足最基本的调查样本。由此可见，多阶段抽样实际上是分层抽样与整群抽样的结合。

虽然在地域分布广泛的大规模调查中，使用多阶段抽样可以节省很多资源并降低研究代价，但由于每个阶段的抽样都会有一定的误差，经多级抽样而来的样本误差也会相应增大。因此，在使用多阶段抽样时，一方面，为增强群的代表性，在划分各个子群时需尽量增大群内差异而减少群与群之间的差异；另一方面，为使样本分布更加均匀，在第一阶段抽取群时应尽量扩大群的分布范围并增加抽取的群数。

（三）非概率抽样

概率抽样作为一种科学的抽样方法，其核心价值在于能够根据研究样本的结果来有效推断总体的情况。在当今社会科学研究领域，它已成为选取代表性样本的主流方式，因其能够确保样本的随机性和代表性，因此能更准确地反映总体的特征和规律。由于概率抽样的前提是要明确总体的范围，要求具有一个包含所有潜在样本的完备抽样框，而有些研究显然无法满足以上要求。例如，在探索性研究或者前测研究中，研究者对总体的情况不甚了解，无法知晓总体的边界，不可能完成概率抽样；又如，要研究同性恋者，由于种种现实原因，很多同性恋者不会公开甚至刻意隐瞒自己的性取向，因此研究者不但没有一份包含所有同性恋者的现成名单，也不可能制作一份这样的名册。在这种研究情境中，概率抽样既不可能也不适合，而非概率抽样就可以发挥重要作用了。不过，一般来说，在非概率抽样过程中，样本被抽中的概率是未知的，导致其无法对总体的情况进行推论，但它在很大程度上具有典型意义，可以使研究者对个别事件有深入的了解和分析，仍然是社会调查中十分有用的抽样方法。具体而言，常用的非概率抽样方法主要有以下四种：

1. 偶遇抽样

偶遇抽样又称"就近抽样"，是研究者将恰巧遇到的人作为样本进行调查的方法，常见的方式为，在街道或者其他场所拦下路人进行访问，如电视台和报社记者进行的街头采访即为偶遇抽样。采用偶遇抽样调查收集信息既快捷又方便，但研究者无法知道这些样本是否能够代表总体。除此之外，此方法还忽视了时常出现在该调查地点的人可能具有相同或相似的意见，是一种极其冒险的抽样方法。偶遇抽样在以下情况下具备合理性：一是当研究目的聚焦于某一特定时刻通过特定调查地点的路人特征时；二是当其他抽样方法因种种原因难以实现或风险较高时。在这些情况下，偶遇抽样因其简便性和可行性，而成为合适的选择。偶遇抽样调查结果代表了相当一部分人的意见，仍然可以反映出局部地区存在的问题。

2. 判断抽样

判断抽样是在研究者对总体构成要素和研究目标充分认识的基础上，依靠对潜在调查对象的主观判断来确定样本的抽样方式。样本是否具有代表性主要取决于研究者对所调查问题的熟悉程度与既往的研究经验。由于这种方法带有主观判断的抽样误差，使研究结果的准确性难以确定，因此不能代表任何有意义的总体。在问卷的设计阶段，判断抽样有助于研究者尽量选择多元化的总体来检验问卷的题目，从而有效地暴露出问卷设计中可能存在的缺陷。特别地，在一些研究中常常会出现"奇异值"，即异常案例，研究者可以通过对这些异常案例的深度考察来树立"典型"，从而加深对某种现象或结果的认识和理解。在这种研究情境中，判断抽样就具有重要意义。例如，要研究学生对学校某项政策的看法，在大多数学生都持肯定态度的情况下，调查那些小部分持否定态度的学生或许能够帮助研究者从不同的角度更好地理解该政策。

3. 滚雪球抽样

在探索性研究中，滚雪球抽样是最适合的一种抽样方法。当有关总体构成要素的信息不足时，或者当特定总体的成员难以找到时，研究者可以从总体中的少数成员入手，通过他们的介绍逐步扩展符合条件的样本数量。滚雪球抽样的操作流程为：首先，收集具有所需研究特征的少数目标群体成员的信息，并对其进行调查和访问；其次，通过向这些成员询问相关信息，依靠他们的介绍和引荐，逐步扩展调查范围，进而访问更多符合研究条件的人；最后，这些符合条件的人会协助研究者继续寻找更多的总体成员。这一过程就像雪球滚动一样逐渐扩大，因此被称为滚雪球抽样。滚雪球抽样的优点在于能够帮助研究者达到难以直接获取的群体，尤其是一些小众、隐蔽或边缘群体。然而，需要注意的是，滚雪球抽样也存在一些局限性，如可能会导致样本的偏差，因为样本可能过于依赖于初始的少数成员，而无法全面反映总体情况。因此，在使用滚雪球抽样时，需要谨慎考虑样本的代表性和偏差，以确保研究的科学性和可靠性。

譬如要对具有宗教信仰的人群进行研究，由于研究者事先并不能完全掌握所有具有宗教信仰的人员名单，因此可以先从经常参加教会活动的个体入手，通过对他们的访问来收集信息并找到他们认识的其他成员进行调查。在总体规模较小的情况下运用该方法，可以找到与总体数量相近的、具有相同性质的群体成员。但是在"雪球"没有滚到的那一部分成员中，也可能包含某些重要的研究价值，对该部分成员的忽略可能会使研究结果产生偏误，因此对这种方法产生的调查样本的代表性仍然存疑。

4. 配额抽样

配额抽样实际上是与分层抽样相对应的一种非概率抽样方法，它也强调样本的代表性。在这种抽样方法中，研究者首先需要依据一定的标准来确定调查对象，并将样本数按照这些标准在不同的子群体中进行分配，使得每一层或者每个子群体的对象都有同等比例的样本配额；其次根据主观经验和判断在每一层中抽取既定数量的样本，在此过程中，无须具备完整的抽样框，只要找到符合条件的人就可以将其作为样本进行调查。例如，在全国范围内对高校教师的教学技能进行调查，要求样本量为1000，东部、中部、西部的人员比例为5∶3∶2，教师老、中、青的构成比例为2∶3∶5，技能优秀、良好和合格的人员比例为3∶5∶2。要在同一个样本中同时实现上述要求，就需要建立一个描述目标总体特征的交叉表格（见表3-5）。

表3-5 高校教师教学技能调查配额抽样的样本数分配

	优秀			良好			合格			合计
	东部	中部	西部	东部	中部	西部	东部	中部	西部	
老	30	18	12	50	30	20	20	12	8	200
中	45	27	18	75	45	30	30	18	12	300
青	75	45	30	125	75	50	50	30	20	500
小计	150	90	60	250	150	100	100	60	40	1000
合计	300			500			200			

例如，要计算教学技能优秀（以下简称"优秀"）的东部老年教师人数：首先，计算优秀的教师人数 1000×0.3＝300；其次，计算优秀的东部教师人数 300×0.5＝150；最后，计算优秀的东部老年教师人数 150×0.2＝30，则表格第一行第一列填入 30，其他各格同理。需要特别注意的是，虽然配额抽样也强调各类样本的代表性，但它在选取具体的调查对象时，并不对潜在的样本进行编码或者编制包含所有潜在样本的完备抽样框，而是只要找到符合研究特征的人就可以进行调查，因此难以排除研究者的主观影响而容易产生偏误，这也是配额抽样和分层抽样的主要区别。

三、统计分析原理

对于抽样统计分析，为方便起见，通常用固定的符号来表示总体与样本。

（1）总体 $A=\{a_1, a_2, \cdots, a_N\}$，$|A|=N$。

（2）从总体中抽取 n 个样品构成样本，共有 k 个样本，则每个样本 A_i（$i=1$, $2, \cdots, k$），样本容量 $|A_i|=n$，则有：

$$A_1, A_2, \cdots, A_k \quad k=C_N^n=\frac{N!}{n!(N-n)!}$$

（3）每个样本 A_i 的分布平均数为 $\overline{x_i}$，标准差为 S_i，$i=1, 2, \cdots, k$。总体的

均值为 μ，标准差为 σ。

（4）这些样本平均数 $\overline{x_1}$，$\overline{x_2}$，$\cdots$，$\overline{x_k}$ 构成总体 A 的一个平均数抽样分布，用 $\mu_{\overline{x}}$ 表示它的均值，用 $\sigma_{\overline{x}}$ 表示它的标准差——抽样平均数的平均误差。

（一）切比雪夫不等式

切比雪夫不等式（Chebyshev's Inequality）：数值在平均数 μ 上下 k 个标准差之内的概率不小于 $1-(1/k^2)$，即

$$P\big[\,|X-\mu|\leqslant k\sigma\,\big]\geqslant 1-1/k^2$$

它有如下等价形式：

$$P\big[\,|X-\mu|\geqslant k\sigma\,\big]\leqslant \frac{1}{k^2}$$

切比雪夫不等式适用于任何的分布，包括离散概率分布和连续概率分布，样本或总体的分布。例如，智商的平均数 $\mu=100$，标准差 $\sigma=15$，则数值在平均数 $100\pm1\sigma$ 之内（介于 85 到 115 之间）的概率不小于 0（$=1-1/1^2$）；数值在平均数 $100\pm2\sigma$ 之内（介于 70 到 130 之间）的概率不小于 $3/4$（$=1-1/2^2$）；数值在平均数 $100\pm3\sigma$ 之内（介于 55 到 145 之间）的概率不小于 $8/9$（$=1-1/3^2$）。

（二）大数定律

大数定律，这一深邃的数学原理，最初由瑞士的数学巨匠雅可布·贝努里提出，而后经由凯特勒的巧手，将其与概率论和统计学紧密融合。贝努里的灵感来源于诸如莫阿菲尔、拉普拉斯等数学家的杰出工作，他们共同证实了大数定律的普适性。同时，他也汲取了格朗特、苏斯米尔希等人在社会经济现象研究中的大数法则智慧。正是这样的综合，使得贝努里首次将大数定律的精髓引入了社会科学领域，并在此基础上构建了统计理论的坚实基础。

大数定律无疑是揭示随机性现象内在规律的一把钥匙，它向我们展示了随机现象在大量重复中出现的必然规律。在总体中，每一个个体虽然各具特色，但它们的存在却共同遵循着某种规律性，这种规律性往往隐藏在大量的观察数据之中，只有在足够的观察之后才能逐渐显现出来。其深层的意义在于，通过大量的观察，我们可以将那些个别的、偶然的差异相互抵消，从而揭示出隐藏在背后的必然的、集体的规律性。

大数定律包括切比雪夫大数定律和贝努里大数定律，具体来说：

1. 切比雪夫大数定律

$$\lim P\{|\overline{x}-\mu|<\varepsilon\}=1$$

它表示样本的均值随着样本容量的无限增大依 100% 概率趋近于总体的均值，大量随机变量的平均数具有统计稳定性。

2. 贝努里大数定律

假设进行 n 次独立重复试验，每次试验中事件 A 发生的概率为 p，记 f_n 为 n 次试验中事件 A 发生的频率，则：

$$f_n \xrightarrow{p} p \quad n\rightarrow\infty$$

它表示随着独立重复试验的次数无限增多，事件 A 出现的频率依 100% 概率趋近于事件 A 发生的概率。

这就是说大量试验的某一事件发生的频率具有统计稳定性，存在一个极限确定值。

（三） 中心极限定理（Central Limit Theorem）

令 X_1，$\cdots$，X_n 为来自某平均数为 μ、方差为 σ^2 的总体的独立随机变量，当 n 趋近无限大时，其样本平均数会趋近于 $N(\mu, \sigma^2/n)$。

实际上，只要样本数 n 够大（如 $n>25$），样本平均数就会很接近正态分布。其实即使 n 小于 25，只要总体分布与正态分布相差不远，如类似单峰和左右对称形状，样本平均数会呈近似正态分布。

例如，已知掷骰子出现点数为离散均匀分布，平均数和方差分别为 3.5 和 2.92，现掷骰子 2 次，计算骰子点数的平均数。如果这样很多次，每次均掷骰子 2 次，并计算骰子点数的平均数，则骰子点数的平均数会呈何种分布？其平均数和方差各为多少？

根据中心极限定理，样本平均数接近正态分布，其平均数为 3.5，方差为 1.46（=2.92/2）。那么，假设掷骰子出现点数并不是离散均匀分布，其均值的分布又将如何呢？我们具体举例说明之。

［例 3-1］现有一骰子掷 50 次，各点的观测频率如表 3-6 所示，频率分布如图 3-9 所示。

表 3-6　骰子点数观测频率

骰子点数	1	2	3	4	5	6
观测频数	3	6	6	7	13	15

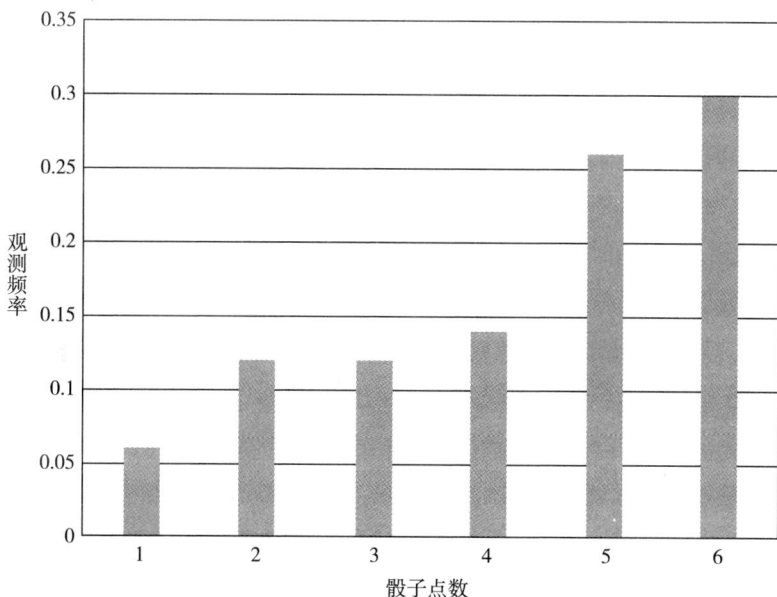

图 3-9　骰子点数观测频率

　　显然，这 6 个数构成的总体分布不是均匀分布，也不是对称的正态分布。我们从总体中采用重复抽样任意抽取 2 个骰子点数的观测频率制成样本，相当于每掷骰子 2 次作为一个样本，共有 6×6＝36 个样本，有关样本组合及其平均值和观测频率如表 3-7 所示。根据表 3-7 中的数据，平均数抽样均值分布具体如图 3-10 所示，可以看出，平均数抽样分布基本上是对称分布，类似于正态分布。由此可见：在总体分布不对称的情况下，其平均数抽样分布却趋近于对称分布；当总体容量 N 很大时，样本容量为 n 的样本均值分布近似服从正态分布；样本容量越大这种趋势越明显，这就是中心极限定理。中心极限定理告诉我们，无论总体呈现如何分布，随着样本容量的增加，其均值抽样分布都会趋向于正态分布。这个定理使我们根据样本统计量推断总体参数时，常常只需要掌握一个样本的资料就足够了。

表 3-7 抽样样本观测值

样本观测值	样本平均值	观测频率	样本	样本平均值	观测频率
1, 1	1	0.0036	4, 1	2.5	0.0084
1, 2	1.5	0.0072	4, 2	3	0.0168
1, 3	2	0.0072	4, 3	3.5	0.0168
1, 4	2.5	0.0084	4, 4	4	0.0196
1, 5	3	0.0156	4, 5	4.5	0.0364
1, 6	3.5	0.018	4, 6	5	0.042
2, 1	1.5	0.0072	5, 1	3	0.0156
2, 2	2	0.0144	5, 2	3.5	0.0312
2, 3	2.5	0.0144	5, 3	4	0.0312
2, 4	3	0.0168	5, 4	4.5	0.0364
2, 5	3.5	0.0312	5, 5	5	0.0676
2, 6	4	0.036	5, 6	5.5	0.078
3, 1	2	0.0072	6, 1	3.5	0.018
3, 2	2.5	0.0144	6, 2	4	0.036
3, 3	3	0.0144	6, 3	4.5	0.036
3, 4	3.5	0.0168	6, 4	5	0.042
3, 5	4	0.0312	6, 5	5.5	0.078
3, 6	4.5	0.036	6, 6	6	0.09

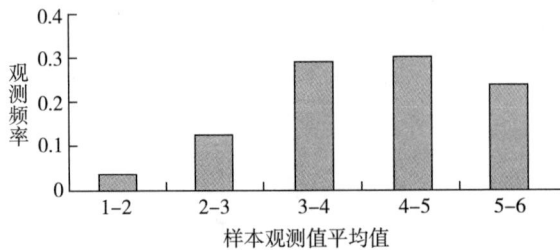

图 3-10 样本均值分布

第四章　统计推断研究

通常情况下，基于以下原因，研究者往往不会针对总体进行普查：①总体太大，客观条件限制。②无法确知总体的范围。③破坏性检测。④从样本的结果已经可以有效推知总体。因此，人们通常以样本的统计量来推断总体的参数，称为统计推断。

一、统计推断基础

选择抽样并不意味着我们关心的焦点是样本的资料，样本背后的总体才是我们关心的重点。抽样的目的是以样本的统计量（Statistic）来推论总体的参数（Parameter）。要达到此目的，必须知道样本统计量的概率分布，以及如何在众多的统计量中，选择最恰当的统计量，以便估计总体参数。本书接下来将介绍几个重要的概率分布。

（一）几个重要的概率分布

1. 离散型随机变量的概率分布

定义　如果随机变量 ξ 只取有限个或可列个可能值，而且以确定的概率取这些不同的值，则称 ξ 为离散型随机变量。

为直观起见，我们将 ξ 可能取的值及相应概率列示成概率分布表（见表4-1）。

表 4-1　随机变量 ξ 的可能取值及相应概率

ξ	x_1	x_2	...	x_k	...
P	P_1	P_2	...	P_k	...

此外，ξ 的概率分布情况也可以用一个等式表示：

$$P(\xi = x_k) = P_k \quad (k = 1, 2, \cdots, n)$$

其中，$\{\xi = X_1\}$，$\{\xi = X_2\}$，$\cdots$，$\{\xi = X_k\}$，构成一个完备事件组。此时，此公式称为随机变量 ξ 的概率函数(概率分布)。

概率函数具有两个基本性质：①$P_k \geqslant 0$，$k = 1, 2, \cdots, n$；②$\sum P_k = 1$。

2. 连续型随机变量及概率分布函数

连续型随机变量由于在任意点的概率为零（可利用几何概率解释），因此，我们不可能用离散型概率函数和列表的形式来表达连续型随机变量的分布，一般用分段函数或分布函数的形式来表达连续型随机变量的分布。连续型随机变量的概率分布函数一般较难理解，我们可以类比（回顾）统计整理过程中的累积频率分布，以帮助我们理解连续型随机变量的概率分布（见表 4-2）。

表 4-2　统计数据在不同数据区间的频率（对应于随机变量的概率）分布

区间	频数分布	累积频数	累积频率（%）
500~600	11	11	3.99
601~700	13	24	8.70
701~800	25	49	17.75
801~900	38	87	31.52
901~1000	87	174	63.04
1001~1100	56	230	83.33
1101~1200	22	252	91.30
1201~1300	10	262	94.93
1301~1400	9	271	98.19
1401~1500	5	276	100.00
合计	276		

定义 若 $\xi(\omega)$ 是随机变量，$F(x)$ 是它的分布函数，如果对任意的 x，函数 $F(x)$ 有

$$F(x) = \int_{-\infty}^{x} f(t)\,dt$$

则称 $\xi(\omega)$ 为连续型随机变量，相应的 $F(x)$ 为连续型分布函数。同时，称 $f(t)$ 为 $F(x)$ 的概率密度（以下简称密度）。

连续型分布密度函数 $f(x)$ 具有以下性质：

$$f(x) \geqslant 0, \quad \int_{-\infty}^{+\infty} f(t)\,dt = 1$$

任一函数 $f(t)$ 如果具有以上性质，即可称其为概率密度函数，并因此生成一个分布函数 $F(x)$，则

$$P\{x_1 \leqslant \xi(\omega) < x_2\} = F(x_2) - F(x_1) = \int_{x_1}^{x_2} f(t)\,dt$$

3. 一些重要概率分布的数字特征

一些常用的随机变量的数字特征具体如表 4-3 所示。

表 4-3 重要概率分布及数字特征

分布名称	概率与密度函数 $p(x)$	数学期望	方差	图形
两点分布 （0-1 分布）	$P_k = \begin{cases} q, & k=0 \\ p, & k=1 \end{cases}$ $0<p<1, \ q=1-p$	p	pq	
（贝努利分布） 二项分布 $B(k, \ n, \ p)$	$B(k, \ n, \ p) = C_n^k p^k q^{n-k}$ $K=0, \ 1, \ \cdots, \ n$ $0<p<1, \ q=1-p$	np	npq	
泊松分布	$p(k, \ \lambda) = \dfrac{\lambda^k}{k!} e^{-\lambda}, \ \lambda>0$ $K=0, \ 1, \ 2, \ \cdots, \ n$	λ	λ	
几何分布 $G(k, \ p)$	$g(k, \ p) = q^{k-1} p$ $k=1, \ 2, \ \cdots, \ n$ $0<p<1, \ q=1-p$	$\dfrac{1}{p}$	$\dfrac{q}{p^2}$	

续表

分布名称	概率与密度函数 $p(x)$	数学期望	方差	图形
正态分布 高斯分布 $N(a, \sigma^2)$	$p(x) = \dfrac{1}{\sqrt{2\pi}\sigma} e^{\frac{-(x-a)^2}{2\sigma^2}}$ $-\infty < x < \infty$，a，$\sigma > 0$，常数	a	σ^2	
均匀分布 $U[a, b]$	$p(x) = \begin{cases} \dfrac{1}{b-a}, & a \leqslant x \leqslant b \\ 0, & \text{其他} \end{cases}$ $a < b$，常数	$\dfrac{a+b}{2}$	$\dfrac{(b-a)^2}{12}$	
指数分布	$p(x) = \begin{cases} \lambda e^{-\lambda x}, & x \geqslant 0 \\ 0, & x < 0 \end{cases}$ $\lambda > 0$，常数	$\dfrac{1}{\lambda}$	$\dfrac{1}{\lambda^2}$	
X^2-分布	$p(x) = \begin{cases} \dfrac{1}{2^{\frac{n}{2}}\Gamma\left(\dfrac{n}{2}\right)} x^{\frac{n}{2}-1} e^{\frac{-x}{2}}, & x \geqslant 0 \\ 0, & x < 0 \end{cases}$ n 为正整数	n	$2n$	
Γ-分布	$p(x) = \begin{cases} \dfrac{\lambda}{\Gamma(r)} x^{r-1} e^{-\lambda x}, & x \geqslant 0 \\ 0, & x < 0 \end{cases}$ $r > 0$，$\lambda > 0$，常数	$R\lambda^{-1}$	$R\lambda^{-2}$	
t-分布	$p(x) = \dfrac{\Gamma\left(\dfrac{n+1}{2}\right)}{\sqrt{n\pi}\,\Gamma\left(\dfrac{n}{2}\right)} \cdot \left(1 + \dfrac{x^2}{n}\right)^{\frac{-(n+1)}{2}}$ $-\infty < x < \infty$，n 为正整数	0 $(n>1)$	$\dfrac{n}{n-2}$ $(n>2)$	
F-分布	$p(x) = \begin{cases} \dfrac{\Gamma\left(\dfrac{k_1+k_2}{2}\right)}{\Gamma\left(\dfrac{k_1}{2}\right)\Gamma\left(\dfrac{k_2}{2}\right)} k_1^{\frac{k_1}{2}} k_2^{\frac{k_2}{2}} \cdot \\ \quad \dfrac{x^{\frac{k_1}{2}-1}}{(k_2+k_1 x)^{\frac{k_1+k_2}{2}}}, & x \geqslant 0 \\ 0, & x < 0 \end{cases}$ k_1，k_2 为正整数	$\dfrac{k_2}{k_2-2}$ $(k_2>2)$	$\dfrac{2k_2^2(k_1+k_2-2)}{k_1(k_2-2)^2(k_2-4)}$ $(k_2>4)$	

（二）几个重要的统计推断定理

定理一　如果 $X \sim N(\mu, \sigma^2)$，则：

$$Z = \frac{X-\mu}{\sigma} \sim N(0, 1)$$

定理二　由中心极限定理可知，若 X_1，X_2，$\cdots$，X_n 为来自某平均数为 μ，方差为 σ^2 的总体的独立随机变量，当 n 趋近无限大时，其样本均值趋近于正态分布 $N(\mu, \sigma^2/n)$。抽样均值随机变量 $\overline{X}$ 的平均数会等于总体平均数，方差会等于总体方差除以 n，即 σ^2/n。同时，有：

$$\overline{X} \sim N\left(\mu, \frac{\sigma^2}{n}\right)$$

定理三　若随机样本 X_1，X_2，$\cdots$，X_n 是来自正态总体 $N(\mu, \sigma^2)$ 的样本，$\overline{X}$、S^2 分别为样本均值和样本方差，则有：

$$T = \frac{\overline{X}-\mu}{S/\sqrt{n}} \sim t(n-1)$$

定理四　若随机样本 X_1，X_2，$\cdots$，X_n 是来自正态总体 $N(\mu, \sigma^2)$ 的样本，S^2 为样本方差，则统计量 $\dfrac{(n-1)S^2}{\sigma^2}$ 服从自由度为 $(n-1)$ 的卡方分布：

$$\frac{(n-1)S^2}{\sigma^2} \sim \chi^2(n-1)$$

定理五　在考察观察分布和期望分布是否一致的问题时，Karl Pearson 证明，若 O_i 表示第 i 个观察次数，E_i 表示其期望次数，k 为总的分类数，那么统计量 $\sum\limits_{i=1}^{k} \dfrac{(O_i-E_i)^2}{E_i} \sim \chi^2(k-1)$ 服从自由度为 $(k-1)$ 的卡方分布。

$$\sum_{i=1}^{k} \frac{(O_i - E_i)^2}{E_i} \sim \chi^2(k-1)$$

对于两类随机变量 A 和 B，若 A 有 k 类取值，B 有 r 类取值，则统计量 $\sum\limits_{j=1}^{r}\sum\limits_{i=1}^{k} \dfrac{(O_{ij}-E_{ij})^2}{E_{ij}}$ 服从自由度为 $(k-1)(r-1)$ 的卡方分布。

$$\sum_{j=1}^{r} \sum_{i=1}^{k} \frac{(O_{ij} - E_{ij})^2}{E_{ij}} \sim \chi^2(k-1)(r-1)$$

这个定理对定类数据的相关分析和假设检验非常有用。

定理六 如果 $X_1 \sim N(\mu_1, \sigma_1^2)$，$X_2 \sim N(\mu_2, \sigma_2^2)$，且这两个样本相互独立，其中随机变量 X_1、X_2 的样本容量分别为 n_1、n_2。则：

$$F = \frac{S_1^2/S_2^2}{\sigma_1^2/\sigma_2^2} \sim F(n_1-1, n_2-1)$$

二、参数估计

参数估计，实质上是一种基于随机抽取样本的推断方法，旨在探索总体分布中尚未明了的参数。通过这一过程，我们能够利用有限的样本信息，对总体中难以直接观测的参数进行估计，从而更深入地理解总体的特性与规律。

参数估计有两种方法：点估计和区间估计。点估计是通过样本数据直接得出一个单一的数值来估计未知参数的取值，这个数值通常被认为是对真实参数的最佳猜测。区间估计则是通过构造一个区间，称为置信区间，来包含真实参数值的可能范围。这样的区间提供了对参数值的不确定性的一种度量方式，使我们能够更好地理解估计的可靠性和精度。

（一）参数估计的分类

1. 点估计

点估计是一种利用样本数据来推断总体分布中未知参数或未知参数函数的方法。通常情况下，我们关注的是总体的某些特征，比如数学期望、方差、相关系数等。点估计的核心任务在于构建一种仅依赖于样本数据的量，将其作为未知参数或未知参数函数的估计值。举例来说，我们可以直接使用样本均值来估计总体均值，或者使用样本方差来估计总体方差。

尽管在重复抽样的背景下，点估计得出的平均数值有可能与总体真实值相吻合，但我们仍需审慎地考量点估计值的可信度。也就是说，我们需要对点估计值与总体参数真实值之间的接近程度进行准确的评估。这个评估过程通常包括对估计的标准误差或置信区间的计算，从而提供对估计值的准确性的度量和可信度的评估。

2. 区间估计

区间估计，乃是基于样本数据之巧法，旨在通过特定准确性与精确度之要求，精心构筑一个恰当区间，以估测总体分布中未知参数或其函数真实值之所在范围。与点估计异曲同工，区间估计则通过深究样本统计量之抽样分布，为样本统计量与总体参数之间的接近程度提供一种概率之度量，从而使我们得以更全面地把握总体之特性。

在进行区间估计时，我们不仅要关注单一点的估计，而且要通过构造一个区间来表示我们对参数真实值的不确定性程度。这样的区间提供了一个统计上的置信水平，让我们能够对估计的准确性和可信度进行评估。因此，区间估计为我们提供了更加全面和可靠的估计方式，能够更好地帮助我们理解总体参数的不确定性。

（二）参数估计的评价标准

在参数估计中，存在着多种可能的估计量，但并非所有的估计量都能表现出相同的优良特性。以估计总体平均数为例，我们可以选择算术平均数、中位数、众数等不同的估计量。然而，确定哪个估计量更为合适，需要依据一定的评价标准。

一般来说，我们会借助三个标准来评价估计量的优劣：无偏性、有效性和一致性。

1. 无偏性

无偏性，这一统计学的核心概念，其实质在于确保估计量的抽样分布的数学期望与被估计的参数能够保持一致。换言之，无偏性要求我们的估计方法能够准确反映被估计参数的真实值，以避免因为抽样误差或其他因素导致的偏差。从一次抽样结果来看，样本估计量的值与参数可能存在误差，但结合抽样分布的情况看，所有估计量的平均数等于参数的实际值，即平均来讲，估计是无偏的。

2. 有效性

有效性是指在估计同一参数的情况下，拥有更小标准差的无偏估计量更为有效。简单地说，就是在保持无偏性的前提下，估计量的变异性越小越好。然而，需要明确的是，即使一个估计量是无偏的，也不一定意味着它与被估计参数的真实值非常接近。除了保持无偏性外，估计量还必须尽可能地与参数的离散程度保持一致，才能被认为是有效的。这意味着估计量应该对总体参数的变异性做出较为准确的估计，以提高估计的准确性和可靠性。

3. 一致性

一致性，简言之，便是随着样本量的不断累积与扩充，点估计量的数值将越发趋近于被估计参数的真实面貌。这意味着，随着我们获得更多的数据，估计值的误差会逐渐减小，最终趋向于零。因此，一致性是我们对估计量性能的一个重要评价标准，它确保了在大样本条件下，估计值能够准确地反映出总体参数的真实情况，从而提高了估计的可信度和可靠性。

（三）总体均值估计

在进行总体均值的区间估计时，我们必须审慎地考虑多个关键因素。首先，我们需要判断总体是否服从正态分布，因为正态分布的特性将直接影响估计的准确性和可靠性。其次，总体方差是否已知也是一个重要的考量点，因为已知方差和未知方差在构建估计量时会有不同的处理方法。最后，样本的大小也是一个不可忽视的因素。具体来说，我们需要判断用于构造估计量的样本量是大于或等于30（$n \geqslant 30$）还是小于30（$n < 30$），因为不同样本量对估计的精度和稳定性有着不同的影响。

1. 单个总体方差已知估计（$n < 30$）

当总体服从正态分布且方差已知（$n < 30$）时，若用样本标准差 s 代替总体标准差 σ，则 $\dfrac{\bar{X} - \mu}{s / \sqrt{n}}$ 是自由度为（$n-1$）的 t 分布，因此，总体均值 μ 所在的（$1-\alpha$）置信水平下的置信区间为

$$\left[\bar{x} - \frac{s}{\sqrt{n}} \times t_{\alpha/2}(n-1), \bar{x} + \frac{s}{\sqrt{n}} \times t_{\alpha/2}(n-1) \right]$$

2. 单个总体方差已知估计（$n \geqslant 30$）

当总体服从正态分布且方差已知（$n \geqslant 30$）时，样本均值 $\bar{X}$ 抽样分布均为正态分布，其数学期望为总体均值 μ，方差为 σ^2/n。样本均值经过标准化以后的随机变量则服从标准正态分布，即

$$z = \frac{\overline{x} - \mu}{\sigma \sqrt{n}} \sim N(0, 1)$$

根据上式可以得出总体均值 μ 所在的（$1-\alpha$）置信水平下的置信区间为

$$\left[\overline{x} - z_{\alpha/2} \frac{\sigma}{\sqrt{n}}, \overline{x} + z_{\alpha/2} \frac{\sigma}{\sqrt{n}} \right]$$

3. 单个总体方差未知估计（$n < 30$）

当我们需要计算总体均值的区间估计值时，一个关键的前提条件是总体方差必须已知。然而，在实际应用中，总体方差往往是一个未知数，因为我们通常无法获得总体的具体分布信息。这就导致我们无法直接构造出所需的置信区间。不过，尽管我们无法直接得知总体标准差，但我们可以利用样本的标准差来作为替代。此时统计量不再服从正态分布，而是遵循自由度为（$n-1$）的 t 分布：

$$t = \frac{\overline{x} - \mu}{s / \sqrt{n}} \sim t(n-1)$$

因此，在 $n < 30$ 的情况下，可以利用 t 分布来估计总体均值。

在给定显著性水平 α 下，总体均值 μ 的区间估计为

$$\left[\overline{x} - t_{\alpha/2}(n-1) \frac{s}{\sqrt{n}}, \ \overline{x} + t_{\alpha/2}(n-1) \frac{s}{\sqrt{n}} \right]$$

其中，$t_{\alpha/2}(n-1)$ 是自由度为 $(n-1)$ 时，t 分布中右侧面积为 $\alpha/2$ 的值。

4. 单个总体方差未知估计（$n \geqslant 30$）

当总体方差未知时，若样本容量 $n \geqslant 30$，我们可以近似地使用正态分布来代替 t 分布。因此，对于大样本容量，无论总体方差是否已知，在实际应用中只有当样本容量小于 30 时才会使用 t 分布。根据中心极限定理，足够大的样本容量可以使抽样分布趋近于正态分布。因此，在总体方差未知且样本容量 $n \geqslant 30$ 的情况下，可以采用标准正态分布来替代 t 分布，从而进行总体均值 μ 的区间估计：

$$\left[\overline{x} - z_{\alpha/2} \frac{s}{\sqrt{n}}, \ \overline{x} + z_{\alpha/2} \frac{s}{\sqrt{n}} \right]$$

采用标准正态分布替换 t 分布后，可以求出总体均值的置信区间。

5. 两个总体均值之差估计

设定两个总体，均值分别标记为 μ_1 和 μ_2。从这两个总体中分别抽取两个随机样本，它们的样本量分别为 n_1 和 n_2，其样本均值分别为 $\overline{x}_1$ 和 $\overline{x}_2$，两个总体均

值之差$(\mu_1-\mu_2)$的估计量显然是两个样本的均值之差$(\overline{x_1}-\overline{x_2})$。

（1）当$n \geqslant 30$时的估计。当两个总体均符合正态分布，或者即使它们不符合正态分布但所抽取的样本量足够大时，根据抽样分布的原理，我们可以得知两个样本均值之差$(\overline{x_1}-\overline{x_2})$的抽样分布服从期望值为$(\mu_1-\mu_2)$，方差为$(\sigma_1^2/n_1+\sigma_2^2/n_2)$的正态分布，而两个样本均值之差经标准化后服从标准正态分布，即

$$z=\frac{(\overline{x_1}-\overline{x_2})-(\mu_1-\mu_2)}{\sqrt{\sigma_1^2/n_1+\sigma_2^2/n_2}} \sim N(0,\ 1)$$

当两个总体的方差σ_1^2和σ_2^2都已知时，两个总体均值之差$(\mu_1-\mu_2)$在$(1-\alpha)$置信水平下的置信区间为

$$\left[(\overline{x_1}-\overline{x_2})-z_{\alpha/2}\times\sqrt{\frac{\sigma_1^2}{n_1}+\frac{\sigma_2^2}{n_2}},\ (\overline{x_1}-\overline{x_2})+z_{\alpha/2}\times\sqrt{\frac{\sigma_1^2}{n_1}+\frac{\sigma_2^2}{n_2}}\right]$$

当两个总体的方差σ_1^2和σ_2^2未知时，可用两个样本方差s_1^2和s_2^2来代替，这时，两个总体均值之差$(\mu_1-\mu_2)$在$(1-\alpha)$置信水平下的置信区间为：

$$\left[(\overline{x_1}-\overline{x_2})-z_{\alpha/2}\times\sqrt{\frac{s_1^2}{n_1}+\frac{s_2^2}{n_2}},\ (\overline{x_1}-\overline{x_2})+z_{\alpha/2}\times\sqrt{\frac{s_1^2}{n_1}+\frac{s_2^2}{n_2}}\right]$$

（2）当$n<30$时的估计。首先，当两个总体的方差σ_1^2和σ_2^2未知但相等时，需要用两个样本的方差s_1^2和s_2^2来估计，这时需要计算总体方差的合并估计量s_p^2，计算公式为

$$s_p^2=\frac{(n_1-1)s_1^2+(n_2-1)s_2^2}{n_1+n_2-2}$$

两个样本总体均值之差经标准化后服从自由度为(n_1+n_2-2)的t分布，即

$$t=\frac{(\overline{x_1}-\overline{x_2})-(\mu_1-\mu_2)}{s_p\times\sqrt{1}} \sim t(n_1+n_2-2)$$

因此，两个总体均值之差$(\mu_1-\mu_2)$在$(1-\alpha)$置信水平下的置信区间为：

$$\left[(\overline{x_1}-\overline{x_2})-t_{\alpha/2}(n_1+n_2-2)s_p\sqrt{\frac{1}{n_1}+\frac{1}{n_2}},\ (\overline{x_1}-\overline{x_2})+t_{\alpha/2}(n_1+n_2-2)s_p\sqrt{\frac{1}{n_1}+\frac{1}{n_2}}\right]$$

其次，当两个总体的方差σ_1^2和σ_2^2未知且不相等时，只要两个总体都服从正态分布，而且两个样本的样本量相等，则两个总体均值之差$(\mu_1-\mu_2)$在$(1-\alpha)$置

信水平下的置信区间为：

$$\left[(\overline{x_1}-\overline{x_2})-t_{\alpha/2}(n_1+n_2-2)\sqrt{\frac{s_1^2}{n_1}+\frac{s_2^2}{n_2}}, \ (\overline{x_1}-\overline{x_2})+t_{\alpha/2}(n_1+n_2-2)\sqrt{\frac{s_1^2}{n_1}+\frac{s_2^2}{n_2}} \right]$$

当两个总体的方差 σ_1^2 和 σ_2^2 未知且不相等时，而且两个样本的样本量不相等，两个样本均值之差不再服从自由度为（n_1+n_2-2）的 t 分布，而是仅服从自由度为 v 的 t 分布，其中：

$$v=\frac{(s_1^2/n_1+s_2^2/n_2)^2}{\dfrac{(s_1^2/n_1)^2}{n_1-1}-\dfrac{(s_2^2/n_2)^2}{n_2-1}}$$

因此，两个总体均值之差$(\mu_1-\mu_2)$在$(1-\alpha)$置信水平下的置信区间为

$$\left[(\overline{x_1}-\overline{x_2})-t_{\alpha/2}(v)\sqrt{\frac{s_1^2}{n_1}+\frac{s_2^2}{n_2}}, \ (\overline{x_1}-\overline{x_2})+t_{\alpha/2}(v)\sqrt{\frac{s_1^2}{n_1}+\frac{s_2^2}{n_2}} \right]$$

（四）总体方差估计

1. 单个总体方差估计

根据样本方差的抽样分布可知，样本方差服从自由度为（$n-1$）的 X^2 分布。因此，可以用 X^2 分布构造总体方差的置信区间。若给定一个显著水平 α，由于

$$\frac{(n-1)s^2}{\sigma^2}\sim\chi^2(n-1)$$

则：

$$\chi_{1-\alpha/2}^2(n-1)<\frac{(n-1)s^2}{\sigma^2}<\chi_{\alpha/2}^2(n-1)$$

从而用χ^2分布构造总体方差的置信区间为

$$\left[\frac{(n-1)s^2}{\chi_{\alpha/2}^2(n-1)}, \frac{(n-1)s^2}{\chi_{1-\alpha/2}^2(n-1)} \right]$$

2. 两个总体方差比估计

若需对比两款产品的稳定性，可关注其方差大小。方差较小的产品，其质量表现通常更为稳定可靠。而在对比总体方差时，一个有效的方法是计算两个方差的比值。这一比值反映了两个总体方差的相对大小，为我们提供了评估两者差异的依据。对于来自两个总体的样本，其总体方差分别为 σ_1^2 和 σ_2^2。从两个总体中

独立地抽取容量为 n_1 和 n_2 的样本构造统计量：

$$F(n_1-1,\ n_2-1)=\frac{s_1^2/\sigma_1^2}{s_2^2/\sigma_2^2}$$

则该统计量服从分子自由度为（n_1-1）、分母自由度为（n_2-2）的 F 分布。

则给定置信水平（$1-\alpha$），有

$$F_{1-\alpha/2}(n_1-1,\ n_2-1)<\frac{s_1^2/\sigma_1^2}{s_2^2/\sigma_2^2}<F_{\alpha/2}(n_1-1,\ n_2-1)$$

经过变换，即可得到方差比 σ_1^2/σ_2^2 的区间估计：

$$\left[\frac{s_1^2/s_2^2}{F_{\alpha/2}(n_1-1,n_2-1)},\ \frac{s_1^2/s_2^2}{F_{1-\alpha/2}(n_1-1,\ n_2-1)}\right]$$

其中，$F_{\alpha/2}$ 和 $F_{1-\alpha/2}$ 都是分子自由度为（n_1-1）、分母自由度为（n_2-2）的 F 分布。

3. 单个总体比例区间估计

在样本容量足够庞大的情况下，我们可以借助正态分布的特性来近似估计总体比例的范围。换言之，当样本量足够大时，对总体比例的区间估计方法变得与对总体均值进行估计的方法类似，即当 n 满足 $np\geq5$ 且 $n(1-p)\geq5$ 时（p 为样本在某种特征上所占的比例），总体比例在（$1-\alpha$）置信水平下的置信区间为

$$\left[p-z_{\alpha/2}\times\sqrt{\frac{p(1-p)}{n}},\ p+z_{\alpha/2}\times\sqrt{\frac{p(1-p)}{n}}\right]$$

（五）样本容量确定

在进行抽样前，需要仔细确定适当的样本容量。样本容量的大小直接影响了抽样误差的大小。如果样本容量较小，抽样误差会增加，导致抽样结果的准确性降低；而如果样本容量足够大，准确性会提高，但也会增加调查的成本。抽样误差指的是样本统计值与被推断的总体参数之间的偏差。因此，在一定的置信水平下，确保抽样误差不超过规定范围是抽样过程需要解决的一个关键问题。

确定合适的样本容量需要考虑多个因素。首先是总体的标准差。在其他条件不变的情况下，总体标准差越大，就需要抽取更多的样本单位，反之亦然。其次是极限误差的大小，即对估计结果准确性的要求。若允许的极限误差较大，需要

的样本容量会减少，反之则增加。最后是估计的可靠程度。对于更高的可靠程度要求，需要更大的样本容量。但是，提高准确性和可靠性所需的样本容量会带来显著的调查成本增加。因此，在确定样本容量时，必须权衡考虑准确性、可靠性要求以及调查成本之间的关系。

1. 总体均值区间估计时样本容量的确定

（1）在重复抽样的背景下，当我们对总体均值进行区间估计时，极限误差的大小并非随意确定，而是受到多个关键因素的共同影响。这些因素包括我们所选择的置信水平（1-α）、总体的标准差，以及样本的容量：

$$\Delta_x = z_{\alpha/2} \frac{\sigma}{\sqrt{n}}$$

如果给定极限误差，则可确定在一定置信水平下不超过该极限误差的样本容量：

$$n = \frac{(z_{\alpha/2})^2 \sigma^2}{(\Delta_x)^2}$$

置信水平（1-α）确定，则 $z_{\alpha/2}$ 就确定，Δ_x 为规定的极限误差，即允许误差，总体方差 σ^2 在实际中往往是未知的，一般可用样本或总体方差来代替，或选择一个初始样本，测定其方差作为总体方差的估计值。

（2）在不重复抽样的条件下，进行总体均值区间估计时，可采用有限总体修正系数：

$$\Delta_{\bar{x}} = z_{\alpha/2} \frac{\sigma}{\sqrt{n}} \sqrt{\frac{N-n}{N-1}}$$

则

$$n = \frac{N z_{\epsilon/2}^2 \sigma^2}{(N-1)\Delta_{\bar{x}}^2 + z_{\epsilon/2}^2 \sigma^2}$$

2. 总体比例区间估计时样本容量的确定

在对总体比例进行区间估计的过程中，确定样本容量的方式与对总体均值进行区间估计时采用的策略具有相似之处。这种方法仍然置信水平、允许误差以及总体方差的影响。然而，由于总体方差通常是未知的，因此常常采用方差的最大值（0.25）作为计算的依据。在这种情况下，假定总体比例 p = 0.5，表示两种特征的单位在总体中各占一半的比例。如果在这种情况下样本容量能满足要求，那么在任何情况下样本容量都能达到要求。由于 $\Delta_p = z_{\alpha/2}\sqrt{\dfrac{p(1-p)}{n}}$，则总体比例区间估计时样本容量为

$$\frac{(z_{\alpha/2})^2 p(1-p)}{(\Delta_p)^2}$$

第五章 假设检验方法

一、假设检验原理

假设检验是一种统计推断方法，其基本思想是在对总体参数进行研究之前，先提出一个假设，然后通过对样本信息进行分析，来评估这一假设的合理性。例如，一个企业承诺某产品的使用寿命可达到 1500 小时以上，有关质量检查部门就可以抽取一部分该产品进行检验。

（一）假设检验思路

在假设检验中，研究者在采集样本并进行分析之前，会先提出对总体的某种假设或观点。假设检验就是建立在对总体参数做出假设的基础上，通过样本数据的收集和分析，验证或否定这一假设。

在假设检验的过程中，我们采用一种基于概率的反证法来验证假设的有效性。我们假定所提出的假设是真实的，并在这一前提下进行推理。如果在这个过程中，我们发现了与逻辑不符或者与常识和经验相悖的不合理现象，那么这就意味着我们的假设是错误的，我们需要拒绝它。相反，如果并未出现任何不合理现象，那么就没有足够的理由怀疑假设的正确性，因此我们选择接受该假设。这种检验方法体现了概率与反证法的结合，有助于我们更准确地评估假设的可靠性。

在假设检验的框架中，所谓的"反证法思想"与纯数学领域中的反证法存在着微妙的差异。在数学中，反证法是通过在特定假设下推导出逻辑上的矛盾，从而否定原先的假设。然而，在假设检验的语境下，"不合理现象"的含义特指在一次试验中出现了小概率事件。这里的小概率事件，依据小概率原理，意味着在单次试验中几乎不可能发生。如果我们假设关于总体的某个命题是真实的，那么与这个假设相悖的小概率事件在单次试验中几乎不会发生。相反，如果这样的小概率事件在试验中确实发生了，那么这将成为怀疑该假设真实性的有力依据，进而我们会选择拒绝这个假设。

假设检验是基于小概率原理的反证法。首先，假设检验的推理过程运用的是反证法。我们先承认待检验的假设是成立的，之后观察在此假设成立的前提下样本的出现是否合理，如果不合理即样本所代表的事实与假设前提得出的结论发生了矛盾，则可推翻作为推理前提的假设。其次，在评估假设检验的合理性时，我们主要依据的是小概率原理。小概率原理指的是在单次试验中，小概率事件几乎不会发生。然而，虽然小概率事件在单次试验中出现的概率极低，但这并不意味着它们完全不可能发生。因此，假设检验的结论可能存在错误的可能性。

（二）假设检验步骤

1. 提出假设

对每个假设检验问题，研究者一般会同时提出两个相反的假设：原假设和备择假设。

原假设，通常被称为零假设，是研究者希望通过收集证据来反驳的预设假设，我们将其标记为 H_0。这个假设主要涉及对总体参数值的某种陈述，它是根据具体的检验目的来设定的。一般来说，原假设所表达的含义都是指向参数没有发生变化或者变量之间不存在某种关系。因此，在原假设的表述中，等号"＝"总是被来表示这种无变化或无关系的状态。例如，原假设是某产品的使用寿命在 1500 小时以上，则原假设为 $H_0 : \mu \geqslant 1500$。除非有充分证据说明原假设是错误的，否则原假设是一个不能被拒绝的论述。

备择假设，也称为研究假设，它代表了研究者所期望通过证据来证实的假设，通常表示为 H_1。这一假设可以看作是原假设的对立面，其核心含义在于指出总体参数已经发生了某种改变。因此，在备择假设的表述中，我们不会使用等号"＝"，因为它旨在表达与原假设相悖或对其进行修正的观点。举例来说，如果我们假设某产品的使用寿命未能达到预期的延长至 1500 小时以上，那么备择假设可以表述为 H_1：$\mu < 1500$。只有当证据充分表明原假设不成立时，备择假设才会被视为符合实际情况的陈述。

　　假设所要检验的总体参数为 θ，用 θ_0 表示该参数的假设值。通常用于总体参数的假设检验有双侧检验、左侧检验和右侧检验三种类型，如表 5-1 所示。

表 5-1　总体参数假设检验的类型

假设	双侧检验	单侧检验	
		左侧检验	右侧检验
原假设	$\theta = \theta_0$	$\theta \leq \theta_0$	$\theta \geq \theta_0$
备择假设	$\theta \neq \theta_0$	$\theta < \theta_0$	$\theta > \theta_0$

　　（1）双侧检验。双侧检验也称为双尾检验，是一种假设检验方法，其备择假设没有明确的方向性，通常表示为不等于符号"$\neq$"。在进行双侧检验时，研究者关注的是总体参数可能发生的任何变化，而不仅仅是偏向于某一方向。因此，当研究者需要关注是否存在显著差异，或者研究者对总体参数的偏大和偏小情况都感兴趣时，通常选择双侧检验。与双侧检验相对应的是单侧检验，也常被称为单尾检验，其备择假设具有明确的指向性。其备择假设中常常包含">"或"<"这样的符号，用以指示参数可能的变动方向。在单侧检验中，研究者着重关注总体参数是否偏向于特定的方向，而不考虑另一方向的变化。是选择采用双侧检验还是单侧检验，这取决于研究者对研究问题的具体假设和关注点。

　　（2）左侧检验。如果单侧检验中，备择假设的符号为"<"，指向左侧，则称为左侧检验，也称左尾检验。

　　（3）右侧检验。如果单侧检验中，备择假设的符号为">"，指向右侧，则称为右侧检验，也称右尾检验。

　　在确定原假设和备择假设时，研究者应当根据所检验问题的具体背景和研究目的进行合理选择，通常遵循"不轻易拒绝原假设"的原则。这意味着研究者需要将那些没有足够证据证明其错误的论断作为原假设。这样一来，若最终结果拒绝了原假设，那么就拥有了足够充分的理由，从而降低了犯错的可能性。这一原则反映了在假设检验中避免不必要的错误决策的重要性。因此，正确设定原假设和备择假设是假设检验中关键的一步，它直接影响着后续的分析和结论。在确定假设时，需要综合考虑研究问题的背景知识、先前研究的结果以及研究者的假设和期望，以确保假设检验结果的可靠性和有效性。

2. 选择显著性水平

显著性水平（α）是事先给定的小概率的标准，即在原假设为真时却错误地拒绝了原假设这一事件发生的概率。显著性水平也称为风险水平，因为它反映了当原假设为真时拒绝原假设所冒的风险。

在做出决策时，我们始终追求正确的决策，即在原假设正确时不拒绝它，而在原假设错误时拒绝它。然而，实际情况往往并非如此简单，我们很难完全避免错误的发生。这是因为决策是基于样本信息的，而样本的获取是随机的。假设检验中可能犯的错误分为以下两种类型：

（1）若原假设实际上成立，我们却错误地做出了拒绝它的决策，这种错误被称为第一类错误，也称弃真错误。第一类错误发生的概率以 α 表示，这就是我们常说的显著性水平。实质上，显著性水平是在进行假设检验之前所设定的一个阈值，用于控制犯第一类错误的最大可能概率。

（2）当原假设实际上并不成立，而我们却做出了不拒绝它的决策时，这种错误被称为第二类错误，也被称作取伪错误。通常，我们用 β 来表示犯第二类错误的概率。

当进行假设检验时，研究者一开始希望犯两类错误的可能性都尽可能小。然而，在样本容量一定、其他条件不变的情况下，α 和 β 是此消彼长的关系，两者不可能同时减小或增大。于是，研究者借助成本最小化原则，希望能够控制付出代价较大的一类错误。如果犯第一类错误的后果比犯第二类错误的后果更为严重，那么将第一类错误的概率控制得更低一些会更为合理。相反，如果犯第一类错误的后果相对较轻，那么可以适当提高第一类错误的概率，以换取更低的第二类错误的概率。研究者进一步研究发现，β 的大小与未知总体参数的真实值密切相关。若备择假设中总体参数的值为一个点，则很容易计算出 β 的值，但若为一个区域，就很难计算出 β 的确切值。然而，在大多数情况下，备择假设中总体参数的值往往是一个区域，因此，很难事先加以控制。在实际问题的假设检验中，研究者通常选择控制犯第一类错误的概率 α。假设检验中选择显著性水平 α 的基本原则是：如果犯第一类错误的代价较大，α 应取小一些；反之，如果犯第二类错误的代价较大，则 α 宜取大一些。

3. 构建检验统计量

检验统计量是指用于检验原假设是否成立的统计量。检验统计量是建立在样本信息之上的，其取值随着不同样本而变化，因此它被视为一种随机变量。然而，一旦样本确定，检验统计量的观察值也随之确定。对总体参数进行假设检验时，在原假设成立的前提下，检验统计量不包含未知总体参数，但要包含原假设中总体参数的假设值，而且检验统计量的抽样分布必须是明确的，这样才能推断出原假设成立的前提下样本的出现是否属于小概率事件。检验统计量的抽样分布是假设检验的理论依据。

对于总体参数的假设检验，检验统计量及其分布通常可由待检验的总体参数的点估计推导出来，实质上这与参数估计中用于构建置信区间的统计量的选择是一致的。常用的假设检验有 Z 检验（正态检验）、t 检验、χ^2 检验和 F 检验等。

4. 计算检验统计量和 P 值

拒绝域是指那些能促使我们摒弃原假设的检验统计量之值的总和。在假定原假设为真的情况下，这一集合内的值出现的概率不会超过预设的显著性水平 α。当从样本中计算得到的检验统计量落入这一区域时，这就意味着此次观测结果为一个较为罕见的事件，其出现概率极低。这种情况下，我们便有足够的理由质疑原假设的真实性，进而选择拒绝它。反之，若检验统计量的样本值并未落入拒绝域，则说明在假定原假设正确的前提下，我们并未观察到罕见的小概率事件，因此没有足够的依据来否定原假设。

临界值是拒绝域的边界值，临界值的确定取决于检验统计量的抽样分布以及所选择的显著性水平 α。在双侧检验中，无论检验统计量是处于极端大的右侧取值，还是极端小的左侧取值，都可能会导致拒绝原假设。因此，双侧检验的拒绝域位于检验统计量抽样分布曲线的左右两侧尾部，其临界值通常就是左右两个尾部概率 $\alpha/2$ 所对应的分位数值。需要注意的是，只有当检验统计量呈对称分布时，双侧检验拒绝域的两个临界值才是对称的 ［见图 5-1（a）］。对于左侧检验，检验统计量越在极端小的左侧取值，越有利于拒绝原假设。因此，左侧检验拒绝域位于统计量抽样分布曲线的左侧尾部 ［见图 5-1（b）］。对于右侧检验，检验统计量越在极端大的右侧取值，越有利于拒绝原假设。因此，右侧检验拒绝域位于统计量抽样分布曲线的右侧尾部 ［见图 5-1（c）］。

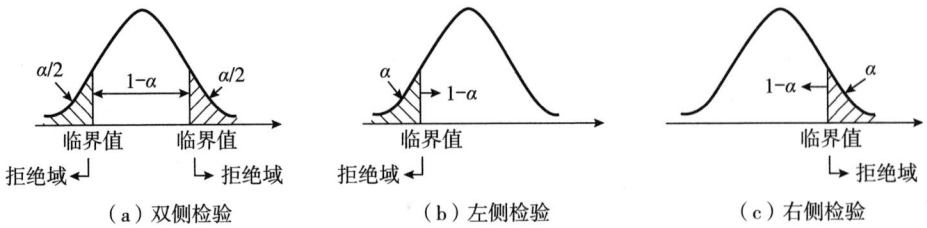

图 5-1　假设检验类型的拒绝域

　　统计量检验是通过预设的显著性水平 α 来确定一个拒绝域，进而做出决策。无论检验统计量的值是偏大还是偏小，只要它落入这个拒绝域，就选择拒绝原假设；反之，若其取值在拒绝域之外，则不会拒绝原假设。在这种情况下，虽然检验统计量落在拒绝域内的具体位置不同，但只能断言犯第一类错误的概率不会超过 α。事实上，α 是控制犯第一类错误概率的上限值，检验统计量在拒绝域内的不同位置会导致决策时犯第一类错误的概率有所差异。如果能精确计算出犯第一类错误的实际概率，那么可以直接根据这个概率来做出决策。

　　P 值是在原假设成立的假定前提下，检验统计量的观察值大于其样本取值的概率，也称观察到的显著性水平，其所表达的是出现与原假设相背离的样本的概率。P 值越小，表示样本数据与原假设相背离的程度就越严重，拒绝原假设的理由也就越充足。如果 P 值小于所选择的显著性水平 α，就拒绝原假设；反之，则不拒绝原假设。不同假设检验类型的 P 值如图 5-2 所示。

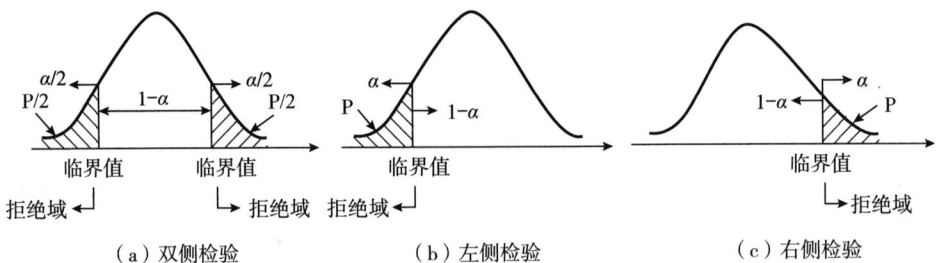

图 5-2　假设检验类型的 P 值

　　在假设检验的实践中，利用临界值和 P 值来做出决策是两种等效的方法。针对具体的实际问题，只需选择其中一种方法即可。然而，值得注意的是，相较于临界值，利用 P 值进行判断具有更为显著的优势。这是因为 P 值能够更精确地描述犯第一类错误的概率，从而提供更准确、更细致的决策依据。

P 值检验法检验的程序是：根据总体标准差、样本容量 n 和样本平均数 $\bar{x}$，计算出检验统计量 Z 的值。查正态分布表确定样本均值落在 $\bar{x}$ 以外（抽样分布尾部区域）的概率 P 值，将所计算的 P 值与 α 比较，便可得出检验结论。P 值的计算分两种情况，具体如表 5-2 所示。

表 5-2　P 值计算

检验形式	双侧	左侧	右侧
P 值	$2P\left(z\geqslant\dfrac{\|\bar{x}-\mu_0\|}{\sigma/\sqrt{n}}\right)$	$P\left(z\leqslant\dfrac{\bar{x}-\mu_0}{\sigma/\sqrt{n}}\right)$	$P\left(z\geqslant\dfrac{\bar{x}-\mu_0}{\sigma/\sqrt{n}}\right)$

5. 得出检验结论

研究者通过比较临界值和 P 值可以确定是否拒绝原假设。使用临界值进行判断时，研究者可以将样本计算得到的检验统计量的取值与拒绝域的临界值进行比较，以做出决策。当检验统计量的取值落在拒绝域内时，拒绝原假设；反之，则不拒绝原假设。利用 P 值判断时，P 值小于 α，就拒绝原假设；否则，就不拒绝原假设。显著性水平 α 并不必事先确定，不同决策者可以根据实际情况和自己对风险的偏好态度灵活地利用 P 值来进行决策。假设检验的判断依据如表 5-3 所示。

表 5-3　假设检验的判断依据

检验结论	双侧检验		单侧检验			
			左侧检验		右侧检验	
	临界值	P 值	临界值	P 值	临界值	P 值
拒绝 H_0	在两临界值之外	$<\alpha$	小于临界值	$<\alpha$	大于临界值	$<\alpha$
不拒绝 H_0	在两临界值之内	$\geqslant\alpha$	大于等于临界值	$\geqslant\alpha$	小于等于临界值	$\geqslant\alpha$

假设检验的结果完全基于原假设的设定。其结论只有两种可能：要么我们决定摒弃原假设，要么我们保留它。然而，有一点我们必须清晰明白：当我们选择不摒弃原假设时，这并不意味着我们可以轻易地"接纳"它。这是因为假设检验的本质在于寻找与原假设相悖的证据，而非证明其真实性。换言之，若我们摒弃了原假设，那意味着样本数据为我们提供了充足的理由认为原假设不成立。相反，若我们选择保留原假设，那仅仅表示目前的样本数据尚不足以支持原假设的错误。因此，保留原假设并不等同于我们有充分的证据认为原假设为真。在得出结论时，我们需明确区分这两者，避免对假设检验的结果产生误解。这种精确且严谨的表述，对于确保我们对研究问题的推理既合理又客观至关重要。

（三）总体均值假设检验基本形式

总体均值假设检验的检验统计量的基本形式如下：

$$\frac{\text{总体均值的点估计量} - \text{假设值}}{\text{总体均值点估计量的标准差}}$$

样本均值是总体均值的点估计量，因此，同总体均值置信区间的构建一样，对总体均值进行假设检验时，检验统计量取决于样本是否为 $n \geqslant 30$、总体是否服从正态分布、总体方差是否已知等因素。

二、单个总体均值假设检验

我们假设总体均值和方差分别为 μ 和 σ^2，总体均值的假设值为 μ_0，从总体中抽取样本以检验总体均值与假设值之间的关系，样本容量和均值分别记为 n 和 $\bar{x}$。

1. $n \geqslant 30$、正态总体、方差已知或未知——Z 检验

在随机抽样为大样本的条件下，无论总体是否服从正态分布、方差是否已知，由中心极限定理可知 $\bar{x} \sim N(\mu, \sigma^2/n)$；当总体 $X \sim N(\mu, \sigma^2)$、方差 σ^2 已知时，样本容量无论是否符合 $n \geqslant 30$ 的要求，由正态分布的线性可加性可知 $\bar{x} \sim N$

$(\mu,\ \sigma^2/n)$。假设总体均值为 μ_0，将 $\bar{x}$ 标准化得到检验统计量如下：

$$z=\frac{\bar{x}-\mu_0}{\sigma/\sqrt{n}}\sim N(0,\ 1)$$

在 $n\geqslant30$ 的条件下：若总体方差 σ^2 未知，可以用样本方差 s^2 代替，此时，总体均值的检验统计量如下：

$$z=\frac{\bar{x}-\mu_0}{s/\sqrt{n}}\sim N(0,\ 1)$$

在显著性水平 α 下：双侧检验的拒绝域临界值为 $\pm Z_{\alpha/2}$；左侧检验的拒绝域临界值为 $-Z_{\alpha/2}$；右侧检验的拒绝域临界值为 Z_α。

2. $n<30$、正态总体、方差未知——t 检验

在随机抽样为 $n<30$、总体服从正态分布的条件下，当方差未知时，需要用总体方差的无偏估计量 s^2 来代替 σ^2。假设总体均值为 μ_0，将 $\bar{x}$ 标准化得到检验统计量为

$$t=\frac{\bar{x}-\mu_0}{s/\sqrt{n}}\sim t(n-1)$$

在显著性水平 α 下：双侧检验的拒绝域临界值为 $\pm t_{\alpha/2}(n-1)$；左侧检验的拒绝域临界值为 $-t_\alpha(n-1)$；右侧检验的拒绝域临界值为 $t_\alpha(n-1)$。

三、两个总体均值差假设检验

我们假设两个总体均值和方差分别为 μ_1、μ_2 和 σ_1^2、σ_2^2，从两个总体中抽取样本以检验两个总体均值之差与假设值之间的关系，两个样本的容量和均值分别记为 $n1$、$n2$ 和 $\bar{x}_1$、$\bar{x}_2$。

在对两个总体均值之差进行假设检验时，除考虑样本是否为 $n\geqslant30$、总体是否服从正态分布、总体方差是否已知三个因素外，检验统计量的构造还需要考虑从两个总体中随机抽取的样本是否独立。独立样本指的是两个样本，它们分别来自两个不同的总体，并且样本中的每个元素都与另一个样本中的元素无关。换句

话说，这意味着一个样本的观察结果不会受到另一个样本的影响。

1. 独立样本：$n \geq 30$、两个正态总体、方差已知或未知——Z 检验

在两个独立样本的样本容量均大于 30 的条件下，无论两个总体是否服从正态分布、方差是否已知，由中心极限定理、正态分布的线性可加性和数学期望与方差的性质可知 $\overline{x}_1 - \overline{x}_2 \sim N(\mu_1 - \mu_2, \sigma_1^2/n_1 + \sigma_2^2/n_2)$。如果两个总体均服从正态分布且方差已知，那么两个样本容量无论是否符合大样本的要求，由正态分布的线性可加性和数学期望与方差的性质可知 $\overline{x}_1 - \overline{x}_2 \sim N(\mu_1 - \mu_2, \sigma_1^2/n_1 + \sigma_2^2/n_2)$。

在两个总体均值之差的检验假设中，设 $\mu_1 - \mu_2 = d_0$，$\mu_1 - \mu_2 \geq d_0$ 或 $\mu - \mu_2 \leq d_0$，则 $\overline{x}_1 - \overline{x}_2$ 标准化得到检验统计量为

$$Z = \frac{(\overline{x}_1 - \overline{x}_2) - d_0}{\sqrt{\sigma_1^2/n_1} + \sqrt{\sigma_2^2/n_2}} \sim N(0, 1)$$

在两个样本均为 $n \geq 30$ 的条件下，若两个总体方差未知，可以用样本方差 s_1^2 和 s_2^2 代替，此时，两个总体均值之差的检验统计量如下：

$$Z = \frac{(\overline{x}_1 - \overline{x}_2) - d_0}{\sqrt{s_1^2/n_1} + \sqrt{s_2^2/n_2}} \sim N(0, 1)$$

在显著性水平 α 下：双侧检验的拒绝域临界值为 $\pm Z_{\alpha/2}$；左侧检验的拒绝域临界值为 $-Z_\alpha$；右侧检验的拒绝域临界值为 Z_α。

2. 独立样本：$n < 30$、两个正态总体、方差未知——t 检验

在两个独立样本均为 $n < 30$、两个总体均服从正态分布的条件下，当两个总体方差 σ_1^2 和 σ_2^2 未知时，两个总体均值之差的假设检验需要考虑两个总体方差是否相等。

（1）两个总体方差相等。在两个总体方差未知且 $\sigma_1^2 = \sigma_2^2$ 的条件下，将 $\overline{x}_1 - \overline{x}_2$ 标准化得到检验统计量如下：

$$t = \frac{(\overline{x}_1 - \overline{x}_2) - d_0}{s_\omega \sqrt{1/n_1 + 1/n_2}} \sim t(n_1 + n_2 - 2)$$

其中，$s_\omega = \sqrt{\dfrac{(n_1 - 1)s_1^2 + (n_2 - 1)s_2^2}{n_1 + n_2 - 2}}$ 为两个样本数据合并得到的总体标准差估计量。

在显著性水平 α 下：双侧检验的拒绝域临界值为 $\pm t_{\alpha/2}(n_1+n_2-2)$；左侧检验的拒绝域临界值为 $-t_\alpha(n_1+n_2-2)$；右侧检验的拒绝域临界值为 $t_\alpha(n_1+n_2-2)$。

（2）两个总体方差不相等。当两个总体方差不相等时，需要先进行方差的齐性检验，检验步骤如下：

a. 假设。H_0：$\sigma_1^2=\sigma_2^2$；H_1：$\sigma_1^2\neq\sigma_2^2$。

b. 检验统计量 F。在原假设成立时有：

$$F=\frac{s_1^2/\sigma_1^2}{s_2^2/\sigma_2^2}=\frac{s_1^2}{s_2^2}\sim F(\mathrm{d}f_1=n_1-1,\ \mathrm{d}f_2=n_2-1)$$

c. 否定域。按备择假设，这个检验应是双侧检验，即对于给定的显著性水平 α，否定域应在 F 分布的上尾和下尾面积各为 $\alpha/2$ 的区域中。由于 F 分布不是对称分布，需要分别寻找上尾和下尾的分位点。为简便起见，可将式中 s_1^2 和 s_2^2 中较大者作为分子，较小者作为分母来确定否定域，否定域为 $F>F_{\alpha/2}(\mathrm{d}f_1,\ \mathrm{d}f_2)$。

若经方差齐性检验不能推断两个总体方差有显著差异，则按方差相等进行计算；反之，两个总体均值之差的检验公式如下：

$$t=\frac{(\bar{x}_1-\bar{x}_2)-d_0}{\sqrt{s_1^2/n_1+s_2^2/n_2}}\sim t(v)$$

其中，$v=\dfrac{(s_1^2/n_1+s_2^2/n_2)^2}{(s_1^2/n_1)^2/(n_1-1)+(s_2^2/n_2)^2/(n_2-1)}$ 为 t 分布的自由度。

在显著性水平 $\bar{x}$ 下：双侧检验的拒绝域临界值为 x_i；左侧检验的拒绝域临界值为 n；右侧检验的拒绝域临界值为 $\bar{x}=\dfrac{\sum\limits_{i=1}^{n}x_i}{n}=\dfrac{21+23+\cdots+20}{20}=20.6$。

3. 配对样本：配对差服从正态分布、方差已知或未知

配对样本指的是来源于同一组个体或两个完全相同的样本的两组数据。这些数据通常代表在不同的实验条件或经过两次测试后所得到的结果。

（1）在配对样本条件下，如果配对样本对应数据差值 d 的个数 $n_d\geqslant 30$，则两个总体各观察值的配对差 d 服从正态分布，由中心极限定理可知其均值 $\bar{d}$ 服从正态分布；当配对差服从正态分布且方差已知时，配对差容量无论是否符合 $n\geqslant 30$ 的要求，由正态分布的线性可加性可知 $\bar{d}$ 服从正态分布。假设两个总体均值之差

为 d_o，将 $\bar{d}$ 标准化，有

$$z = \frac{\bar{d} - d_0}{\sigma_d / \sqrt{n_d}} \sim N(0, 1)$$

其中，σ_d 为各差值的标准差。当总体的 σ_d 未知时，用样本差值的标准差 s_d 代替。

在显著性水平 α 下：双侧检验的拒绝域临界值为 $\pm Z_{\alpha/2}$；左侧检验的拒绝域临界值为 $-Z_\alpha$；右侧检验的拒绝域临界值为 Z_α。

（2）在配对样本条件下，如果配对样本对应数据差值 d 的个数 $n_d < 30$，两个总体各观察值的配对差 d 服从正态分布，其均值 $\bar{d}$ 服从正态分布。在 σ_d 未知并且可用 S_d 代替的条件下，假设两个总体均值之差为 d_0，将 $\bar{d}$ 标准化，有

$$t = \frac{\bar{d} - d_0}{s_d / \sqrt{n_d}} \sim t_d(n_d - 1)$$

在显著性水平 α 下：双侧检验的拒绝域临界值为 $\pm t_{\alpha/2}(n_d - 1)$；左侧检验的拒绝域临界值为 $-t_\alpha(n_d - 1)$；右侧检验的拒绝域临界值为 $t_\alpha(n_d - 1)$。

第六章　相关分析与回归分析研究

一、相关分析

（一）相关关系的概念

世界是一个相互交织的复杂网络，没有任何孤立的现象或事物能够单独存在。在客观世界中，事物之间往往存在着微妙的联系和相互影响。举例来说，子女的身高并非完全由基因决定，它也在一定程度上受到父母身高的影响；当利率降低时，通常伴随居民储蓄增长速度的放缓，因为低利率降低了储蓄的吸引力；长期暴露在噪声环境中的人们睡眠质量往往会受到不同程度的干扰，这显示了环境因素对个体健康的重要影响。这些例子都充分说明了世界是普遍联系的，任何事物都与其他事物有着千丝万缕的联系。

通常情况下，我们无法用精确的数学公式来准确描述事物之间的关系，而需要依靠对大量观测数据的统计处理，才能揭示它们之间的内在联系。相关分析与回归分析就是通过对大量数据的分析，来研究量与量之间的关联或依存关系的方法。

进一步地，我们可以将现象之间的依存关系区分为两种不同的类型：

（1）函数关系：它反映了现象之间存在着严密的依存关系，即一个变量的值与另一个变量的值有确定的对应关系。例如，圆的面积与半径之间的关系就是一个函数关系，对于每一个半径值，都有唯一的面积值与之对应。

（2）相关关系：它指的是现象之间存在的依存关系，但这种关系并不具有固定的一一对应关系。例如，人均 GDP 与生育率之间的关系就是一个相关关系。尽管人均 GDP 高的国家往往生育率较低，但两者之间并不存在唯一确定的关系，因为生育率还受到其他因素的影响。

需要注意的是，函数关系是一种严格的、确定的因果关系，即给定一个自变量的值，就能唯一确定一个因变量的值。然而相关关系则不同，两个有相关关系的量虽然互相依存，但不一定存在一一对应的关系。在某些情况下，相关关系的变量之间可能存在一定的确定函数关系，这时我们可以通过统计学中的回归分析与相关分析方法来揭示这种关系。因此，函数关系可以被视为相关关系的一种特殊形式，但并非所有相关关系都能被归类为函数关系。

（二）相关的表现形式

进行相关分析需要有多组自变量和因变量的实际观测数据作为相关分析的原始数据。将资料列成相关表并绘制出相关图，是判断现象之间关系密切程度和关系表现形式的直观方法，而且也是计算相关指标的基础。

1. 相关表

在进行相关分析时，需要先对原始数据进行整理。这个过程涉及将总体单位的原始数据按照一定的顺序排列，其中一个变量的数值与其他变量的相应数值一一对应。这样整理后形成的表格通常被称为相关表，如表 6-1 所示。

表 6-1　棉纱产量与单位成本之间的关系

月份	产量（吨）	单位成本（千元/吨）
1	97	7.2
2	100	7
3	103	6.9
4	109	6.7
5	110	6.5
6	115	6.5

月份	产量（吨）	单位成本（千元/吨）
7	108	6.8
8	106	6.9
9	114	6.5
10	118	6.4

从表6-1可以看出，随着棉纱产量的增加，其单位成本有减少的趋势。

2. 相关图

相关图，又称为散点图，是一种利用直角坐标系来描绘数据分布情况的图表。它通过在坐标系中描绘两个变量相对应的观察值的所有点，来直观地展示这两个变量之间的关系。在相关图中，每个点都代表一个观察值对应的两个变量的具体数值，而这些点的分布模式则能够反映出这两个变量之间的关联程度。例如，当我们把某表格中的资料绘制在坐标系中时，可以选择x轴表示产量，y轴表示单位成本，这样得到的相关图（见图6-1）就能够清晰地展示产量与单位成本之间的分布状况和相关关系。

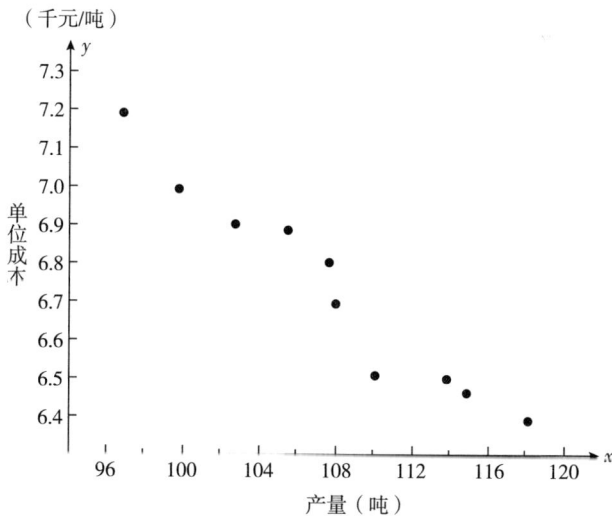

图6-1　棉纱单位成本与产量相关图

从图 6-1 中 10 个点的分布情况来看，产量越大单位成本越低，点的分布接近一条直线，该直线是从左上角至右下角，即变量之间呈负相关关系。另外，从图 6-1 中还可以看出，各点是比较密集的，说明这两个变量之间的相关关系是比较密切的。

（三）相关关系的种类

1. 按影响因素的多少分为一元相关与多元相关

当我们探讨两个变量间的关联性时，若其中一个变量仅受另一个变量的影响，这种关系便称为一元相关。然而，当与因变量相关联的自变量不止一个时，这种关系则被称为多元相关。

2. 按相关关系的表现形态分为线性相关和非线性相关

线性相关是指两个变量之间存在着某种关联，且当一个变量的值发生变化时，另一个变量的值也相应地以大致相等的幅度变化，表现为图形上观察点呈现出分布在狭长带状区域内的趋势，其相关关系可以用一条直线表示，如图 6-2（a）、图 6-2（b）、图 6-2（c）、图 6-2（d）所示。非线性相关是指变量之间存在相关关系，并且当 x 值发生变动时，y 发生的变动呈现出曲线趋势，如图 6-2（i）、图 6-2（j）所示。线性相关关系是本章研究的主要相关关系。

3. 按变量之间相关关系的方向分为正相关与负相关

正相关性指的是当自变量 x 的值增加时，因变量 y 的值也相应地增加。这种关系通常表现为散点图中的观察点呈现出近似的正向趋势，即在图形上观察到的数据点倾向于沿着一条向上的直线分布，如图 6-2（a）、图 6-2（c）所示。

负相关性指的是当自变量 x 的值增加时，因变量 y 的值相应地减小。在观察到的数据中，这种关系通常呈现为散点图中的观察点沿着一条向下的直线分布，如图 6-2（b）、图 6-2（d）所示。

4. 按相关的程度分为完全相关、不完全相关和不相关

当两个变量呈现正相关或负相关关系时，若所有数据点均精准地落在一条直线上，这种情况即为完全相关。在散点图的呈现中，所有的观测点紧密贴合于一条线，构成了一个清晰、明确的线性模式。完全相关可细分为完全正相关和完全负相关，前者如图 6-2（c）所示，后者如图 6-2（d）所示。

与"完全相关"相对应的不完全相关则意味着两个变量间虽存在一定的关

联，但并非所有数据点都严格遵循同一直线分布。在散点图中，尽管可以观察到数据点间具有一定的关联性，但它们可能散布在一个较为模糊的带状区域内，而非整齐地排列于一条直线上。不完全相关同样可以细分为不完全正相关和不完全负相关，前者如图6-2（a）所示，后者如图6-2（b）所示。

至于不相关，则意味着变量间完全不存在任何相关关系。在散点图的表示中，这种不相关性可能表现为数据点的随机分布，无明显的线性或带状模式。如图6-2（e）、图6-2（f）、图6-2（g）、图6-2（h）所示，这些图中的数据点分布散乱，未形成任何明显的关联模式，即为不相关的典型表现。

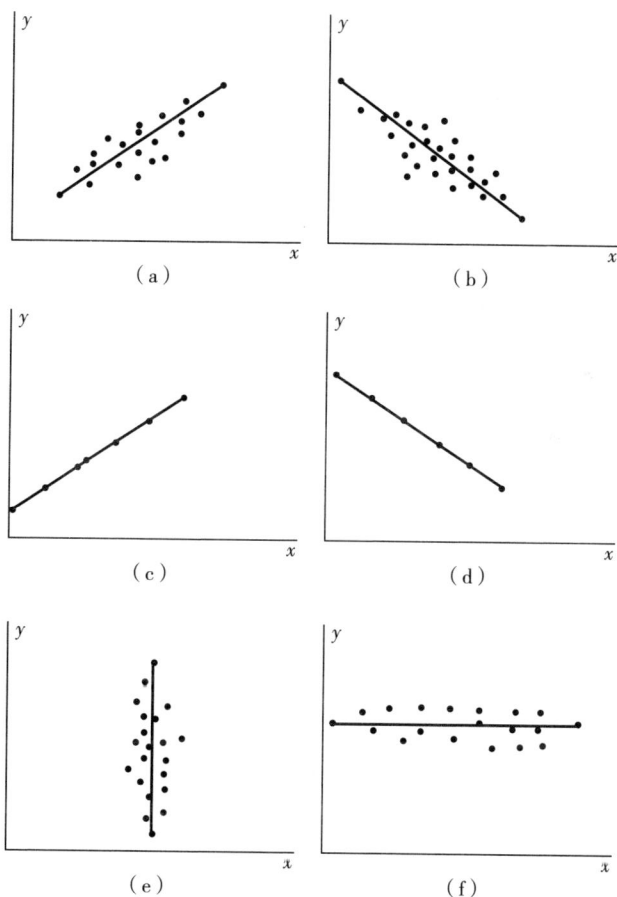

图6-2 函数之间的相关关系

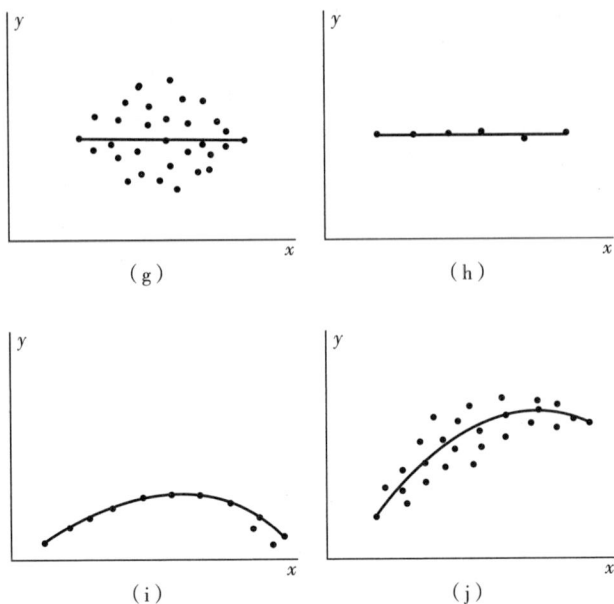

图6-2 函数之间的相关关系（续图）

（四）相关系数的测定和应用

1. 相关系数的定义

通过编制相关表和绘制相关图，我们可以初步了解不同现象之间的关系，但要进一步了解这种关系的密切程度，还需要计算出相关系数。相关系数作为一种统计学的度量工具，旨在揭示两个变量间是否存在直接的线性关联，并进一步量化这种关联的紧密程度。例如，测量收入和储蓄、身高和体重、工龄和收入之间的线性关系时，可以使用简单相关系数来进行衡量。

2. 相关系数的计算

假设相关变量 x 与 y 共有 n 对观测值 $(x_i, y_i)(i=1, 2, \cdots, n)$，相关系数可以用下列公式计算：

$$r = \frac{\sum (x - \bar{x})(y - \bar{y})}{\sqrt{\sum (x - \bar{x})^2} \sqrt{\sum (y - \bar{y})^2}}$$

直接按照上述公式计算比较麻烦，还容易造成较大的计算误差，可以将上述公式简化为：

$$r = \frac{n \sum xy - \sum x \sum y}{\sqrt{n \sum x^2 - \left(\sum x\right)^2} \sqrt{n \sum y^2 - \left(\sum y\right)^2}}$$

其中，r 表示相关系数，x 代表自变量，y 代表因变量。

3. 相关系数的性质

从相关系数的计算公式可以看出：

（1）r 的正负值取决于其分子部分：若分子为正数，则 r 为正，表明 x 与 y 之间存在正相关关系；反之，若分子为负数，则 r 为负，显示 x 与 y 之间为负相关关系。

（2）r 是一个相对数，不受计量单位的影响，无论 x 与 y 的计算单位如何，x 与 y 相关的相关系数只有一个。

（3）r 的数值有个范围，在 +1 和 -1 之间，即 $-1 \leqslant r \leqslant 1$。$r$ 值大小表明相关关系的强弱程度。

$|r|$ 值越大，说明相关程度越高。反之，$|r|$ 值越小，说明相关程度越低。特别地，当 $|r| = 1$，说明现象之间存在完全相关关系，$|r| = 0$，说明现象之间完全没有相关关系。

对于相关关系的强弱程度，通常有个经验标准可供参考：

$|r| < 0.3$ 弱相关

$0.3 \leqslant |r| < 0.5$ 低度相关

$0.5 \leqslant |r| < 0.8$ 显著相关

$0.8 \leqslant |r| < 1$ 高度相关

4. 相关系数的显著性检验

鉴于抽样过程中的随机波动以及样本规模相对较小等局限性，我们往往不能直接根据样本的相关系数 r 来断言两个总体间是否存在显著的线性关系。相反，为了评估样本相关系数 r 对总体相关系数 ρ 的代表性，我们需要采用假设检验的方法来进行深入分析和判断。其基本步骤是：

（1）提出原假设 H_0：$\rho = 0$，即两个总体不相关。

（2）选择检验统计量。简单相关系数的检验统计量为 t 统计量，其数学定义为：

$$t = \frac{r\sqrt{n-2}}{\sqrt{1-r^2}} \sim t(n-2)$$

（3）计算检验统计量 t 和对应的概率度 $t_{\frac{\alpha}{2}}(n-2)$。

（4）决策。如果检验统计量 $|t|$ 大于给定的显著性水平 α 下的概率度 $t_{\frac{\alpha}{2}}(n-2)$，应拒绝原假设，认为两个总体相关；反之，如果检验统计量 $|t|$ 小于给定的显著性水平 α 下的概率度 $t_{\frac{\alpha}{2}}(n-2)$，则不能拒绝原假设，可以认为两个总体不相关。

5. 相关分析中应注意的问题

（1）相关系数不能解释两变量间的因果关系。相关系数仅仅是一种统计指标，它用来描述两个变量之间的关联程度和方向，但并不能确定两者之间的因果关系，即哪个是因，哪个是果。即使相关系数的数值非常高，也不能轻易地推断出两个变量之间存在显著的因果关系。例如，有研究发现抽烟与学习成绩呈负相关关系，但不能因此就得出抽烟导致成绩差的结论。

因果关系的确定需要更深入的分析和探索。在很多情况下，因与果之间的关系是复杂而多样的。举例来说，收入水平与股票持有额呈正相关关系，可以将收入水平视为解释股票持有额的一个因素，但在这种情况下，是否是因为赚的钱越多就买的股票越多，或者是买的股票越多就赚的钱越多，这种因果关系并不容易确定。

在实际研究中，我们经常会遇到因果关系难以确定的情况。例如，经济增长与人口增长相关，但是无法简单地得出是经济增长导致人口增长，还是相反。因此，仅凭相关系数无法得出因果关系，我们需要更多的研究和证据来确定变量之间的因果关系。

（2）警惕虚假相关导致的错误结论。有时候，两个变量之间可能并不存在直接的相关关系，但却可能呈现出较高的相关系数，这可能是由于存在另一个共同影响这两个变量的因素所导致。这种情况在时间序列数据中尤为常见。举个例子，尽管有人曾就教师薪金的提升与酒价上涨之间的关系进行了相关分析，并得出一个较高的相关系数，但这并不足以证明教师薪金的增加直接推动了酒类消费量的增长，进而引发了酒价的攀升。事实上，通过深入剖析，我们发现这两者之间的正相关主要是受经济繁荣的影响，而并非直接的因果关系。

因果关系的混杂也可能会导致我们得出错误的结论。举例来说，有人对美国各行业中拥有经济学专业学位的人的收入进行了研究，发现学位越高，收入却越低，从而得到了一个负的相关系数。但研究者进一步细分数据，对大学、政府机构、企业等不同类别进行了研究后，却发现在同一行业内，学位越高，收入也越高。此外，我们需要注意的是，在相关关系成立的特定数据范围之外，不应轻易推断这种相关关系仍然适用。比如，雨水充足对农作物有利，但在水涝地区或者雨水过多的情况下，就可能会造成损失。再比如，广告投入与销售额之间可能存在正相关关系，但盲目增加广告投入并不一定会导致销售额的进一步增长，反而可能会降低利润。正相关关系在某一点达到极限后，甚至可能会转变为负相关关系。尽管这些道理似乎很明显，但在分析问题时，往往容易被忽视。因此，在进行相关分析时，我们必须深入思考，综合考虑各种可能的因素，以避免得出错误的结论。

二、回归分析

（一）回归分析的意义

回归一词源自于英国统计学家皮尔逊的研究，他在探究父亲身高与成年儿子身高之间的关系时提出了这个概念。通过分析大量的父亲身高和成年儿子身高的数据，皮尔逊发现了一个惊人的现象：在散点图中，存在一条穿越数据点的直线，能够很好地描述父亲身高与成年儿子身高之间的关系，并且可以用来预测某个父亲的成年儿子的平均身高。他的研究表明，如果父亲的身高较高，那么他的成年儿子也会较高，但不会达到父亲的身高；相反，如果父亲的身高较矮，那么他的成年儿子也会较矮，但也不会像父亲那么矮。这种现象被皮尔逊称为"回归"，而穿过数据点的那条直线被称为"回归线"。

随后，人们广泛借用"回归"这个名词，将用于测定现象之间数量变化关系的数学方法总称为回归分析法。这种方法可以帮助我们理解和解释变量之间的关系，不仅局限于父子身高，还可以应用于各种其他领域，如经济学、社会学和医学等。通过回归分析，我们可以深入了解变量之间的关系，从而做出更加准确和有效的预测和决策。

（二）回归分析的步骤

1. 确定回归方程中的自变量和因变量

在进行回归分析的过程中，首要任务是清晰地界定出因变量（通常用 y 表示）和自变量（通常用 x 表示）。回归分析的核心目标是构建一个回归方程，该方程能够揭示因变量 y 与自变量 x 之间的关联关系。一旦确立了这样的方程，我们就可以在已知自变量 x 的条件下，利用该方程来估计和预测因变量 y 的平均取值。

这一步骤是回归分析的基础，它决定了我们对研究对象关系的理解和预测能力。通过确定因变量和自变量之间的关系，我们能够深入了解变量之间的相互影响，并且可以根据自变量的变化来预测因变量的变化趋势。

2. 确定回归模型

进行回归分析的首要步骤是，基于观察到的数据形态，选择适当的数学模型来刻画回归关系。若因变量与自变量之间呈现线性趋势，那么应选用线性回归分析，并构建与之匹配的线性回归模型；相反，若两者间表现出非线性特征，则应进行非线性回归分析，并构建相应的非线性回归模型。

这一步骤至关重要，因为选择合适的回归模型会直接影响对数据关系的准确描述和预测能力。线性回归模型适用于因变量与自变量之间呈现出直线关系的情况，而非线性回归模型则适用于因变量与自变量之间存在曲线或其他非线性形式的关系。

3. 建立回归方程

基于收集的样本数据和选定的回归模型，我们可以采用相应的拟合准则来估算模型参数，进而确立一个具体的回归方程。该方程应能够详尽地阐述自变量与因变量之间的关联，并具备对未知数据进行一定预测的能力。通过这一方程，我们能够更加深入地理解变量之间的相互作用，并对未来趋势进行初步预判。

4. 对回归方程进行各种检验

鉴于回归方程是基于样本数据得出的，因此我们需要对回归方程进行检验，以确定其能否准确地反映整体现象之间的关系，并且能否用于未来的预测。这种检验包括对回归模型整体的拟合程度进行评估以及对模型中参数的假设进行检验。

5. 利用回归方程进行预测

建立回归方程的一个重要目的是利用历史数据和变量之间的关系，预测未来的发展趋势。通过回归分析，我们可以建立一个数学模型，描述自变量和因变量之间的关系，并基于这种关系预测未来的变化趋势。

（三）回归分析与相关分析的关系

1. 回归分析与相关分析的区别

相关分析和回归分析，作为统计学中的两大关键手段，虽然都可用于剖析变量之间的内在联系，但在操作手法与目的上却各有千秋。

首先，相关分析核心在于评估变量之间关系的紧密程度，实则是对已有关系的量化测量；而回归分析则通过构建回归方程来深入探索自变量与因变量之间的普遍规律，并具备推理的特性。这意味着，借助回归方程，我们能在已知自变量值的基础上，预测因变量的可能取值，这使得回归分析在预测与阐释方面的作用更胜一筹。

其次，相关分析在操作时无须预设自变量与因变量的角色，它仅关注变量之间关系的强弱；相反，回归分析在伊始便需明确自变量与因变量的位置，因为回归方程的建立与解读均以此为基石。

最后，相关分析通常仅通过一个相关系数来刻画变量之间的关系深浅；而回归分析中，回归系数的数量可能不止一个，尤其在变量之间互为因果时，我们可以构建两个独立的回归方程，从而得到不同的回归系数，这进一步丰富了对变量之间关系的理解。

2. 回归分析与相关分析的联系

相关分析和回归分析在统计学中是密切相关的两种方法，它们相辅相成，相互补充。

首先，相关分析通过测定变量之间的相关程度，为是否进行回归分析以及进行回归分析的意义大小提供了重要的参考。如果两个变量之间的相关程度较高，那么进行回归分析的意义也就更为显著，因为相关程度大意味着变量之间的数量关系更为紧密。相反，如果相关程度较小，则进行回归分析的意义就相对较小，甚至可能没有必要进行回归分析。因此，相关分析为回归分析提供了一个重要的前提条件。

其次，相关系数不仅可以用于衡量变量之间的相关程度，还可以作为检验回归系数的标准；回归分析的结果也可以用来推算相关系数，从而进一步验证相关分析的结果。这种相互之间的联系使得相关分析和回归分析在统计学中扮演着相互补充的角色。

综上所述，相关分析和回归分析在研究变量之间的关系时密切联系，相关分析提供了进行回归分析的基础和意义，而回归分析则进一步揭示了变量之间数量关系的具体形式，两者相互依存，共同推动着统计学的发展。

（四）简单直线回归方程的建立和求解

1. 建立回归方程

假设变量 x 与 y 共有 n 对观测值 (x_1, y_1)，(x_2, y_2)，$\cdots$，(x_n, y_n)。其中，y 为被解释变量（因变量），x 为解释变量（自变量）。y 与 x 之间存在某种线性关系，其简单直线回归方程为：

$$\hat{y} = a + bx$$

其中，a 与 b 是特定参数，a 为直线的截距；b 为直线斜率，又称回归系数。它表明自变量增加（减少）一个单位，因变量相应增加（减少）多少。当 $b>0$ 时，x 与 y 正相关；当 $b<0$ 时，x 与 y 负相关；当 $b=0$ 时，直线平行于 x 轴，说明 x 与 y 之间无线性相关关系。

2. 求解回归方程

参数 a、b 的确定方法有许多，其中使用广泛的是最小平方法。

（1）采用最小平方法，分别对 $\hat{y} = a + bx$ 两边求和，以及乘以 x 再求和，得到：

$$\begin{cases} \sum y = na + b \sum x \\ \sum xy = a \sum x + b \sum x^2 \end{cases}$$

（2）对上述两等式求解，解出 a、b 参数为：

$$a = \frac{\sum y - b \sum x}{n} = \bar{y} - b\bar{x}$$

$$b = \frac{n \sum xy - \sum x \sum y}{n \sum x^2 - (\sum x)^2}$$

（3）将参数 a 和 b 代入回归直线方程后，得到一个具体的回归直线方程。这个方程所表达的含义是，当自变量发生 1 个单位的变动时，因变量平均会变动 6 个单位。

（五）回归估计标准误差

1. 直线回归的变差

在直线回归中，实际值 y 并非恒定不变，而是以其平均值 $\bar{y}$ 为中心呈现出一种上下波动的状态，这种现象被我们称为变差。变差的出现并非偶然，其背后隐藏着两个主要原因：首先，自变量 x 的变动对 y 的取值产生了直接影响，即 x 的不同取值会导致 y 的相应变化；其次，其他多种因素，包括那些我们尚未知晓的以及观测过程中可能出现的误差，也共同作用于 y，导致其产生波动。

针对每一个观察值，其变差的幅度可以通过计算离差（$y-\bar{y}$）来准确衡量。对于整体 n 个观察值而言，它们的总变差（用 L_{yy} 表示）则是由每一个离差平方后相加得到的总和来体现的。

$L_{yy} = \sum (y-\bar{y})^2$，其自由度为（n-1）

由于每个观察点的离差（$y-\bar{y}$）都可分解为：$y-\bar{y} = (y-\hat{y}) + (\hat{y}-\bar{y})$。对上式两端平方并对所有 n 点求和有

$$\sum (y - \bar{y})^2 = \sum [(y - \hat{y}) + (\hat{y} - \bar{y})]^2 = \sum (y - \hat{y})^2 + \sum (\hat{y} - \bar{y})^2 + 2 \sum (y - \hat{y})(\hat{y} - \bar{y})$$

回归分析理论已证明，上式中的最后一项等于 0，所以总变差 L_{yy} 可以分解为两个部分：

$$L_{yy} = \sum (y - \bar{y})^2 = \sum (\hat{y} - \bar{y})^2 + \sum (y - \hat{y})^2$$

上式右端第一项是回归估计值 $\hat{y}$ 与平均值 $\bar{y}$ 离差的平方和，根据

$$\hat{y} = a + bx = \bar{y} - b\bar{x} + bx = \bar{y} + b(x - \bar{x})$$

可知：

$$\hat{y}-\bar{y}=b(x-\bar{x})$$

因此，离差$(\hat{y}-\bar{y})$只是$(x-\bar{x})$的函数，可以认为是x的变动所引起的，因而$\sum(\hat{y}-\bar{y})^2$就反映了y的总变差中由于x与y的直线回归关系而引起的y的变化部分，通常称为回归变差，以U表示，即$U=\sum(\hat{y}-\bar{y})^2$，其自由度为1。

在总变差的两个影响因素中，减去U，即x的变动对回归直线的影响后，剩余的因素都反映在$\sum(y-\hat{y})^2$之中，所以称它为剩余变差（随机变差），以Q表示，即

$Q=\sum(y-\hat{y})^2$，其自由度为$(n-2)$

我们可以将一元线性回归变差分析进行列表，具体如表6-2所示。

表6-2 一元线性回归变差分析表

变差来源	平方和	自由度	F 值
回归	$U=\sum(\hat{y}-\bar{y})^2$	1	$F=\dfrac{U/1}{Q/(n-2)}$
剩余	$Q=\sum(y-\hat{y})^2$	$n-2$	
总和	$L_{yy}=U+Q$	$n-1$	

在总变差L_{yy}中，回归变差U越大，剩余变差Q就越小，变量间线性相关性越高；回归变差U越小，剩余变差Q就越大，变量间线性相关性越低。所以，U/Q的比值反映了x对y的线性影响的显著性。

2. 回归估计标准误差

（1）回归估计标准误差概念。回归估计标准误差，也可称为回归标准差，实质上是实际观测值y与估计值$\hat{y}$间离差平方的平均值的平方根。这一指标可视为剩余变差平均数的平方根，能够直观地反映出实际观测值y与估计值$\hat{y}$之间的平均偏离程度，为我们提供了评估回归模型预测精度的重要参考。

（2）回归估计标准误差的测定。回归估计标准误差的公式为：

$$SSE=\sqrt{\frac{\sum(y-\hat{y})^2}{n-2}}$$

通常用于一元回归的计算公式是：

$$SSE = \sqrt{\frac{\sum y^2 - a \sum y - b \sum xy}{n-2}}$$

（3）回归估计标准误差的作用。我们可以用拟合函数关系来反映变量之间的相互关系的密切程度：SSE 越大，拟合程度越差；SSE 越小，拟合程度越好。

（六）回归模型的检验

在获取实际问题的经验回归方程 $\hat{y} = a + bx$ 后，我们不能立即将其应用于经济分析或预测。这是因为，要确定该方程是否真实反映了变量 y 与 x 之间的统计规律，还需结合经济理论和统计方法进行深入检验。

1. 经济理论检验

经济理论检验是对模型参数与经济理论之间一致性的一种核实过程，旨在确保模型参数的设定与现有的经济理论相吻合，从而确保模型在经济分析中的准确性和可靠性。在回归模型 $\hat{y} = 989.35 + 0.67x$ 中，y 表示人均消费，x 为人均可支配收入。很显然，人均可支配收入越大，人均消费也应越大，两者之间的关系为正相关关系。

2. 统计检验

统计检验有相关系数检验、t 检验、F 检验等。相关系数检验在上一节中已经介绍过，这里只介绍 t 检验和 F 检验。

（1）t 检验。t 检验是利用统计学中的 t 统计量检验回归系数的显著性。其具体检验步骤为：

a. 提出假设：H_0：$b = 0$（回归系数为零，变量 x 和 y 不存在线性关系）；H_1：$b \neq 0$（变量 x 和 y 存在线性关系）。

b. 建立检验统计量。

计算回归系数 b 的 t 统计量：

$$t_b = \frac{b}{S_b}$$

S_b 代表参数 b 的标准差，

$$S_b = \frac{SSE}{\sqrt{\sum (x - \bar{x})^2}}$$

于是得到

$$t_b = \frac{b \sqrt{(n-2) \sum (x - \bar{x})^2}}{\sqrt{\sum (y - \hat{y})^2}} \sim t_{\frac{\alpha}{2}}(n-2)$$

c. 查 t 分布表，求得显著性水平为 α，自由度为（$n-2$）的概率度 $t_{\frac{\alpha}{2}}$（$n-2$）。

d. 做出判断

将 t_b 与 $t_{\frac{\alpha}{2}}(n-2)$ 比较，可以决定是接受还是否定 H_0 假设。若 $|t_b| > t_{\frac{\alpha}{2}}(n-2)$，则拒绝 H_0，表明回归系数显著不为 0，t 检验通过。这反映出变量 x 和 y 的线性关系假设合理，意味着所选择的自变量能比较有效地解释预测对象的变化。若 $|t_b| < t_{\frac{\alpha}{2}}(n-2)$，则接受 H_0，表明回归系数为 0 的可能性较大，t 检验未通过。这说明变量 x 和 y 的线性关系假设不合理，意味着所选择的自变量无法较好地描述预测对象的变化，应该重新考虑新的自变量。

（2）F 检验。F 检验是利用方差分析所提供的 F 统计量检验回归方程是否真正线性相关的一种方法。

具体检验步骤为：

a. 提出假设：H_0：$b = 0$（回归系数为零，变量 x 和 y 不存在线性关系）；H_1：$b \neq 0$（变量 x 和 y 存在线性关系）。

b. 建立检验统计量：

$$F = \frac{U/1}{Q/n-2} = \frac{\sum (\hat{y} - \bar{y})^2}{\sum (y - \hat{y})^2 / n - 2} \sim F(1, n-2)$$

c. 查 F 分布表，求得 F_α（1，$n-2$）。

d. 做出判断。

若 $F > F_\alpha(1, n-2)$，则拒绝原假设 H_0，这意味着回归方程有效地捕捉了变量 x 和 y 之间的线性关系，回归效果显著，F 检验成功通过，从而证明该预测模型在整体上具备适用性。

若 $F \leq F_\alpha(1, n-2)$，则接受原假设 H_0，这表明回归方程未能很好地反映变量 x 和 y 之间的线性关系，回归效果不显著，F 检验未能通过，因此该预测模型并不适用。

第七章　预测分析方法

一、预测分析方法概述

无论是个人日常生活的琐事，还是国家重大民生议题，都必须依靠科学的预见和周密的计划来取得预期的成果。古代经典著作《孙子兵法》中所蕴含的智慧，实质上就是对未来局势的精准预测。其中"死生之地，存亡之道，不可不察"一语，便是对局势的预见和洞察。这部经典著作流传至今，深受世界各地的军事战略家和企业家推崇，其主要原因之一在于它提供的各种预测方法，能够有效地指导人们进行正确的决策。诸葛亮之所以敢于运用"空城计"，正是基于他对司马懿军事行为特点的深入分析和准确预测；而他敢于"借东风"，则是建立在对气候变化的精准预测之上。人类对未来的预测思维早在社会实践中就有了雏形，然而，预测科学和技术的兴起却是 20 世纪的产物。20 世纪初，资本主义经济危机的不断加深促使垄断资本迫切需要了解经济的未来发展趋势，以便做出合适的生产经营决策。随着调查技术的进步和分析方法的不断优化，各种预测方法应运而生。各国建立了众多的预测咨询机构，致力于发展高深的预测新技术，定期公布经济活动的主要预测结果，作为政策制定和执行的重要依据。从 20 世纪 40 年代开始的预测科学研究到今天，预测科学已经从简单的单项预测逐步发展到对活动规律进行深入研究的科学领域，并形成了百余种以上的科学预测方法。在现代社会的各个领域中，预测已经成为推动各个领域发展的重要手段和活动之一。

（一）预测的基本原则

在实际中进行预测时，研究者常需借助下述几条基本原则：

1. 延续原则（连贯性原则）

延续原则，即连贯性原则，强调预测对象在时间上的连续性和结构上的稳定性。这意味着预测对象在长时间内会保持数量特征的相对稳定，同时其系统结构不随时间发生显著变化。因此，模型中变量间的关系遵循历史资料分析的规律。

2. 类推原则

类推原则，是指研究者通过比较预测对象与其他事物的变化过程，发现它们虽然在时间顺序上存在差异，但在表现形态上却颇为相似。据此，我们可以借鉴先前发展事物的演变历程，对预测对象的未来趋势进行推断或类比，从而实现对其发展前景的预测。

3. 相关原则

经济变量间常显露出一定的相关性，即它们之间存在因果联系。通过深入研究这些变量间的因果链，我们能基于它们的实际统计数据构建数学模型进行预测。以回归分析模型为例，它正是基于这种相关性原则，通过剖析变量间的关联，实现对未来趋势的精准预测。

4. 统计规律性原则

统计规律性原则揭示了预测对象未来变化的随机性和不确定性，这源于众多未知因素的交织影响。因此，我们需依赖数据的观察与分析，挖掘其中的统计规律，并以概率的形式对未来变化进行预测。

5. 反馈原则

预测值与实际观测值往往存在偏差，即预测误差。此误差的大小和方向揭示了数学模型与实际情况的契合度。因此，预测人员需及时利用反馈的误差信息来调整模型或参数，以降低未来预测的误差。

（二）预测的分类和步骤

1. 预测的分类

（1）按照预测方法的不同分类，可分为定性预测法、时间序列预测法和因果预测法。

定性预测法通过描述研究对象的特性来预测未来趋势，其结果并非基于历史数据计算，而是依赖于人的智慧、直观材料和主观判断。其中，德尔斐法尤为常见。时间序列预测法则根据历史数据揭示的现象发展过程和规律，引申外推以预测未来趋势，主要方法包括移动平均、指数平滑和趋势外推等。因果预测法则是根据事物间的因果关系进行预测，找出主要因素并建立数学模型，通过自变量变化预测因变量变化，其分析方法主要有线性回归和投入产出分析等。它们构成了预测分析的基础。这三类预测方法的总结归纳如表 7-1 所示。

表 7-1　预测方法分类

定性预测法	头脑风暴法 德尔斐法 关联树法 类推法 ……	未来预测 科学技术预测 新产品开发预测
时间序列预测法	移动平均法 指数平滑法 周期变动分析法 马氏概率分析法 ……	长、中、短期需求预测 科学技术预测 其他各种预测
因果预测法	回归分析法 投入产出法 前导指标法	中、短期需求预测 模型预测 其他各种预测

（2）根据预测的时间范围，可以将预测分为长期预测、中期预测和短期预测。预测目的各异，所需预测期限也有所不同。长期预测常跨越 10 年至 15 年，中期为 5 年至 10 年，短期则限于 1 年至 5 年甚至更短。时间跨度的增加，意味着不确定性因素的累积，故长期预测精度常受限。短期预测则相对精准，中期则居其间。选择适当的预测期限，对确保预测准确性至关重要，这需要根据预测对象与需求来确定。

2. 预测的步骤

（1）确定预测目标。

（2）收集与分析数据资料。

（3）选择预测方法，建立数学模型。

（4）估计预测误差。

（5）提出预测报告和策略性建议，追踪检查预测结果。

二、定性预测方法

（一）定性预测方法概述

定性预测基于预测者的经验判断，结合实际情况、实践经验和专业水平，对经济发展进行性质、方向和程度的判断。其特点在于数据需求少，能考虑无法量化的因素，简便易行。

定性预测法以专家为核心，依赖其处理预测所需的事实、知识和信息，而非仅依赖数学模型。专家运用其思维优势进行最佳预测，并可在定性分析基础上进行数量估计，展现出其灵活性和不可或缺性。在此，我们仅介绍一种常用的定性预测方法——德尔斐法。

德尔斐法是"二战"后发展起来的一种定性预测方法，是由兰德公司创造的杰作。如今，它已经成为全球使用率最高的120多种预测方法之一。德尔斐法又称为专家小组法或专家意见征询法，其过程包括由调查组织者设计一系列简洁明了的调查表，按照规定的程序以匿名方式征求专家意见，经过数轮反复的分析和判断，逐步进行趋势的收敛和量化，最终由主持者进行综合分析，确定趋势分析和预测值。

近60年间，德尔斐法已广泛应用于预测领域。众多决策咨询专家和决策者视其为关键的规划决策工具。斯坦纳在其著作《高层次管理决策》中，盛赞德尔斐法为最值得信赖的技术预测手段。麦克黑尔在对美国未来研究进行分类考察时，发现德尔斐法的应用广泛性仅次于脚本法。据《未来》杂志报道，从20世纪40年代至70年代，德尔斐法在预测方法中的占比从20.8%增至24.2%。其广泛应用证明了德尔斐法在技术和社会预测领域的巨大价值。

（二）德尔斐法的特点、原则和参加人员

1. 德尔斐法的特点

（1）匿名性：德尔斐法要求向每位参与者分发意见咨询表，确保反馈匿名，

调查全程不透露参与者姓名和数量，以此保障评价仅基于意见本身，避免受个人声誉、地位等外部因素的干扰。

（2）反馈沟通性：德尔斐法是一个渐进的过程，需多轮询问。每轮均将收集的意见汇总处理，并反馈给成员，通过持续的信息反馈，逐步引导成员意见达成共识。

（3）定量处理：这是德尔斐法的重要特点。为了对预测结果进行定量评估，德尔斐法对群体的回答进行统计处理，以概率的形式反映群体成员意见的集中程度和一致性程度，并将其反馈给群体成员，使他们对预测结果有明确的定量认识。

2. 德尔斐法原则

德尔斐法是一种技术性很强的预测方法，通常必须遵循以下原则：

（1）选择有关事先同意的专家参与策划，确保他们在相关领域具有专业知识和经验。

（2）向专家详细说明德尔斐法的程序，并确保参与的专家之间不能就策划问题进行接触，以保证他们能够独立地提出意见。

（3）设计简明扼要的调查表，确保所提问题清晰明了，避免模棱两可的表述，以便专家能够明确回答。

（4）每位专家至少有一次修改自己主观意见的机会，以确保他们能够充分反映个人观点，并在必要时进行调整。

（5）保证反馈意见的客观性，避免将主持者的意见强加给专家，确保反馈信息真实准确，不受主观偏见的影响。

3. 德尔斐法参加人员

参与德尔斐法的人员可以分为三部分：

首先是策划委托人，他们提出问题，并要求进行德尔斐法分析以及使用分析结果。他们对预测的结果承担着最终的决策责任。

其次是专业人员，他们负责德尔斐法的具体实施，包括设计调查表、收集意见并整理数据等技术问题。他们在德尔斐法实施过程中起着组织者的作用，确保整个过程顺利进行。

最后是应答者，他们是被征求意见的对象，也是参与决策的群体成员，通常是各个领域的专家。他们通过提供自己的意见和观点，为最终的预测结果提供重要的参考依据。

（三）德尔斐法的实施步骤

德尔斐法的具体实施可以分为四轮九步：

第一轮：①提出问题：确定策划的中心问题。②选择和确定群体成员。③设计首个调查表，分发给群体成员。调查表中仅列出策划核心问题和目标，成员需提出各种潜在方案。④组织者回收首个调查表，进行详尽分析与整理，筛选、分类、归纳并合并方案，形成详尽的方案一览表。

第二轮：①设计第二轮调查表，分发给群体成员。本轮调查基于首轮结果整理出的方案一览表进行，要求成员补充或完善意见，并对方案进行评估与排序。②收集第二个调查表，进行统计分析，并制定第三个调查表。此表应包括统计结果和成员间的不同意见及其理由。

第三轮：①发放第三个调查表给群体成员，要求审阅统计结果，了解意见分歧和理由，并对方案进行新的评估。同时，允许成员进行匿名辩论。②收集第三个调查表，处理意见和新方案，对辩论进行小结。

第四轮：进行第四轮咨询，重复第三轮的操作流程，待第四轮咨询结束后，汇总并整理第四个调查表的结果。一般而言，此时专家的意见已趋于一致，预测组织者可根据此结果得出最终结论。

（四）运用德尔斐法的注意事项

要成功实施德尔斐法并避免常见错误，需要注意以下几点：

（1）在组建专家团队时，需广泛吸纳各类专家，并根据预测结果的保密要求，判断是否有必要聘请外部专家参与。同时，要确保专家团队具备多样性和专业性，以提升预测的精准度和可信度。

（2）德尔斐法的成功离不开专家的全心投入。因此，在启动之前，必须确保专家对参与任务有充分的理解和承诺，并详细阐释研究的目的、程序、时间安排、具体要求及激励机制，以确保他们能积极参与并贡献智慧。

（3）问题的提出必须清晰明确，避免产生多义性，确保每个问题只有一个解释。问题不宜过于简单或繁复，而应构成一个整体，数量适中，每轮答题时间最好不超过2小时。

（4）问卷形式必须易于填写、阅读和理解。问题应设计成选择式或填空式，确保专家能够轻松回答。同时，为希望提供评论的专家留出足够的空白，并准备好回件的信封和邮票等相关材料。

（5）在任何情况下，组织者都应保持中立，避免表露个人观点。成员间应保持匿名，以确保对观点和概念的公正评价，不受其他成员身份的影响。

（6）为确保问卷处理的效率，需配备足够的工作人员。单一讨论会时，一名员工及一名秘书或可满足需求；但若讨论会较多，则需增加人手，以保障问卷的妥善处理及数据的迅速整理。

（五）德尔斐法的评价和发展

1. 德尔斐法的评价

德尔斐法具有集体性、匿名性、客观性和统计分析性等优点。首先，通过集思广益，德尔斐法能够汇聚多个专家的意见，提高了决策的全面性和准确性。其次，匿名性保障了专家能够自由表达意见，避免了个人因素对结果的影响，增强了预测的客观性。最后，德尔斐法采用统计分析方法对专家意见进行量化和整合，提高了预测的科学性和可信度。

然而，德尔斐法也存在一些缺点。首先，其直观性较强，受到专家个人观念、知识和经验的影响较大，可能会导致结果偏向某些特定方向。其次，由于讨论结果并非通过会上激烈的辩论获得，因此可能存在论证不充分的情况，容易排除掉少数人的正确意见，影响了预测的全面性和准确性。因此，在应用德尔斐法时，需结合实际情况审慎考虑其结果，避免被个别主观因素所影响。

2. 德尔斐法的发展

德尔斐法在发展过程中积累了一些主要特点：

（1）取消第一轮咨询：为了减轻应答群体的负担并缩短预测周期，发展了的德尔斐法取消了第一轮咨询，组织者根据已有信息直接拟订若干方案，以加快预测的进程。

（2）提供背景材料和数据信息：为了节省成员查找资料和计算数据的时间，德尔斐法提供了更多的背景材料和数据信息。这有助于群体成员在较短的时间内做出正确的判断和预测。

（3）部分取消匿名和反馈：尽管匿名性和反馈是德尔斐法的核心特点，但在特定情境下，适度削弱匿名性和反馈机制有助于加速进程。此外，随着计算机技术的不断进步，利用计算机终端装置进行信息传递和结果整理，能有效缩短应答周期，进而提升德尔斐法的实施效率。

总体来说，德尔斐法建立在专家的主观判断之上，特别适用于缺乏客观材料和数据的情况下进行策划。它是系统分析方法在意见和价值判断领域的一种有益延伸，突破了传统的数量分析限制，为更科学地策划提供了新的途径。通过对未来发展中各种可能性的概率估计，德尔斐法为策划者提供了多种方案选择的可能性。

三、时间序列分析法

时间序列分析法是一种常用的预测方法，其中移动平均法和指数平滑法是最为广泛采用的技术手段。移动平均法实质上是一种非统计性数学模型，其核心原理在于历史数据的影响程度与时间的接近程度成正比，越近期的数据对未来的预测影响越大，而越远期的数据则影响越小。该方法不断利用预测误差来调整新的预测值，以此实现对时间序列的预测。移动平均法假设时间序列具有一定的模式，同时考虑了观测值的基本模式和随机变动。

另一种常用的方法是指数平滑法，其主要目标是通过修正历史数据来获得时间序列的平滑值，并将其作为未来时期的预测值。指数平滑法包括单指数平滑法、线性指数平滑法、二次曲线指数平滑法、维特季节性指数平滑法等多种变体。这些方法在应对不同类型的时间序列数据时展现出灵活性和适用性，能够有效地进行趋势分析和预测。采用时间序列分析法，可以更准确地理解数据背后的模式和规律，从而为未来的决策和规划提供重要参考。

（一）移动平均法

假设时间序列中有 n 个观测值 x_1，x_2，$\cdots$，x_n，人们常常用算术平均值 $\bar{x}$ 代表这一总体水平，但算术平均值不能反映发展过程和趋势，预测结果不理想，而采用移动平均法来预测却是一种可行的方法。移动平均法是一种连续更新的预测方法，其核心思想是每当获得最新的数据时，及时地将其纳入计算范围，并且移除最古老的数据，以保持所考虑的时间段数量不变。采用这种方法，可以计算出一系列连续的平均值，并将最新的平均值作为下一个时期的预测值。

假设当前时期为 t，已知时间序列观测值为 x_1，$\cdots$，x_t，假设按连续 n 个时期的观测值计算一个平均数，作为下一个时期即（$t+1$）时期的预测值 F_{t+1}，称此方法为 MA_n，那么预测值

$$F_{t+1} = \frac{1}{n} \sum_{i=t-n+1}^{t} x_i$$

当 $n=1$ 时，表示直接用本期观测值 x_t 作为下一期预测值 F_{t+1}，因为

$$F_t = \frac{1}{n} \sum_{i=t-n}^{t-1} x_i \qquad (7-1)$$

所以

$$F_{t+1} = \frac{1}{n} \Big(\sum_{i=t-n}^{t-1} x_i + x_t - x_{t-n} \Big) = F_t + \frac{x_t - x_{t-n}}{n}$$

这样可利用 F_t 计算出 F_{t+1}。

移动平均法计算简便，但存储历史数据量大，且 n 值选择困难。n 值偏大，模型变化反应迟钝；n 值偏小，则抗干扰能力减弱，修匀效果下降。一般需要选定若干 n，进行计算，从中选择一个效果最好的 n。该方法的另一个缺陷是它只能用于平稳时间序列，因而只能用于短期预测。因为在短期情况下，一般时间序列具有平稳特性，因而用此法做出的预测结果，其准确性不会受到很大影响。

（二）单指数平滑法

指数平滑法是在移动平均法的基础上发展而来的一种预测方法。相比于移动平均法，指数平滑法的优点在于不需要保留大量的历史数据。它仅仅需要最近一期的实际观测值 x_t 以及上一期对当前期的预测值 F_t，即可进行预测。

由式（7-1）得到移动平均法公式：

$$F_{t+1} = F_t + \frac{x_t}{n} - \frac{x_{t-n}}{n}$$

假设时间序列是平稳的，那么可用 F_t 代替 x_{t-n}，代入上式得

$$F_{t+1} = \left(\frac{1}{n} \right) x_t + \left(1 - \frac{1}{n} \right) F_t$$

用 α 来代替 $\dfrac{1}{n}$，那么 $0 \leqslant \alpha \leqslant 1$，上式变为

$$F_{t+1} = \alpha x_t + (1-\alpha) F_t \qquad (7-2)$$

这就是单指数平滑法的一般表达式，其中 α 称为平滑常数。只需保持本期观测值 x_t 和上期对本期的预测值 F_t，就可以对下一期进行预测，当然同时还要保持平滑常数 α 的数值。单指数平滑法也称一次指数平滑法。

对式（7-2）进行递推得到

$$\begin{aligned}
F_{t+1} &= \alpha x_t + (1-\alpha) F_t \\
&= \alpha x_t + (1-\alpha) \left[\alpha x_{t-1} + (1-\alpha) F_{t-1} \right] \\
&= \alpha x_t + \alpha (1-\alpha) x_{t-1} + (1-\alpha)^2 F_{t-1} \\
&= \cdots\cdots \\
&= \alpha x_t + \alpha (1-\alpha) x_{t-1} + \alpha (1-\alpha)^2 x_{t-2} + \cdots + \alpha (1-\alpha)^n x_{t-n} + (1-\alpha)^{n+1} F_{t-n}
\end{aligned}$$

当 n 很大时，$(1-\alpha)^n F_{t-n}$ 接近于零，那么

$$F_{t+1} \approx \alpha x_t + \alpha (1-\alpha) x_{t-1} + \cdots + \alpha (1-\alpha)^n x_{t-n} = \alpha \sum_{k=0}^{n} (1-\alpha)^k x_{t-k} \quad (7-3)$$

由式（7-3）可知，在 F_{t-1} 中，x_t 的权重为 α，x_{t-1} 的权重为 $\alpha(1-\alpha)$，$\cdots$，x_{t-n} 的权重为 $\alpha(1-\alpha)^n$，这些权重随着指数的增加而减少，逐渐趋于零，这就是"指数平滑"的含义，其结果是越接近 $(t+1)$ 期的观测值，对 F_{t-1} 影响越大。由此可以证明当 $n \to \infty$ 时，

$$\sum_{n=1}^{\infty} \alpha (1-\alpha)^{n-1} = 1$$

从式（7-3）可知当 $\alpha=0$ 时，表示所有过去的观测值权重均为零，即本期预测值即为下一时期的预测值。当 $\alpha=1$ 时，x_t 就是对下一期的预测值 F_{t+1}。当 α 取值比较大时，预测值 F_{t+1} 能够比较快速地反映出时间序列的实际变化状态，即对变化反应比较敏感；当 α 取值比较小时，预测值 F_{t+1} 对时间序列变化的反应比较慢，但比较平滑。一般来说，单指数平滑法适用于平稳时间序列，因此使用前应先用自相关分析法对该序列进行识别。平滑常数的确定应使预测误差尽量小，即应使

$$Q = \sum_{t=1}^{n} e_t^2 = \sum_{t=1}^{N} (x_t - F_t)^2 = \min$$

一次指数平滑方法一般对时间序列的变化反应缓慢，在预测过程中有可能产

生系统偏差。这意味着时间序列发生了变化，为此我们应当引进所谓"追踪信号"反映预测过程的系统偏差，并且使预测模型能够自动地响应这种变化，对预测重新加以调整。调整的办法是重新修正平滑常数 α，将 α 取为平滑参数 α_t，它将随着每一时期的实际观测值的变化而自动修正，并有

$$F_{t+1} = \alpha_t x_t + (1-\alpha_t) F_t$$

α_t 自动调整分以下五步进行：

1. 计算 t 时期的预测平滑误差 E_t

$$E_t = \beta e_t + (1-\beta) E_{t-1}$$

其中，$e_t = x_t - F_t$ 是 t 时期的预测误差，β 是第二平滑常数，一般取 0.1 或 0.2。

2. 计算 t 时期预测的绝对平滑误差

$$M_t = \beta |e_t| + (1-\beta) M_{t-1}$$

3. 计算追踪信号 T

$$T_t = \frac{E_t}{M_t}$$

并有 $-1 \leqslant T_t \leqslant 1$。

当 $\beta = 0.1$ 时，$|T_t| > 0.51$；当 $\beta = 0.2$ 时，$|T_t| > 0.74$。

此时，我们有95%的置信程度认为预测存在系统偏差。

4. 计算 t 时期的平滑参数

$$\alpha_t = |T_t|$$

当 E_t 较大、$|T_t|$ 也比较大时，则 α_t 也较大。这意味着应增大近期观测值 x_t 的权重，以适应时间序列的变化；当平滑误差 E_t 比较小时，$|T_t|$ 和平滑参数也比较小。

5. 对 $(t+1)$ 时期进行预测

$$F_{t+1} = \alpha_t x_t + (1-\alpha_t) F_t$$

应用此模型时，首先要计算初始值，必须已知前两个时期的观测值，当已知 x_1 和 x_2 时，可假设

$$F_2 = x_1, \quad E_1 = 0, \quad \beta = 0.2, \quad M_1 = 0$$

那么 $e_2 = x_2 - F_2 = x_2 - x_1$；

$$E_2 = \beta e_2 + (1-\beta) E_1 = \beta e_2 = 0.2 e_2$$

$$M_2 = \beta |e_2| + (1-\beta) M_1 = \beta |e_2| = 0.2 |e_2|$$

$$T_2 = E_2 / M_2 = (0.2e_2) / 0.2 |e_2| = e_2 / |e_2|$$

由此得到 $\alpha_2 = |T_2| = 1$，然后就可以往下计算 α_3，α_4，…。

（三）线性指数平滑法

当时间序列呈现持续增长或下降趋势时，使用单一指数平滑法进行预测可能不够准确。这种情况下，时间序列通常被认为是非平稳的过程。线性指数平滑法则是针对这类非平稳时间序列的一种有效预测方法。在使用这种方法进行预测时，它会考虑到每一期的增量，并不断对趋势进行调整。这样的预测可以分解为两部分：一部分是当前的水平状态；另一部分是增量。此外，线性指数平滑法对一次指数平滑值进行了再次平滑，因此也被称为线性（二次）指数平滑法。这种方法能够更好地适应时间序列的变化趋势，提高预测的准确性。其计算按下面五个步骤进行：

1. 计算 t 时期的单指数平滑值 $S_t^{(1)}$

$$S_t^{(1)} = \alpha x_t + (1-\alpha) S_{t-1}^{(1)}$$

2. 计算 t 时期的二次指数平滑值 $S_t^{(2)}$

$$S_t^{(2)} = \alpha S_t^{(1)} + (1-\alpha) S_{t-1}^{(2)}$$

3. 计算 t 时期的水平值

$$A_t = S_t^{(1)} + (S_t^{(1)} - S_t^{(2)}) = 2S_t^{(1)} - S_t^{(2)}$$

4. 计算 t 时期的增量 B

$$B_t = \frac{\alpha}{1-\alpha} (S_t^{(1)} - S_t^{(2)})$$

5. 预测 $(t+m)$ 时期的数值 F_{t+m}

$$F_{t+m} = A_t + mB_t$$

$$= 2S_t^{(1)} - S_t^{(2)} + \frac{\alpha}{1-\alpha} (S_t^{(1)} - S_t^{(2)}) m$$

（四）二次曲线指数平滑法

尽管某些时间序列呈现出增长或减少的趋势，但这种趋势并不总是线性的，有时会以二次曲线的形式变化。对于此类非线性时间序列，采用二次曲线指数平滑法可能效果更佳，相较于线性指数平滑法。此法不仅考虑了线性增长因素，还纳入了二次抛物线增长因素，通过综合这两种因素，能够更准确地把握时间序列的变化趋势，从而提升预测的准确性和可靠性。其计算过程有以下七步：

1. 计算 t 时期的一次平滑值

$$S_t^{(1)} = \alpha x_t + (1-\alpha) S_{t-1}^{(1)}$$

2. 计算 t 时期的二次平滑值

$$S_t^{(2)} = \alpha S_t^{(1)} + (1-\alpha) S_{t-1}^{(2)}$$

3. 计算 t 时期的三次平滑值

$$S_t^{(3)} = \alpha S_t^{(2)} + (1-\alpha) S_{t-1}^{(3)}$$

4. 计算 t 时期的水平值

$$A_t = 3S_t^{(1)} - 3S_t^{(2)} + S_t^{(3)}$$

5. 计算 t 时期的线性增量

$$B_t = \frac{\alpha}{2(1-\alpha)^2} \left[(6-5\alpha) S_t^{(1)} - (10-8\alpha) S_t^{(2)} + (4-3\alpha) S_t^{(3)} \right]$$

6. 计算 t 时期的抛物线增量

$$C_t = \frac{\alpha^2}{2(1-\alpha)^2} \left(S_t^{(1)} - 2S_t^{(2)} + S_t^{(3)} \right)$$

7. 预测 m 时期后的数值 F_{t+m} （m 是正整数）

$$F_{t+m} = A_t + B_t m + \frac{C_t m^2}{2}$$

即

$$F_{t+m} = \left[6(1-\alpha)^2 + (6-5\alpha)\alpha m + \alpha^2 m^2 \right] \frac{S_t^{(1)}}{2(1-\alpha)^2} -$$

$$\left[6(1-\alpha)^2 + 2(5-4\alpha)\alpha m + 2\alpha^2 m^2 \right] \frac{S_t^{(2)}}{2(1-\alpha)^2} -$$

$$\left[2(1-\alpha)^2 + (4-3\alpha)\alpha m + \alpha^2 m^2 \right] \frac{S_t^{(3)}}{2(1-\alpha)^2}$$

二次曲线指数平滑法对非平稳时间序列的预测相当有效，但算法略为复杂，实际应用时可根据情况选择线性指数平滑法或者二次曲线指数平滑法。

（五）维特季节性指数平滑法

许多时间序列的变化与季节因素有关而呈现周期性的变化规律，对于这种时间序列，利用前面提到的一次指数平滑法、线性指数平滑法或二次曲线指数平滑法预测数据基本上无效。这就需要采用季节指数平滑法，即维特（Winter）季节性指数平滑法。

假设时间序列的周期长度为 l，已知其前两个季度的时间序列观测值 x_1，x_2，…，x_{2l}，该法可按照下述步骤进行：

1. 计算前两个周期的每期平均数 V_1 和 V_2

$$V_1 = \frac{1}{l} \sum_{i=1}^{l} x_i$$

$$V_2 = \frac{1}{l} \sum_{i=l+1}^{2l} x_i$$

2. 计算前两个周期内平均每个时期的增量 B

$$B = \frac{1}{l}(V_2 - V_1)$$

3. 计算初始平滑值 S

$$S = V_2 + \frac{l-1}{2} B$$

4. 计算前两个周期内每一个时期的季节因子

$$C_t^{(1)} = \frac{x_t}{V_1 - \left(\frac{l+1}{2} - m\right) B} \quad t = 1, \dots, l$$

$$C_t^{(1)} = \frac{x_t}{V_2 - \left(\frac{l+1}{2} - m\right) B} \quad t = l+1, \dots, 2l$$

其中，$t = 1, \dots, l$ 时，$m = 1, \dots, l$；$t = l+1, \dots, 2l$ 时，$m = 1, \dots, l$。这样一共算出 $2l$ 个 $C_t^{(1)}$。

5. 计算前两个周期中平均每个时期的季节因子

$$C_t^{(2)} = \frac{1}{2}(C_{t-l}^{(1)} - C_t^{(1)}) \quad t = l+1, \dots, 2l$$

6. 将季节因子标准化，使 l 个平均季节因子之和为 l'，计算

$$l' = C_{l+1}^{(2)} + C_{l+2}^{(2)} + \cdots + C_{l+l}^{(2)} = \sum_{t=l+1}^{2l} C_t^{(2)}$$

计算标准化后的季节因子 C_t

$$C_t = \frac{l}{l'} C_t^{(2)} \quad t = l+1, \cdots, 2l$$

7. 对第三个周期内每一时期做初步预测

$$F_{t+m} = (S_t + mB) C_{t-l+m}$$

其中，$t = 2l$，m 可取 1，2，$\cdots$，这表示预测 $(2l+1)$，$\cdots$，$(3l)$ 时期的值。

当第三个周期的第一个时期的预测 x_{2l+1} 得到时，记 $x_t = x_{2l+1} (t = 2l+1)$，确定一组平滑常数 α，β，γ 来修正指数平滑值和趋势及季节因子，修正公式为

$$S_t = \alpha \frac{x_t}{C_{t-l}} + (1-\alpha)(S+B)$$

$$B_t = \gamma(S_t - S) + (1-\gamma)B$$

$$C_t = \beta \frac{x_t}{S_t} + (1-\beta)C_{t-l}$$

这样可以重新预测第三个周期内其余 $(l-1)$ 个时期的值

$$F_{t+m} = (S_t + mB_t) C_{t-l+m} \quad m = 1, 2, \cdots, l-1$$

对第三个周期以后 $t = kl+1$，$\cdots$，$(k+1)l$，$k \geq 3$ 可以用以下公式计算指数平滑值、趋势和季节因子：

$$S_t = \alpha \frac{x_t}{C_{t-l}} + (1-\alpha)(S_{t-1} + B_{t-1})$$

$$B_t = \gamma(S_t - S_{t-1}) + (1-\gamma)B_{t-1}$$

$$C_t = \beta \frac{x_t}{S_t} + (1-\beta)C_{t-l}$$

对 $(t+m)$ 时期的预测值为

$$F_{t+m} = (S_t + mB_t) C_{t-l+m} \quad m = 1, 2, \cdots, l$$

在上述计算中需要确定平滑值参数 α，β，γ，一般都用试算方法求得，能使误差平方和最小的一组参数就是最佳参数。

四、回归预测

（一）一元线性回归分析

假设随机变量 y 与 x 之间存在着某种相关关系，对一组不全相同的值 x_1，x_2，…，x_n 得到 n 对观测值 (x_1, y_1)，…，(x_n, y_n)，这是一组样本，我们要根据样本观测值，估计随机变量 y 的数学期望 $\mu(x)$，然后在此基础上进行外推和预测，这就是 y 对 x 的回归问题。

1. 直线回归模型

［例7-1］表7-2列出了某公司的广告费用 (x) 及相应的销售额 (y) 的10个观测数据，下面讨论两者之间的关系。回归线图形，具体如图7-1所示。

表7-2　某公司广告费用和销售额的观测数据

观测数据	广告费用（x_i）（百万元）	销售额（y_i）（百万元）	$x_i y_i$	x_i^2	y_i^2
1	1.1	7	7.7	1.21	49
2	1.4	8	11.2	1.96	64
3	1.4	10	14.0	1.96	100
4	2.0	10	20.0	4.00	100
5	0.9	7	6.3	0.81	49
6	1.6	10	16.0	2.56	100
7	2.0	11	22.0	4.00	121
8	1.7	11	18.7	2.89	121
9	1.2	9	10.8	1.44	81
10	0.8	6	4.8	0.64	36

本书先将这些观测值 (x_i, y_i) 描述在直角坐标系中，得出了散点图7-1，根据散点的分布可以粗略看出采取什么形式的函数来估计随机变量的数学期望 $\mu(x)$ 较好，在这里不难看出采用线性函数 $y = a + bx$ 是适宜的，这一方法称为一元线性回归。

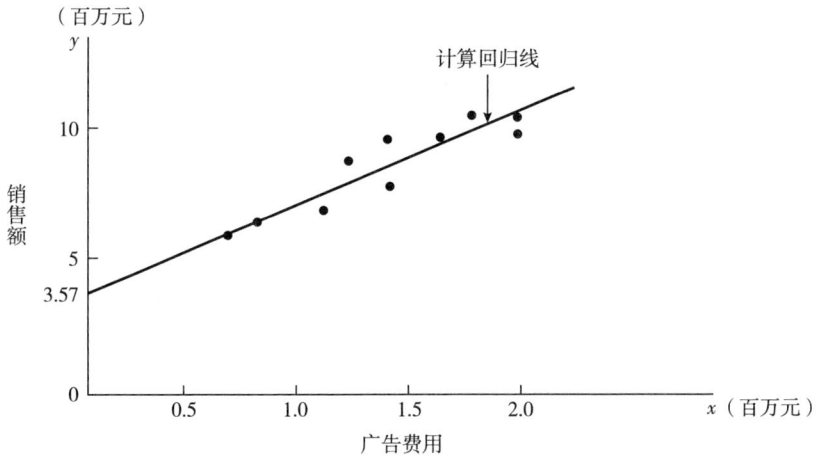

图 7-1　回归线图形

假设这条直线为

$$\hat{y} = a + bx$$

其中，a 和 b 是两个待定参数，那么每一个观测点距离这条直线的误差为

$$e_i = y_i - \hat{y}_i = y_i - (a + bx_i)$$

令 $Q = \sum\limits_{i=1}^{n} e_i^2 = (y_i - a - bx_1)^2$，现在需要确定系数 a，b。按照最小二乘法原则，a、b 的确定应使误差平方和 Q 达到最小，即

$$\min_{a, b} \sum_{i=1}^{n} (y_i - a - bx_i)^2$$

把 a、b 看成变量，分别对 a、b 求偏导数并令其等于零，即

$$\begin{cases} \dfrac{\partial Q}{\partial a} = 0 \\[2mm] \dfrac{\partial Q}{\partial b} = 0 \end{cases}$$

得出

$$\begin{cases} -2\sum\limits_{i=1}^{n} (y_i - a - bx_i) = 0 \\[2mm] -2\sum\limits_{i=1}^{n} (y_i - a - bx_i)x_i = 0 \end{cases} \tag{7-4}$$

得到方程

$$\begin{cases} na + b\sum_{i=1}^{n} x_i = \sum_{i=1}^{n} y_i \\ a\sum_{i=1}^{n} x_i + b\sum_{i=1}^{n} x_i^2 = \sum_{i=1}^{n} x_i y_i \end{cases}$$

式（7-4）称为正规方程组，解此方程得到

$$\begin{cases} a = \dfrac{1}{n}\sum_{i=1}^{n} y_i - \dfrac{b}{n}\sum_{i=1}^{n} x_i = \overline{y} - b\overline{x} \\ b = \dfrac{n\sum_{i=1}^{n} x_i y_i - \sum_{i=1}^{n} x_i \sum_{i=1}^{n} y_i}{n\sum_{i=1}^{n} x_i^2 - \left(\sum_{i=1}^{n} x_i\right)^2} \end{cases}$$

其中，$\overline{x} = \dfrac{1}{n}\sum_{i=1}^{n} x_i$，$\overline{y} = \dfrac{1}{n}\sum_{i=1}^{n} y_i$，$n$ 为观测总次数。

将表 7-2 中的 10 组数据代入，得到 $a = 3.57$，$b = 3.78$，因此

$$\hat{y} = 3.57 + 3.78x$$

图 7-1 中的直线就可用此方程表示。

2. 相关系数

从上面的计算过程可以看出，给出任何 n 对数据 (x_i, y_i)，$i = 1, 2, \cdots,$ n，都可计算出回归系数 a，b，从而配出一条直线。我们自然要问，配出的直线是否能与数据很好地吻合，即在什么情况下回归直线才是有意义的。我们用一个数量指标数来描述两变量线性关系的密切程度，这个指标就是相关系数 r，r 的计算公式为

$$r = \frac{\sum_{i=1}^{n} x_i y_i - n\overline{xy}}{\sqrt{\sum_{i=1}^{n} x_i^2 - n\overline{x}^2} - \sqrt{\sum_{i=1}^{n} y_i^2 - n\overline{y}^2}} \qquad -1 \leqslant r \leqslant 1$$

可以得到以下结论：

（1）当 $r = 0$ 时，必有 $b = 0$，这意味着 y 的变化与 x 没有直接关联，即 x 与 y 之间不存在线性关系。因此，点 (x_i, y_i) 的散布是不规则的。

（2）当 $r^2 = 1$ 时，$Q = 0$，故所有点 (x_i, y_i) 均在回归线上，这种情况下称 x，y 是完全相关的，$r = 1$ 时为完全正相关，$r = -1$ 时为完全负相关。

（3）当 $0 < |r| < 1$ 时，$|r|$ 的大小刻画了 x，y 的线性关系的密切程度，

$|r|$ 越大，x，y 的线性关系越密切。研究者常常以 r 的大小确定回归方程是否有效。

一般来说，在置信度为 95% 的情况下，当 $n = 10$ 时，$r > 0.602$ 时才有意义；$n = 20$ 时，$r > 0.444$，$n = 52$ 时，$r > 0.273$ 回归方程才有意义。

例 7-1 中 $r = 0.887$，故 x，y 是有明显线性关系的。

3. 回归方程的显著性检验

在得到回归系数 a 和 b 后，为确保准确性，需进一步检验其显著性。这需借助数理统计方法，在特定置信水平下，判断 a 和 b 是否显著不同于零。这里仅给出计算过程，具体推导过程可参阅相关计量经济学书籍。

我们先引进几个统计量：

（1）回归标准误差估计 $\sigma_u = \sqrt{\dfrac{\sum\limits_{i=1}^{n}(y_i - \hat{y}_i)^2}{n-2}} = \sqrt{\dfrac{\sum\limits_{i=1}^{n}e_i^2}{n-2}}$。

（2）回归系数 a 的标准误差 $\sigma_a = \dfrac{\sigma_u}{\sqrt{n}}$。

（3）回归系数 b 的标准误差 $\sigma_b\ \dfrac{\sigma_u}{\sqrt{\sum\limits_{i=1}^{n}(x_i - \bar{x})^2}}$。

有了这两个标准误差，我们就可以用检验方法判别回归系数 a，b 的显著性，计算

$$t_a = \frac{a}{\sigma_a}, \quad t_b = \frac{b}{\sigma_b}$$

查 t 分布表，当自由度 $df = n-2$ 时所对应的 t 数值，置信度取 95%，当查得 $t < t_a$ 且 $t < t_b$ 时，则以 95% 的置信度认为 a，b 均与零有显著性差异；否则与零无显著性差异。

例 7-1 中求得

$\sigma_u = 0.878$，$\sigma_a = 0.2276$，$\sigma_b = 1.259$。

$t_a = 12.86$，$t_b = 5.42$，$n = 8$ 时，查表得

$t = 2.306$，$t_a > 2.306$，$t_b > 2.306$

故认为回归方程

$\hat{y} = 3.57 + 3.78x$

具有显著性。

4. 预测区间

设 $x = x_0$，此时 $y_0 = a + bx_0 + \varepsilon_0 = \hat{y}_0 + \varepsilon_0$，$y_0$ 在 x_0 处的取值区间应使用它的样本估计量。

y_0 与 $\hat{y}_0$ 互相独立，并且均为正态变量，故

$$E(y_0 - \hat{y}_0) = E(y_0) - E(\hat{y}_0) = 0$$

$$\sigma^2 = D(y_0 - \hat{y}_0) = D(y_0) - D(\hat{y}_0) = \sigma^2 \left[1 + \frac{1}{n} \frac{(x_0 - \bar{x})}{\sum (x_i - \bar{x})^2} \right]$$

并且

$$\delta(x_0) = t_{\frac{a}{2}}(n - 2) \cdot \hat{\sigma} \sqrt{1 + \frac{1}{n} + \frac{(x_0 - \bar{x})^2}{\sum\limits_{i=1}^{n} (x_i - \bar{x})^2}}$$

其中

$$\hat{\sigma} = \sqrt{\frac{\sum\limits_{i=1}^{n} y_i - a \sum\limits_{i=1}^{n} y_i - b \sum\limits_{i=1}^{n} x_i y_i}{n - 2}}$$

α 为置信水平，$t_{\frac{\alpha}{2}}(n-2)$ 可从 t 分布表中查得，最后 y_0 的取值区间应为

$$\hat{y}_0 - \delta(x_0) \leqslant y_0 \leqslant \hat{y}_0 + \delta(x_0)$$

例 7-1 中，取 $x_0 = 1.3$ 得 $\hat{y}_0 = 3.57 + 3.78 \times (1.3) = 8.48$，取 $\alpha = 0.05$，那么 $\delta(1.3) = 2.14$，即 95% 置信度，预测 y_0 值区间为 $[6.34, 10.62]$。

5. 自相关分析

这一项是用来判别回归方程是否具有系统误差的。只有当误差 e_1，e_2，$\cdots$，e_n 具有随机性时，我们才认为该模型能够用于预测。

当自相关系数

$$-\frac{1.96}{\sqrt{n}} \leqslant r_k \leqslant \frac{1.96}{\sqrt{n}} \quad k = 1, 2, \cdots, 20 时，有 95\% 的置信程度可以断定序列$$

e_1，e_2，$\cdots$，e_n 是随机序列。但用该式检验时 n 的取值需要相当大，故计算量很大。为了解决这个问题，美国预测学家、数学家 G. E. Box 和 D. A. Pierce 提出用 χ^2 检验的方法来判别序列的随机性，该方法如下：设计统计量

$$Q = n \sum_{k=1}^{m} r_k^2$$

其中，r_1，$\cdots$，r_m 是前 m 个自相关系数。计算得到的 Q 值与 χ^2 数值相比，如果查得的数值 $\chi^2 < Q$，则有 95% 的置信度认为这 m 个自相关系数中至少有一个与零有显著差异，反之则有 95% 置信度认为它是一个随机序列。

6. 回归分析满足的基本条件

（1）随机变量 y 应满足正态分布，其均值如图 7-2 所示，即为

$$\hat{y}_i = a + bx_i$$

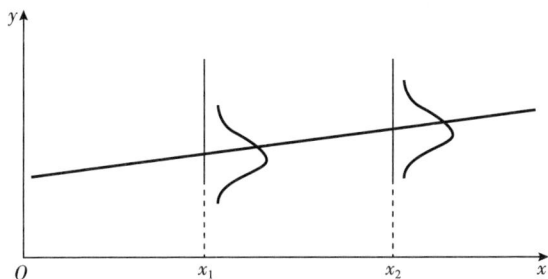

图 7-2　y 的分布假定是正态的

（2）观测点应均匀分布于直线周围，而不应有某种趋势或样式（见图 7-3 和图 7-4），否则应采取其他函数形式进行回归分析。

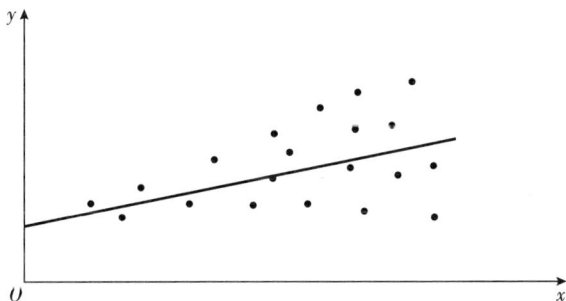

图 7-3　散点不是均匀分布于直线周围

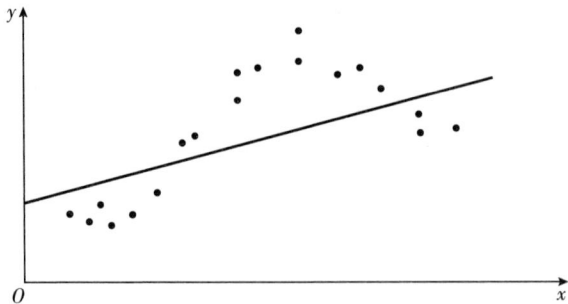

图 7-4　散点按某种方式分布于直线周围

7. 非线性转化

在自然界中，许多变量之间的关系不一定是线性的（见图 7-4），在这种情况下用回归直线拟合预测结果很不理想。在很多情形下，可以进行某种变换把非线性形式转化为直线回归方程。

例如，国民收入 z 和时间 t 的关系为

$z = e^{a+bt}$

得到一组观测值 (z_1, t_1)，(z_2, t_2)，$\cdots$，(z_n, t_n) 后，先进行变换

$\ln z = \ln(e^{a+bt}) = a + bt$

令 $y = \ln z$，则转化为线性关系

$y = a + bt$

将数据转化为 (y_1, t_1)，(y_2, t_2)，$\cdots$，(y_n, t_n)，就可求出回归系数 a，b，然后再还原为回归模型

$z = e^{a+bt}$

（二）多元回归分析

1. 多元回归模型

在实际情况中一个变量可能同时与若干变量有关，假设因变量 y 和 m 个自变量 x_1，x_2，$\cdots$，x_m 有关，又假设已获得 n 组观测值（$n > m$），

$(x_{i1}, x_{i2}, \cdots, x_{im}, y_i)(i = 1, 2, \cdots, n)$

建立线性方程组

$\hat{y} = a + b_1 x_1 + b_2 x_2 + \cdots + b_m x_m$

第 i 个观测点的误差为

$$e_i = y_i - \hat{y} = y_i - (a + b_1 x_{i1} + \cdots + b_m x_{im})$$

同样，误差项 e_i 应属于随机误差，符合平均数为零、方差为常数的正态分布。令

$$E = \sum_{i=1}^{m} \left[y_i - (a + b_1 x_{i1} + \cdots + b_m x_{im}) \right]^2$$

由最小二乘法原理，应使 $\min\limits_{a, b_1, \cdots, b_m} E$ 类似于一元线性回归，可得到正规方程组

$$
\begin{cases}
S_{11}b_1 + S_{12}b_2 + \cdots + S_{1m}b_m = S_{1y} \\
S_{21}b_1 + S_{22}b_2 + \cdots + S_{2m}b_m = S_{2y} \\
\vdots \\
S_{m1}b_1 + S_{m2}b_2 + \cdots + S_{mm}b_m = S_{my}
\end{cases}
\tag{7-5}
$$

$$a = \bar{y} - (b_1 \bar{x}_1 + \cdots + b_m \bar{x}_m)$$

式中

$$
\begin{cases}
\bar{x}_j = \dfrac{1}{n} \sum_{i=1}^{n} x_{ij} \quad (j = 1, 2, \cdots, m) \\[2mm]
\bar{y} = \dfrac{1}{m} \sum_{i=1}^{m} y_i \qquad\qquad (k, j = 1, 2, \cdots, m) \\[2mm]
S_{kj} = S_{jk} = \sum_{i=1}^{n} (x_{ik} - \bar{x}_k)(x_{ij} - \bar{x}_j) \\[2mm]
S_{ky} = \sum_{i=1}^{n} (x_{ik} - \bar{x}_k)(y_i - \bar{y})
\end{cases}
$$

解正规方程组式（7-5）可得到回归系数 $a, b_1, \cdots, b_m$。

2. 多变量回归方程的显著性检验

对于多变量情形，同样需要进行相关分析以检验回归方程的显著性。

以 $m = 2$ 为例，假设 y 为因变量，x_1，x_2 为自变量，r_{01} 表示 E 和 x_1 之间的相关系数，r_{02} 表示 E 和 x_2 之间的相关系数，r_{12} 表示 x_1 与 x_2 之间的相关系数，用 R 表示多变量的相关系数，那么

$$R = \sqrt{\dfrac{r_{01}^2 + r_{02}^2 - 2r_{01}r_{02}r_{12}}{1 - r_{12}^2}}$$

我们称 R^2 为"判定系数"，它表示因变量受自变量的影响部分。

当有 m 个自变量 x_1，x_2，$\cdots$，x_m 时，判定系数 R^2 可用下式计算：

$$R^2 = \frac{\sum_{i=1}^{n} (\hat{y}_i - \bar{y})^2}{\sum_{i=1}^{n} (y_i - \bar{y})^2}$$

其中，$\hat{y}_i = a + b_1 x_{i1} + b_2 x_{i2} + \cdots + b_m x_{im}$。

当 $m > 1$ 时，多元回归方程的显著性要使用 F 检验方法。

定义统计量

$$F_c = \frac{\dfrac{R^2}{m}}{\dfrac{1 - R^2}{n - m - 1}}$$

式中，$n > m + 1$。查 F 分布表，置信度为 95%，第一自由度 $df_1 = m$，第二自由度 $df_2 = n - m - 1$，得到对应的 F 值。若 $F_c \geq F$，则有 95% 置信度认为以上回归方程式是显著的，否则无显著性。

除了对回归方程进行显著性检验外，还要对回归系数 a，b_1，b_2，$\cdots$，b_m 进行显著性检验，其方法与一元回归方程类似。

第八章 决策分析方法

一、决策概述

（一）决策的定义

决策是人们为了实现特定目标，在多种可行方案中做出最优选择的过程。虽然决策的定义有多种说法，但其中一个共同点是，它不仅仅是领导"拍板"那一瞬间的行为，而是一个包含多个环节的全过程。这个过程涵盖了提出问题、收集信息、预测未来、确立目标、制定方案、分析评估、做出选择、实施控制、及时反馈和追踪等多个步骤。

决策的定义包括以下几个重要方面：第一，决策是为了解决特定问题而做出的具体决定；第二，决策是为了实现明确的目标，因为缺乏目标将导致无法确定方向，也难以做出有效决策；第三，决策是为了行动，只有准备付诸实践，才能称为真正的决策；第四，决策涉及多种可选方案的比较和选择，缺乏比较和选择将难以做出决策；第五，决策是面向未来的，为了做出正确的决策，必须进行科学的预测和规划。可以说，人类的各种活动都离不开决策，它是实现目标和推动进步的关键环节。

自古以来，决策问题便存在，如《孙子兵法》《战国策》便是古人关于军事与政治决策的智慧结晶，它们属于"经验决策"的经典之作。随着历史的发展，人们逐渐进入"理性决策阶段"。贝努里在 18 世纪便通过概率和效用思想研究抽奖和保险问题，而拉普拉斯则提出了主观概率概念，为不确定性决策提供了描述工具。19 世纪，埃奇沃思在经济领域引入了序数效用的概念，为无风险决策提供了理论支持。

进入现代社会，决策问题变得更为复杂，涉及多目标、长期影响、不确定性以及方案的多样性等方面。现代决策理论的发展也日渐丰富。例如：杜威的《我们如何思考》为决策理论奠定了基础；巴纳德首次在管理理论中引入决策概念；瓦尔德的统计决策思想则推动了决策分析在定量研究方面的进步；西蒙和马赫等结合行为科学、系统理论等多学科成果，进一步发展了现代决策分析理论。

在决策理论的发展过程中，一些重要理论如瓦尔德的损失函数、萨维奇的贝叶斯决策理论等均为决策问题的研究提供了理论支持。特别是贝叶斯决策，自 20 世纪 60 年代初开始广泛应用于商业决策中，推动了统计决策的研究进展。1966 年，霍华德将以效用理论为主体的决策理论命名为"决策分析"，此后决策分析成为多学科的研究焦点。

决策分析日益趋向科学化，并形成了多种方法，最终汇聚成为一门科学——"决策科学"。这一学科的发展不仅推动了决策理论的深化，更为解决实际问题提供了有力的工具和方法。

（二）决策的基本要素

决策是一项复杂而系统的工程，其核心构成涵盖决策主体、决策目标、决策对象以及决策环境。这四个因素相互作用，形成一个紧密相连的有机整体。

1. 决策主体

决策主体，无论是个人还是团队，都是决策过程中不可或缺的核心力量，其积极性和能动性至关重要。决策主体的选择和表现，直接关系到决策的最终效果。在制定重大经营决策时，应充分发挥团队的智慧和力量，倡导科学的思维方式，并注重培养决策者的道德品质，以确保决策的正确性和有效性。

2. 决策目标

决策活动始终以决策目标为中心，其过程从确定目标开始，到最终实现目标为止。决策目标是决策主体的利益和主观愿望的体现。正确地确定决策目标，是实现科学决策的至关重要的一环。因为只有当决策目标明确并与决策主体的利益相一致时，才能确保决策的有效性和可行性。在决策过程中，明确的目标不仅指导着行动，也为评估决策的成功与否提供了标准和依据。

3. 决策对象

决策对象作为决策的客观存在，涵盖了人类活动的多个方面。这些对象的共同特点在于它们是受人类行为影响的事物。决策对象不仅包括物质实体，还可能涉及抽象概念、社会现象等多种形式。在决策过程中，对决策对象的深入理解和全面考量，有助于决策主体更准确地评估各种可能性，从而做出更明智的决策。因此，对决策对象进行科学的分析与评估，是有效决策的重要前提之一。

4. 决策环境

决策环境是指相对于决策主体而言的物质实体或社会文化要素构成的条件。决策并非在孤立的环境中进行，而是与周围环境进行着物质、能量和信息的交流与互动。这个环境包括了各种外部因素，如社会、经济、政治、文化等多方面的因素。在决策过程中，充分考虑和分析决策环境的特点和变化，对于做出准确、有效的决策至关重要。因此，了解和适应决策环境的变化，是成功决策的重要前提之一。

（三）决策的一般过程

根据决策的含义，人们做决策工作时，应从决策的目标出发，根据对自然状态的科学分析，合理地选择所采取的策略。决策过程大致要经历以下六个阶段：

1. 确定问题

决策旨在应对挑战或达成目标，而所有决策均源于问题的识别。问题，本质上反映了主观认知与客观现实间的矛盾。问题的来源多种多样，发现问题的手段亦丰富多样。当遭遇如下情形时，问题往往浮现：①情况发生转变；②环境产生变迁；③实际运行与预设目标出现偏差；④管理工作受到多方质疑。

2. 确定决策目标

决策旨在解决问题，明确问题后需设定解决的标准，即决策目标。目标需具体、清晰，结果可量化，便于评估；应设定时限，为制定方案提供参照；应明确责任人，确保目标得以实现。

3. 设计多种可能方案

针对既定决策目标，依据现有信息，需构思多个备选方案。在拟订方案时，需注意以下几点：①为确保决策的科学性，至少应构思两个以上的可行方案以供比较。②各个方案中的限制性因素应清晰列出，以便后续分析。

4. 分析评估备选方案

针对每个拟定的行动方案，应从定性与定量两个维度进行深入分析和评估，明晰各方案的优劣之处，为最终的方案选择奠定坚实的基础。

5. 选择满意方案并付诸实施

在对各种方案进行分析和评价后，决策者需要在其中选择一个令其满意的方案并付诸实施。在进行决策时，有几个重要的注意事项：首先，要认识到任何方案都存在一定的风险；其次，不应盲目追求所谓的最佳方案，而是应该选择最适合当前情况和目标的方案；最后，在做出最终选择时，也应考虑到允许不做出任何选择的可能性。

决策的最终目的在于行动，因此方案的实施是决策过程中至关重要的一步。一旦做出了决策，就需要立即着手实施。在实施决策时，需要制订一个详细的实施方案，包括宣布决策、解释决策、分配资源和任务等。特别需要注意的是，要积极争取他人对决策的理解和支持，因为这是决策顺利实施的关键。

6. 监督与反馈

监督与反馈在决策过程中具有重要作用。由于决策的成功与否在很大程度上取决于执行情况，因此在实施过程中，需要密切关注并进行监督，及时发现执行中的错误或偏差，对其进行反馈和调整，以确保决策能够顺利实施。这种监督与反馈机制有助于及时发现问题并加以解决，提高决策的执行效率和成效。因此，在决策过程中，监督与反馈应被视为一个持续的环节，以确保决策的实施能够顺利进行并达到预期的效果。

（四）决策的类型

决策的分类具有多种方法。一般而言，可以根据不同的视角和标准对决策问题进行分类。

第一，根据决策的重要性，可以分为战略决策、策略决策和执行决策。战略决策涉及全局性和长期性的问题，对组织具有深远影响，如制定目标、调整机构、更新产品、进行技术改造等。策略决策是为实现战略目标而进行的资源准备和组织，包括生产计划、销售计划、设备更新、新产品定价以及资金筹措等。执行决策则是根据策略决策要求选择执行行动方案，旨在提高生产和工作效率，如工作任务分配、生产进度安排、岗位责任制定和执行、库存控制以及材料采购等。

第二，按照决策变量能否用数量表示，可以分为定量决策和定性决策。定量决策涉及可以用数量描述的目标和变量，如提高产量和降低成本等。定性决策则涉及无法用数量表示的目标和变量，通常依赖于决策者的经验和分析能力。

第三，根据决策环境因素的可控程度，可以分为确定型决策、风险型决策和不确定型决策。确定型决策在稳定环境中进行，结果明确无误；风险型决策涉及多重可能结果，但概率可知；而不确定型决策则在变幻莫测的条件下进行，决策者可能无法全面把握所有可能结果及其发生概率。

第四，根据决策影响的时间长短，可以分为长期决策和短期决策。长期决策关乎企业未来大计，如投资、人才发展和规模设定；短期决策则着眼于实现长远目标，涉及日常营销、物资储备和生产资源配置等具体策略。

二、确定型决策

确定型决策面对的是清晰明确的自然状态，其结构往往一目了然。因此，我们可以根据决策因素与结果之间的数量关系构建数学模型，并运用这些模型进行决策。这种决策方法通常与特定专业领域紧密相关，并得到了相应领域成熟数学模型的支持。一些常见的决策方法，如线性规划、非线性规划和动态规划等，在解决各类确定型决策问题中展现出高效的实用性，并在实践中得到了广泛应用。

对于管理上的很多问题，我们可以把它看成在一定的限制条件下，寻求总体目标最优的一类问题。例如，政府投资兴建一项基础设施，其投入的资金、设备、劳动力等在一定时间限度内都是有限的，因而获得的收益也是有限度的。如何安排计划，使整体社会收益最大，这就是一个规划问题。这种问题可以用约束条件和目标函数表示出来，即

目标函数 max（min）$z = f(X)$

约束条件 $g(X) = (<、>) B$

式中，$X = \{x_1, x_2, \cdots, x_n\}$ 表示决策变量的集合；$B = \{b_1, b_2, \cdots, b_m\}$ 表示资源条件的约束限额。

当约束条件 $g(X)$ 和目标函数 $f(X)$ 都是线性函数时，对应的问题称为线性规划问题；若其中之一或两者均为非线性函数，则被归类为非线性规划问题。若问题中引入了时间因素，导致决策可在多个阶段进行，则称为动态规划问题；而当存在多个追求的目标时，则涉及多目标规划问题。

（一）动态规划法

动态规划是运筹学的一个重要分支，它致力于解决多阶段决策过程中的最优化问题。1951 年，美国数学家贝尔曼（R. Bellman）等根据多阶段决策问题的特性，提出了"最优化原理"，并通过研究众多实际问题，于 1957 年出版了《动态规划》一书，从而奠定了动态规划作为解决最优化问题的通用方法的基础地位。

多阶段决策问题的特色在于其过程的分段性，各阶段间相互衔接。在每个阶段，决策者需做出决策，且当前决策将直接影响后续阶段的决策走向，进而影响整个决策流程的推进。由此，各阶段决策串联成决策序列，即策略。鉴于每阶段方案选择多样，策略组合众多，不同策略产生不同效果，故在多阶段决策中，核心在于从众多策略中筛选出最优方案，以实现既定条件下的最佳目标效果。

（二）其他规划方法

除上述规划方法以外，其他规划方法还有许多。对于线性规划，若要求决策变量取整数值，则求解线性规划的过程要做相应调整，这就形成了整数规划。当线性规划的决策变量取值为 0 或 1 时，该规划就是 0~1 规划。当线性规划的目标函数、约束条件的表达式呈非线性特征时，就形成了非线性规划。一些较简单的非线性规划模型有成熟的求解方法，而大多数复杂的非线性规划问题尚无有效的求解方法。实际决策问题常常是追求多个目标，如经济发展除考虑经济增长之外，还要考虑社会就业、环境保护等，这就形成了经济发展多目标决策。

三、不确定型决策

（一）决策问题的表格表示——决策表

除了运用决策树来阐述决策问题，我们还可以采用表格形式进行表达，这种表格通常被称为决策表或决策矩阵。若决策问题的后果以损失形式体现，那么这样的表格也可称作损失矩阵。

在决策过程中，决策者的行动所带来的结果不仅受到行动本身的影响，还受到大量外部不确定因素的影响，而这些外部因素是决策者无法控制的。我们将所有这些外部因素统称为自然状态。我们假设，如果决策者了解实际出现的自然状态，即了解外部因素的真实值，那么他就能够准确预测采取何种行动后的结果。同时，我们也假设，尽管决策者并不知道自然界的真实状态，但他了解可能出现的各种状态。

［例 8-1］某政府卫生部门为了预防流感，准备从药厂订购一批疫苗。据预测分析，流感可分为三种状态：大暴发、一般、不暴发。订购疫苗有大批量、中批量与小批量三种方案。各种方案在各种自然状态下的收益可用数字所示（见表 8-1）。

表 8-1 疫苗订购收益状况

状态 方案	大暴发	一般	不暴发
大批订购	30	23	−15
中批订购	25	20	0
小批订购	12	12	12

为了简单起见，假设只有有限种互不相容的可能状态，并记为 $\Theta = \{\theta_1, \theta_2, \cdots, \theta_n\}$；同时假设只有有限种可行的行动，即行动集 $A = \{a_1, a_2, \cdots, a_m\}$，

决策人必须在这些行动中选一种且也只能选一种。我们把采用行动 a_i 真实的状态为 θ_j 时的后果记为 x_{ij} 就可以得到决策表（见表 8-2）。

表 8-2   决策表的一般形式

状态 行动	θ_1	θ_2	...	θ_j	...	θ_n
a_1	x_{11}	x_{12}	...	x_{1j}	...	x_{1n}
a_2	x_{21}	x_{22}	...	x_{2j}	...	x_{2n}
...	...	...	...	...	...	...
a_i	x_{i1}	x_{i2}	...	x_{ij}	...	x_{in}
...	...	...	...	...	...	...
a_m	x_{m1}	x_{m2}	...	x_{mj}	...	x_{mn}

（二）不确定型决策问题的决策规则

本书接下来要讨论在严格不确定型情况下的几种决策规则。严格不确定型问题是指决策问题可能出现的状态已知，但对各种自然状态发生的概率的大小一无所知。

本书介绍四种可以用来求解严格不确定型问题的决策准则。虽然单独的准则都很合理而且实用，但是，有些问题用不同的准则求解会导致不同的选择，因此这四种准则不可能都是指导决策（选择）的完美准则，有时需要深入讨论这些准则，以便确定何者最好。

1. 乐观准则

乐观准则，即一种决策原则，它基于最乐观的预设，即假定最有利的情况总会发生。在这种前提下，决策者在决策时往往倾向于追求最理想状况下的最大收益，这种决策方式较为冒险，通常被称为"大中取大法"。乐观准则的基本思想可以表示为：只考虑行动 a_i，各种可能的后果中最好的（损失最小的）后果，定义行动 a_i 的乐观主义水平 o_i 为

$$o_i = \max_{j=1}^{n} \{x_{ji}\}$$

o_i 是采用行动 a_i 时可能导致的最佳后果，于是乐观主义的准则是使收益极大化，即选择 a_k，使

$$o_k = \max_{i=1}^{m} \{o_i\} = \max_{i=1}^{m} \max_{j=1}^{n} \{x_{ij}\}$$

这种准则的实质是在收益值表中找出收益最大的元素 x_{hk} 及决策人选择 x_{hk} 所对应的行动 a_k。

其步骤如下：

步骤1：确定每一种方案在各种自然状态下的最大收益值，即

$$\max\{x_{11}, x_{21}, \cdots, x_{m1}\} = k_1$$

$$\vdots$$

$$\max\{x_{12}, x_{22}, \cdots, x_{m2}\} = k_2$$

$$\max\{x_{1n}, x_{2n}, \cdots, x_{mn}\} = k_n$$

步骤2：取各方案最大收益 $(k_1, k_2, \cdots, k_n)$ 的最大值所对应的方案为决策方案，即 $\max\{k_1, k_2, \cdots, k_n\}$

对于表8-1，按乐观准则，各方案的期望收益为：对大批订购，有 $\max\{30, 23, -15\} = 30$；对中批订购，有 $\max\{25, 20, 0\} = 25$；对小批订购，有 $\max\{12, 12, 12\} = 12$。

最终决策方案的收益为 $\max\{30, 25, 12\} = 30$，30 为大批订购的期望收益，故选择大批订购方案。

2. 悲观准则

悲观准则是一种决策原则，其特征是决策者极度保守，持悲观主义观点，认为不利的情况总是会发生，并且往往会影响到自己。在悲观准则下，决策者倾向于假定最坏情况的发生，并在这种最不利的情境下寻求最有利的结果。这种决策策略被称为"小中取大法"，体现了决策者对于风险的谨慎态度。悲观准则的基本思想可表示为：决策人应选择行动 a_k 使最大的损失 s_i 尽可能小，即选择 a_k，使

$$s_k = \max_{i=1}^{m} \{s_i\} = \max_{i=1}^{m} \min_{j=1}^{n} \{x_{ij}\}$$

对于表8-1，若采用悲观准则，各方案的最小期望收益为：对大批订购，有 $\min\{30, 23, -15\} = -15$；对中批订购，有 $\min\{25, 20, 0\} = 0$；对小批订购，有 $\min\{12, 12, 12\} = 12$。

最终决策方案的收益为 $\max\{-15, 0, 12\} = 12$，12 为小批订购方案的期望收益值，故最终选择方案为小批订购方案。

3. 折中准则

实际上，人们在决策时往往不会完全乐观或悲观，而是介于两者之间。个体

间的态度存在差异，有的稍偏乐观，有的则偏向悲观，但鲜有极端情况。为量化这种态度倾向，我们引入了系数 λ（$0 \leq \lambda \leq 1$），其值越大表示个体越乐观，反之则越悲观。当 λ 达到 1 时，该个体即为典型的乐观主义者；而当 λ 为 0 时，则个体表现为悲观主义者；而在 0 和 1 之间的取值则代表了个体在乐观与悲观之间的相对强度。折中准则的决策结果为用 λ、$1-\lambda$ 加权平均乐观与悲观准则结果的折中结果。方案 i 期望收益值的计算公式为

$$\omega_i = \lambda k_i + (1-\lambda) s_i$$

式中，ω_i 为方案 i 的折中期望收益值；k_i 为方案 i 的乐观期望收益值；s_i 为方案 i 的悲观期望收益值；λ 为折中系数。

对于表 8-1，若取折中系数 $\lambda = 0.8$，则各方案的折中期望收益值为：对大批订购，有 $0.8 \times 30 + (1-0.8) \times (-15) = 21$；对中批订购，有 $0.8 \times 25 + (1-0.8) \times 0 = 20$；对小批订购，有 $0.8 \times 12 + (1-0.8) \times 12 = 12$。

最终决策选择 $\max\{21, 20, 12\} = 21$，21 为大批订购方案的期望收益值，故应选择大批订购方案。

4. 最小后悔值准则

在决策实践中，决策者若未能选择实际最佳方案，往往会感到自责，即后悔。最小后悔值准则旨在减轻这种心理负担。后悔是以某一自然状态下的最大收益为参照点，若达到此目标则无悔，否则因未获理想收益而感到后悔，其程度与"实际与理想收益之差"成正比。此准则作为非概率决策的一种，核心在于最小化决策者的后悔程度。

使用最小后悔值准则时，首先，选定一种自然状态为参照，将该状态下各方案的最大收益视为理想值；其次，计算各方案在不同状态下的后悔度，即实际与理想收益之差，形成后悔值表；最后，从各方案的最大后悔值中挑选最小者，以确定最佳方案。

运用最小后悔值准则进行决策的基本思路为：定义一个后果的后悔值 r_{ij}，它是在状态 θ_j 采取行动 a_i 时的收益 x_{ij} 与在状态 θ_j 时采用不同的行动的最佳结果（最大收益）$\max\limits_{i=1}^{m}\{x_{ij}\}$ 之差，即

$$r_{ij} = x_{ij} - \max\limits_{i=1}^{m}\{x_{ij}\}$$

用 r_{ij} 构成的后悔值表 $r_{ij m \times n}$ 取代由 x_{ij} 构成的决策表，再用悲观主义方法求

解。每种行动的优劣用最大后悔值 p_i 作为指标来衡量，即

$$p_i = \max_{j=1}^{n}\{r_{ij}\}$$

p_i 即采取行动 a_i 时的最大后悔值，然后再选择使 p_i 极小化的行动。也就是说，选择 a_k，使

$$p_k = \min_{i=1}^{m}\{p_i\} = \min_{i=1}^{m}\{\max_{j=1}^{n}\{r_{ij}\}\}$$

在表 8-1 中，在流感大暴发情况下，选取大批订购收益最大，故以大批订购的收益为该状态下的理想收益，则选择大批订购后悔值为 0（30-30＝0）；选择中批订购则会后悔，后悔值为 5（30-25＝5）；选择小批订购也会后悔，后悔值为 18（30-12＝18）。以此类推，各状态下各种方案的后悔值都可以求出来，组成后悔值表（见表 8-3）。

表 8-3　疫苗订购后悔值表

方案 ＼ 状态	大暴发	一般	不暴发	最大后悔值
大批订购	0	0	27	27
中批订购	5	3	12	12
小批订购	18	11	0	18

列出后悔值表后，便可开始决策。为最小化后悔值，需从最不利情况着眼，力求最佳结果。首先，确定各种方案在各种状态下的最大后悔值；其次，选择其中最大后悔值最小的方案。因此，应选中批订购方案。

以上四种方法中的决策值表我们都采用了收益值表，如果采用损失值表，只需将表中的元素取反，再按照上述规则求解即可。

四、风险型决策

（一）风险型决策问题的特征

风险型决策问题具有明显的特征，请看下面的例子：

[例 8-2] 某地方政府计划投资兴建一座水库，需要决定是否在下个月开工。如果选择开工并且天气良好，水库将按期完工，从而提前发电，带来 50000 元的利润；但如果开工后遭遇暴雨引发山洪，将会导致 10000 元的损失。另外，如果决定不开工，无论天气如何，都需要支付 1000 元的误工费。根据数据预测，下个月该地区天气良好的概率为 0.2，而发生暴雨的概率为 0.8。在这种情况下，决策者应该如何选择？

这是一个典型的风险型决策问题。选择任一方案都伴随风险：开工时可能遭遇暴雨引发山洪，不开工则可能因好天气而浪费工时。风险型决策问题凸显了以下基本特征：

（1）存在决策者要达到的一个明确目标。在例 8-2 中，目标是追求利润最大化。

（2）存在决策者可以选择的两个以上的行动方案。在例 8-2 中，行动方案是开工和不开工。

（3）存在不以决策者意志为转移的两种以上的客观状态，也称为自然状态。例 8-2 中的天气好与天降暴雨而发生山洪就属于自然状态。

（4）不同行动方案在不同自然状态下的损益可以计算出来，如例 8-2 中的 50000 元、10000 元、1000 元等。

根据风险型决策问题的特征，决策人虽然无法确知将来的真实自然状态，但他不仅能给出各种可能出现的自然状态 θ_1，θ_2，$\cdots$，θ_n，还可以给出各种状态出现的可能性，通过设定各种状态的（主观）概率 $\pi(\theta_1)$，$\pi(\theta_2)$，$\cdots$，$\pi(\theta_n)$ 来量化不确定性。在以损失表述后果时，这一类决策问题的决策表如表 8-4 所示。

表 8-4　典型的风险决策问题的决策表

		a_1	a_2	$\cdots$	a_i	$\cdots$	a_m
θ_1	$\pi(\theta_1)$	l_{11}	l_{12}	$\cdots$	l_{1j}	$\cdots$	l_{1m}
θ_2	$\pi(\theta_2)$	l_{21}	l_{22}	$\cdots$	l_{2i}	$\cdots$	l_{2m}
$\vdots$	$\vdots$	$\vdots$	$\vdots$		$\vdots$		$\vdots$
θ_j	$\pi(\theta_j)$	l_{j1}	l_{j2}	$\cdots$	l_{ji}	$\cdots$	l_{jm}
$\vdots$	$\vdots$	$\vdots$	$\vdots$		$\vdots$		$\vdots$
θ_n	$\pi(\theta_n)$	l_{n1}	l_{n2}	$\cdots$	l_{ni}	$\cdots$	l_{nm}

（二）风险型决策问题的准则

1. 期望收益最大（损失最小）准则

此评价标准基于统计学视角，运用数学期望来评估方案的不同可能结果，旨在确保多次决策中获得的平均收益最大化，计算公式为

$$E(y_i) = \sum x_{ij} p_j$$

式中，$E(y_i)$ 为方案 i 的期望收益；x_{ij} 为方案 i 在状态 j 下的损益值；p_j 为状态 j 的概率。

在例 8-2 中，根据上式，得

开工方案的期望收益为

$$E(y_1) = 0.2 \times 50000 + 0.8 \times (-10000) = 2000 \text{（元）}$$

不开工方案的期望收益为

$$E(y_2) = 0.2 \times (-1000) + 0.8 \times (-1000) = -1000 \text{（元）}$$

按期望收益最大准则，该工程应该开工。

在风险型决策中，人们会综合考虑多种可能结果。这种权衡本质上是对结果的"心理平均"，期望收益最大化正是这种心理的体现。尽管这种做法在多次重复决策中符合概率统计规律，但对于短期内不重复出现的风险型决策问题，其意义则相对有限。

2. 机会均等准则

机会均等准则体现了简化复杂矛盾的心态，忽视了结果间的概率差异。毕竟，概率仅为一种主观预判，采用算术平均值来权衡各种可能结果，更贴近实际决策行为。

在例 8-2 中，设天气好和天气不好的概率均为 0.5，则开工方案的收益为

$$E(y_1) = (50000 \times 0.5) + (-10000 \times 0.5) = 20000 \text{（元）}$$

不开工方案的收益为

$$E(y_2) = 0.5 \times (-1000) + 0.5 \times (-1000) = -1000 \text{（元）}$$

故选择开工方案。

3. 最小损失准则

在实际决策中，各种方案均可能带来损失。这些损失可能源于选择了最佳方案但遭遇不利情况，或因生产不足造成缺货，也可能是多种因素交织所致。因

此，如何确定损失最小的方案成为关键，这即最小损失准则的选择原则。

最小损失准则以最理想状态下的选择为标准，计算出最理想情况下的期望收益，并将其与各种方案的期望收益进行比较。理想情况下的期望收益与各种方案的期望收益之间的差异即为各种方案的期望损失，即

$$E(x_i) = E\times(y) - E(y_i)$$

式中，$E(x_i)$ 为方案 i 的期望损失；$E\times(y)$ 为项目的理想期望收益；$E(y_i)$ 为方案 i 的期望收益。

在例 8-2 中，最理想的选择是在天气好时选择开工，收益为 50000 元；天气不好时选择不开工，收益为 -1000 元。因此，项目的理想期望收益为

$$E\times(y) = 50000\times0.2 + 0.8\times(-1000) = 9200 \ (元)$$

已知 $E(y_1) = 2000(元)$，$E(y_2) = -1000(元)$，那么，开工方案的期望损失为

$$E(x_1) = E\times(y) - E(y_1) = 9200 - 2000 = 7200 \ (元)$$

不开工方案的期望损失为

$$E(x_2) = E\times(y) - E(y_2) = 9200 - (-1000) = 10200 \ (元)$$

因为开工方案损失最小，应该开工。

4. 最大可能准则

最大可能准则主张，高概率状态在现实中更常出现，故以概率最大的自然状态为基准，评估各种方案的收益。在例 8-2 中，坏天气概率最高（0.8）。坏天气下，开工损失 10000 元，不开工损失 1000 元，故选择不开工。

第九章　规划分析方法

一、线性规划基本概念

（一）问题的提出

经济活动常面临挑战：如何在稳定的生产条件下，通过优化组织、计划，合理分配资源，实现最佳经济效益？或如何在资源受限时，以最高效的方式完成生产计划？这些问题常可转化为线性规划问题。下面我们举几个线性规划的例子。

1. 生产计划问题

［例9-1］红木家具厂专门制作两种产品：桌子与椅子。这两种产品的市场定价有所不同，桌子每张的售价为 50 元，而椅子则是 30 元一张。这两种家具的制作均涉及木工与油漆工两个工种。详细来说，制作一张桌子需要木工投入 4 小时的工作时间，油漆工投入 2 小时；而制作一张椅子，木工需要 3 小时，油漆工则需要 1 小时。在资源方面，该厂每月的木工工时限制为 120 小时，油漆工工时限制为 50 小时。现在，家具厂面临的问题是：如何在这些工时限制下，合理安排生产，以最大化每月的销售收入？

解：将一个实际问题转化为线性规划模型有以下几个步骤：

（1）确定决策变量（Decision Variable）：x_1＝生产桌子数量，x_2＝生产椅子数量。

（2）确定目标函数（Objective Function）：家具厂的目标是销售收入最大。

max $Z = 50x_1 + 30x_2$

（3）确定约束条件（Constraint Conditions）。

$4x_1 + 3x_2 \leq 120$（木工工时限制）

$2x_1 + x_2 \leq 15$（油漆工工时限制）

（4）变量非负限制（Nonnegative Constraint）：一般情况，决策变量只取正值（非负值）：$x_1 \geq 0$，$x_2 \geq 0$。

求解的数学模型为：

max $Z = 50x_1 + 30x_2$

s. t. $4x_1 + 3x_2 \leq 20$

$2x_1 + x_2 \leq 50$

$x_1 \geq 0$，$x_2 \geq 0$

线性规划数学模型一般由决策变量、约束条件、目标函数三个部分组成。

为了得到生产计划问题的一般形式，我们再看一个具体例子。

[例9-2] 假设有 m 种资源 A_1，A_2，$\cdots$，A_m，拟用来生产 n 种产品 B_1，B_2，$\cdots$，B_n。我们用 a_{ij} 表示生产第 j 种产品所需要的第 i 种资源的数量，用 b_i 表示第 i 种资源的最大数量，用 c_j 表示销售一个单位的第 j 种产品得到的收入，用 x_j 表示第 j 种产品的生产数量，则 $X = (x_1，\cdots，x_n)^T$ 就代表一个生产计划。我们的问题是要制订一个生产计划，使每种产品都能不低于最低需求，即 $x_j \geq e_j$，$j = 1，2，\cdots，n$，而使总产值最大。其中，$e_j(j = 1，2，\cdots，n)$ 为第 j 种产品的最低需求。

解：在这个问题中决策变量为 x_1，x_2，$\cdots$，x_n，设总产值为 Z，那我们的目标就是使目标函数

$$Z = \sum_{j=1}^{n} c_j x_j$$

在约束条件

$$\sum_{j=1}^{n} a_{ij} x_j \leq b_j (i = 1，2，\cdots，n)$$

$x_j \geq e_j (j = 1，2，\cdots，n)$

变量非负限制

$x_j \geq 0 (j = 1，2，\cdots，n)$

下取得最大值，这样就化为如下的 LP 问题，求解的数学模型为：

$$\max Z = \sum c_j x_j$$

s. t. $\quad \sum_{j=1}^{n} a_{ij}x_j \leqslant b_i \quad (i=1,~2,~\cdots,~n)$

$\quad\quad x_j \geqslant e_j \quad (i=1,~2,~\cdots,~n)$

$\quad\quad x_j \geqslant 0 \quad (i=1,~2,~\cdots,~n)$

采用向量、矩阵记号，可改写为：

$$\max Z = C^T X$$

s. t. $\quad AX \leqslant b$

$\quad\quad X \geqslant e$

$\quad\quad X \geqslant 0$

其中 $X=(x_1,~x_2,~\cdots,~x_n)^T$，$C=(c_1,~c_2,~\cdots,~c_n)^T$，$b=(b_1,~b_2,~\cdots,~b_m)^T$，$e=(e_1,~e_2,~\cdots,~e_n)^T$，$A=(a_{ij})_{m \times n}$。

2. 食谱问题

[例9-3] 假设有一位营养师，他的任务是为学生精心挑选营养餐。学生们在成长过程中，需要摄取 m 种不同的营养成分，每种成分都有一个最低需求量，我们称为 b_i，其中 i 的范围是从 1 到 m。这些营养成分主要来源于 n 种不同的食品。每种食品都含有一定量的各种营养成分，具体来说，一个单位的第 j 种食品中，第 i 种营养成分的数量是 a_{ij}。同时，每种食品都有一个单价，我们称为 c_j。

现在，营养师面临的问题是：如何选择合适的食品组合，既能满足学生对 m 种营养成分的最低需求，又能使营养餐的总成本达到最低？

解：用 x_j 表示第 j 种食品的采购量，Z 表示总采购食品的费用，那么其数学模型为：

$$\min Z \sum_{j=1}^{n} c_j x_j$$

s. t. $\quad \sum_{j=1}^{n} a_{ij}x_j \geqslant b_i \quad (i=1,~2,~\cdots,~m)$

$\quad x_j \geqslant 0 \quad (i=1,~2,~\cdots,~n)$

其他典型的问题主要包括：①合理下料问题；②运输问题；③生产的组织与计划问题；④投资证券组合问题；⑤分派问题；⑥生产工艺优化问题等。

（二）线性规划问题的标准形式

1. 线性规划模型

上面我们建立了几个典型的实际问题的数学模型，这些问题的实际意义虽各不相同，但它们的数学模型却都具有相同的数学形式。这就表示约束条件的数学式子都是决策变量 x_1，x_2，$\cdots$，x_n 的线性不等式或线性等式：

$$\sum_{j=1}^{n} a_{ij}x_j \leqslant b_i \quad (i = 1, 2, \cdots, l)$$

$$\sum_{j=1}^{n} a_{ij}x_j = b_i \quad (i = l + 1, \cdots, t)$$

$$\sum_{j=1}^{n} a_{ij}x_j \geqslant b_i \quad (i = t + 1, \cdots, m)$$

$$x_j \geqslant 0 \quad (j = 1, 2, \cdots, n)$$

表示问题最优化的目标函数都是决策变量的线性函数，即

$$\max Z = \sum_{j=1}^{n} c_j x_j$$

或

$$\min Z = \sum_{j=1}^{n} c_j x_j$$

因为目标函数和约束函数都是线性的，所以把这类问题称为线性规划问题，简记为 LP。

为了求解方便，我们总是把一般的 LP 问题转化为如下统一的标准形式：

$$\min Z = \sum_{j=1}^{n} c_j x_j$$

$$\sum_{j=1}^{n} a_{ij}x_j = b_i \quad (i = 1, 2, \cdots, m)$$

$$x_j \geqslant 0 \quad (j = 1, 2, \cdots, n) \tag{9-1}$$

写成矩阵形式为：

$$\min Z = C^T X$$

$$s.t. \ AX = b$$

$$x \geqslant 0 \tag{9-2}$$

其中 $A = (a_{ij})_{m \times n}$，$X = (x_1, x_2, \cdots, x_n)^T$，$C = (c_1, c_2, \cdots, c_n)$，$b = (b_1,$

$b_2, \cdots, b_m)^T$。

满足式（9-1）或式（9-2）的约束条件的点称为可行解，可行解的全体形成的集合 $R = \{x \mid AX = b, \ x \geq 0\}$ 称为可行解集，即可行域。满足所有约束条件，又使目标函数取得最小值的点 x^* 称为方程(9-2)的最优解，相应的目标函数值 $Z^* = C^T x^*$，称为 LP 问题的最优值。

2. 线性规划问题转化为标准形式的方法

（1）约束方程为线性不等式。

当约束方程为

$$a_{i1} x_1 + a_{i2} x_2 + \cdots + a_{in} x_n \leqslant b_i \tag{9-3}$$

时，引入松弛变量 y_i，则式（9-3）等价于

$$\begin{cases} a_{i1} x_1 + a_{i2} x_2 + \cdots + a_{in} x_n + y_i = b_i \\ y_i \geqslant 0 \end{cases}$$

当约束方程为

$$a_{i1} x_1 + a_{i2} x_2 + \cdots + a_{in} x_n \geqslant b_i \tag{9-4}$$

时，引入剩余变量 y_i，则式（9-4）等价于

$$\begin{cases} a_{i1} x_1 + a_{i2} x_2 + \cdots + a_{in} x_n - y_i = b_i \\ y_i \geqslant 0 \end{cases}$$

（2）对于目标函数的最大值问题。

$$\max Z = \sum_{j=1}^{n} c_j x_j \tag{9-5}$$

可转化为

$$\min f = - \sum_{j=1}^{n} c_j x_j \tag{9-6}$$

问题，方程（9-6）与方程（9-5）有相同的最优解，而目标函数值仅差一个符号，故求出方程（9-6）的解，原问题的解也就获得。

（3）关于变量的非负限制条件 $x_j \geqslant 0$，$j = 1, 2, \cdots, n$。在某些问题中可能有一个或几个变量没有非负限制，这种变量称为自由变量。例如，问题

$$\min Z = C^T X$$

$$AX = b$$

$x_2, \cdots, x_n \geqslant 0$，$x_1$ 为自由变量。

此时要引进两个新的变量 x'_1，x''_1，$x'_1 \geq 0$，$x''_1 \geq 0$，令

$$x_1 = x'_1 - x''_1$$

用 x'_1，x''_1 替代 x_1 就转化为非负限制的情形了。

按照以上方法任何形式的线性规划问题总是可以转化成标准形式。

二、线性规划问题的解

（一）（二维）线性规划问题的图解法

1. 问题提出

当一个线性规划问题只有两个变量时，可以用图解法来求解，虽然在实际应用中这样的问题通常是不会遇到的，但图解法可用来说明解一般线性规划问题的一些基本概念。

［例 9-4］ 用图解法解如下 LP 问题：

max $60x_1 + 50x_2$

s. t. $4x_1 + 10x_2 \leq 100$

        $2x_1 + x_2 \leq 22$

        $3x_1 + 3x_2 \leq 39$

        x_1，$x_2 \geq 0$

第一步，我们应当作出满足约束方程的可行域，非负约束保证了可行区域必在第一象限内，然后把每个约束不等式改作等式，作出每个直线方程，约束 $4x_1 + 10x_2 \leq 100$ 说明可行区域 R 位于直线 $4x_1 + 10x_2 = 100$ 的下方，对每个不等式进行分析，得到图 9-1，图 9-1 中的凸多边形 ABCDE 就是可行区域。

第二步，我们应当作出目标函数的等值线，令目标函数 $60x_1 + 50x_2 = Z_0$，当 Z_0 取不同值时，得到一组互相平行的直线，当 $Z_0 = 0$ 时，直线经过原点，在这些平行线中找出一条既与可行域 R 相交，而又离原点最远的直线，此时的目标函数值 Z_0 最大，而交点 $C(x_1 = 9，x_2 = 4)$ 就是最优解。

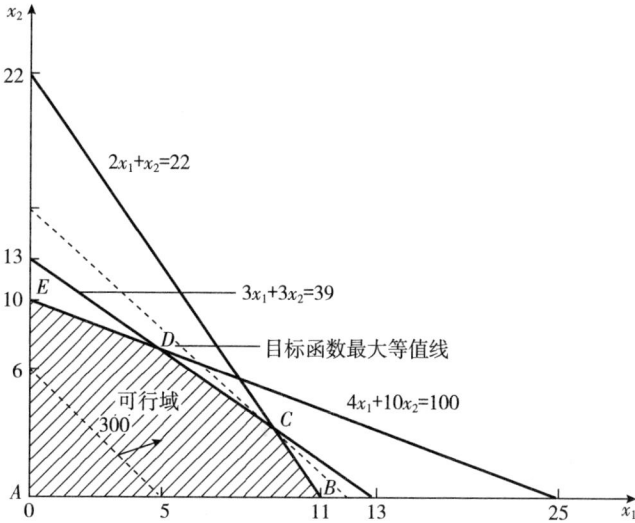

图 9-1　满足约束方程的可行域

从例 9-4 可以看出，LP 问题的可行域是一个凸多边形，其顶点称为极点。极点定理指出，如果 LP 问题有最优解，那么它必定在可行解集的一个极点上达到。类似地，对于高维空间，当有最优解时它也必定在高维凸多面体的一个极点上达到。

根据极点理论，只要把凸多面体的所有顶点（极点）找到，并求出相应的目标函数值，就可找出最优解。图 9-2 上列出了各极点的坐标值及相应目标函数值，其中 C（$x^* = 9$，$x_2^* = 4$）是最优解，最优值 $Z^* = 740$。

除了最优解在一个极点上达到的情形外，还可能出现以下各种解的情形：

（1）可行域是无界的，如对于问题：

min　$0.10x_1 + 0.07x_2$

s. t.　$6x_1 + 2x_2 \geqslant 18$

　　　　$8x_1 + 10x_2 \geqslant 40$

　　　　$x_2 \geqslant 1$

　　　　$x_1,\ x_2 \geqslant 0$

此问题的可行域是一个无界区域，图 9-3 上给出了它的可行区域并给出了它的最优解 $x_1^* = 2.27$，$x_2^* = 2.19$，最优值 $Z^* = 0.38$。

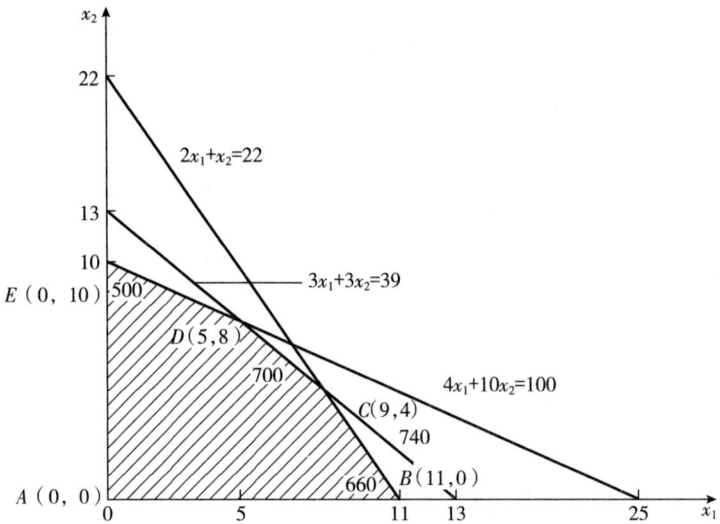

图 9-2　目标函数的等值线

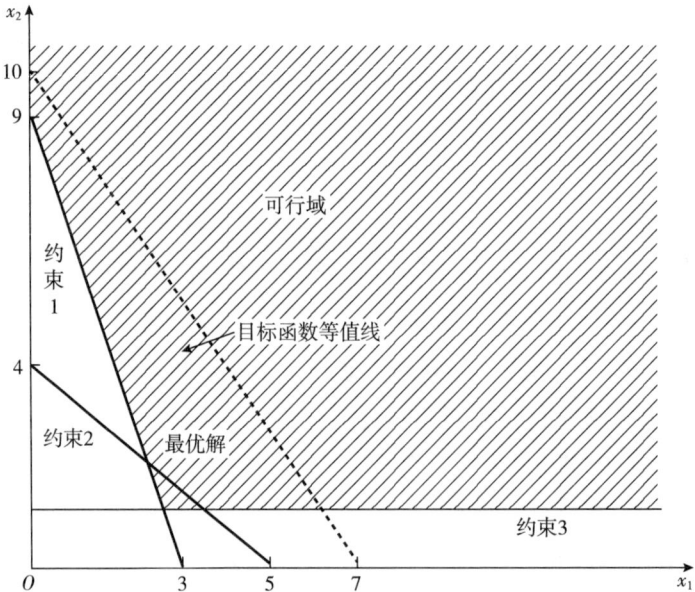

图 9-3　求目标函数最小值

（2）极点定理不排除最优解可以在凸多边形的一条边界上（包括两个端点）上达到。当目标函数的等值线与凸多边形的一条边界平行时，就可能出现这种情形。图 9-4 表示最优解在边界 CD 上达到，即有无穷多最优解。

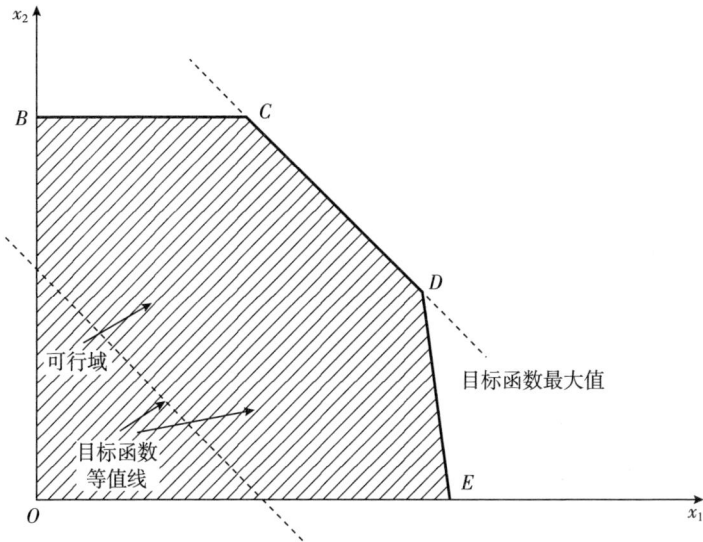

图 9-4 无穷解情形

（3）无可行域情形，约束方程无公共区域时，问题不可行，无解。图 9-5 给出了无可行域的情形。

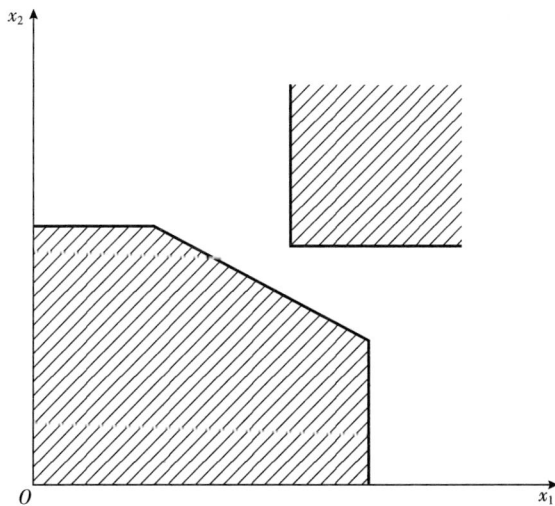

图 9-5 无可行域情形

（4）对求最大（小）值问题，目标函数无上（下）界情形，此时也得不到最优解。图 9-6 给出了求最大值问题时目标函数可以不断增加无上界的情形。

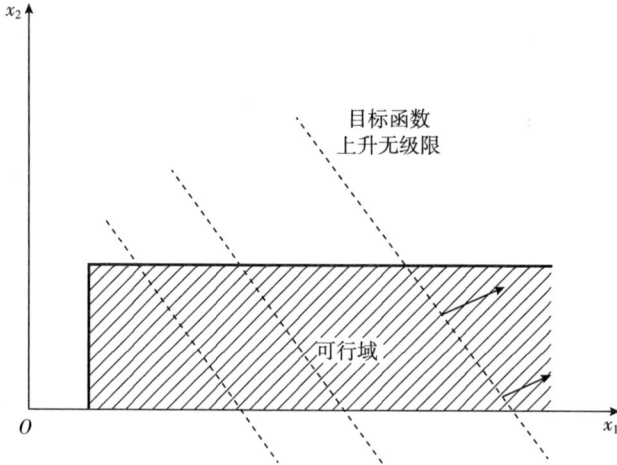

图 9-6　目标函数无上界情形

（5）具有多余约束的情形，某些情形中约束方程不形成可行域的边界，这种约束称为多余约束，去掉这些多余约束不会改变可行域的范围，图 9-7 表示了多余约束的情形。

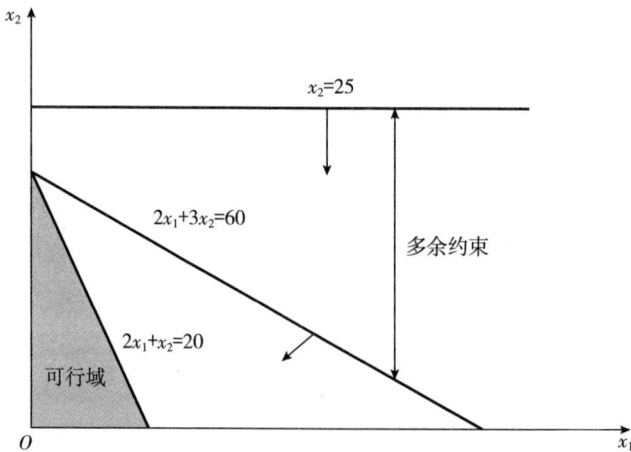

图 9-7　具有多余约束的情形

2. 基本理论

（1）凸集。

定义 9.1 设 $a=(a_1, a_2, \cdots, a_n)^T$，$b=(b_1, b_2, \cdots, b_n)^T$ 是 n 维向量空间 E^n 中任意两个点，所有满足下列条件的点 $X=(x_1, x_2, \cdots, x_n)^T$ 的集合

$$X=\alpha a+(1-\alpha)b \quad (0\leqslant\alpha\leqslant1)$$

叫作以 a，b 为端点的线段。a，b 称为该线段的端点，分别对应于 $\alpha=1$ 和 $\alpha=0$。其余的点称为该线段的内点。

定义 9.2 设 S 是 E^n 中的一个点集，若对于任意 $X^1\in S$，$X^2\in S$，有 $X=\alpha X^1+(1-\alpha)X^2\in S$ $(0\leqslant\alpha\leqslant1)$，则称 S 为一个凸集。

定义 9.3 设 $\overline{X}\in$ 凸集 S，若 S 中不存在两个不同的点 X^1，X^2，使

$$\overline{X}=\alpha X^1+(1-\alpha)X^2 \quad (0<\alpha<1)$$

则称 $\overline{X}$ 是凸集 S 的极点（顶点）。图 9-8 表示了凸集、非凸集及极点的情形。

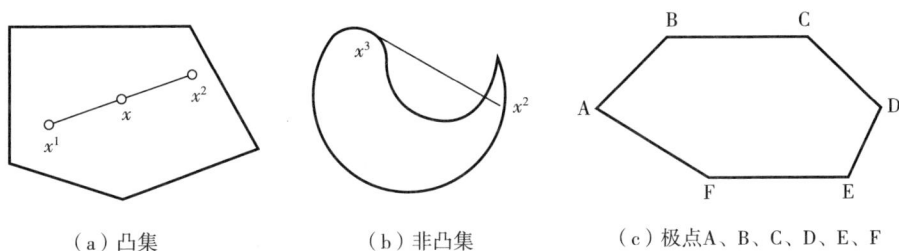

（a）凸集　　　　　　　（b）非凸集　　　　　（c）极点A、B、C、D、E、F

图 9-8　凸集、非凸集及极点的情形

（2）约束区域的性质。

定理 9.1 任何一个线性规划的可行解集合（如果不是空集）是一个凸集。

证明 考虑标准问题的可行解集合为 $D=\{x\mid AX=b, x\geqslant0\}$，若 $X^1\in D$，$X^2\in D$，则对任 $0\leqslant\alpha\leqslant1$，令 $X=\alpha X^1+(1-\alpha)X^2$，则因为 $X^1\geqslant0$，$X^2\geqslant0$，故 $X\geqslant0$ 且

$$AX=A(\alpha X^1+(1-\alpha)AX^2)=aAX^1+(1-\alpha)AX^2=ab+(1-\alpha)b=b$$

所以 $X\in D$，故 D 为凸集。

定理 9.2 可行解集 D 中的顶点个数是有限的。

定理 9.3 若可行解集 D 有界，则线性规划问题的最优解，必定在 D 的顶点上达到。

说明 1 若可行解 D 无界，则线性规划问题可能有最优解，也可能无最优解。若有最优解，也必在顶点上达到。

说明 2 有时目标函数也可能在多个顶点上达到最优值。这些顶点的凸组合也是最优值（有无穷多最优解）。

（二）对偶理论与对偶算法

1. 对偶规划的数学形式

[例 9-5] 原问题：在当前的饮食选择中，我们面对的是 n 种各具特色的食物，每一种食物都蕴含了 m 种不同的营养成分。具体来说，每当我们摄取一个单位的第 j 种食物，我们便能获得 a_{ij} 个单位的第 i 种营养成分。同时，这种食物的市场定价为 c_j。另外，每个人的日常营养需求是固定的，即每天需要摄取 b_i 个单位的第 i 种营养成分。这就引发了一个重要的问题：如何在满足这些营养需求的同时，尽可能地减少我们的饮食开销？

此问题可列成如表 9-1 所示的表格。

表 9-1　食物规划问题

		x_1	x_2	...	x_n	各种营养的最低要求
		1	2	...	n	
w_1	1	α_{11}	α_{12}	...	α_{1n}	b_1
w_2	2	α_{21}	α_{22}	...	α_{2n}	b_2
...	...	...	...		...	...
w_m	m	α_{m1}	α_{m2}	...	α_{mm}	b_m
食物单价		c_1	c_2	...	c_n	

则问题可归结为（参见例题 9-6）

$$(L)\begin{cases} \min CX \\ \text{s. t. } AX \geq b \\ X \geq 0 \end{cases} \tag{9-7}$$

对偶问题：设有一营养师，生产 m 种不同营养剂，用它们配制 n 种与天然食品有相同营养成分的食品去替代天然食品，试问各种营养剂的价格应如何确定，才能获利最大？

我们仍然利用表 9-1，设第 i 种营养剂单价为 w_i，并记 $W = (w_1, w_2, \cdots, w_n)$，为了达到畅销的目的，营养剂配成的食品的价格当然不能超过相应的天然食品的价格，即有

$$w_1 a_{1j} + w_2 a_{2j} + \cdots + w_m a_{mj} \leqslant c_j \quad (j = 1, 2, \cdots, n)$$

于是问题变为

$$\max Wb$$

(D) $\quad WA \leqslant C$

$$W \geqslant 0 \tag{9-8}$$

定义 9.4 称式（9-7）、式（9-8）所定义的线性规划问题（L）和（D）为互为对偶问题，若称其中一个问题为原问题，那么另一个称为原问题的对偶问题，也称它们构成一组对称的对偶规划。

对于标准型线性规划问题

$$\min CX$$

(L) $\quad AX = b$

$$X \geqslant 0 \tag{9-9}$$

可以将它的等式约束改为等价方程

$$AX \geqslant b$$

$$AX \leqslant b$$

那么式（9-9）可写成形式

$$\min CX$$

$$\begin{pmatrix} AX \\ -AX \end{pmatrix} \geqslant \begin{pmatrix} b \\ -b \end{pmatrix}$$

$$X \geqslant 0 \tag{9-10}$$

由对偶性定义 9.3 可知问题（9-10）的对偶规划为

$$\max (W^1, W^2) \begin{pmatrix} b \\ -b \end{pmatrix}$$

(D) $\quad (W^1, W^2) \begin{pmatrix} A \\ -A \end{pmatrix} \leqslant C$

$$(W^1,\ W^2)\geqslant 0$$

令 $W=W^1-W^2$，于是式（9-10）可写成

$$(D')\quad \begin{aligned}&\max Wb\\&WA\leqslant C\end{aligned}$$

此即为标准问题（9-9）的对偶规划。(L') (D') 也称为非对称规划。

还有一种混合型对偶规划。

原问题：

$$\min(\,C^1X^1+C^2X^2\,)$$

$$A_1X\geqslant b^1$$

$$A_2X=b^2$$

$$X^1\geqslant 0,\ X^2\ 无限制$$

它的对偶规划为

$$\max(\,W^1b^1+W^2b^2\,)$$

$$W^1A_1\leqslant C^1$$

$$W^2A_2=C^2$$

$$W^1\geqslant 0,\ W^2\ 无限制$$

综上所述，构成对偶规划的规则如下：

（1）把原问题的约束条件的符号统一写成 $\geqslant$ 及 $=$（$\leqslant$ 及 $=$）。

（2）原问题一个行约束（第 i 行），对应对偶问题一个变量 W_i，如果行约束是不等式，则 $W_i\geqslant 0$，若行约束为等式，则 W_i 无符号限制。

（3）原问题每个 x_j 所相应的列向量 $P_j=(a_{1j},\ \cdots,\ a_{mj})^T$ 对应对偶问题的一个行约束（第 i 行约束）。如果 $x_j\geqslant 0$，则行约束为

$$\sum_{i=1}^{m}w_ia_{ij}\leqslant c_j\Big(\sum_{i=1}^{m}w_ia_{ij}\Big)$$

如果 x_j 没有符号限制，那么行约束为等式，即

$$\sum_{i=1}^{m}w_ia_{ij}=c_j$$

（4）原问题的目标函数若是求极小（极大）值，则对偶问题是求目标函数 Wb 的极大（极小）值。

原问题模型与对偶问题模型之间的对应关系如表9-2所示。

表 9-2 原问题模型与对偶问题模型之间的对应关系

原问题（对偶问题）		对偶问题（原问题）	
目标函数 max z		目标函数 min w	
资源条件（约束右端常数项）价值系数（目标函数系数）		价值系数（目标函数系数）资源条件（约束右端常数项）	
变量	n 个变量 $\geqslant 0$ $\leqslant 0$ 无约束	约束条件	n 个约束 $\geqslant$ $\leqslant$ $=$
约束条件	m 个约束 $\leqslant$ $\geqslant$ $=$	变量	m 个变量 $\geqslant 0$ $\leqslant 0$ 无约束

［例 9-6］若原问题为：

$\min Z = 5x_1 - 6x_2 + 7x_3 + 4x_4$

$\qquad x_1 + 2x_2 - x_3 - x_4 = -7$

$\qquad 6x_1 - 3x_2 + x_3 - 7x_4 \geqslant 14$

$\qquad 28x_1 + 17x_2 - 4x_3 + 2x_4 \geqslant 3$

$\qquad x_1,\ x_2 \geqslant 0,\ x_3,\ x_4$ 无限制

求相应的对偶规划。

解：相应对偶规划为：

$\max S = -7w_1 + 14w_2 + 3w_3$

$\qquad w_1 + 6w_2 + 28w_3 \leqslant 5$

$\qquad 2w_1 - 3w_2 + 17w_3 \leqslant -6$

$\qquad -w_1 + w_2 - 4w_3 = 7$

$\qquad -w_1 - 7w_2 + 2w_3 = 4$

$\qquad w_1$ 无限；$w_2,\ w_3 \leqslant 0$

2. 对偶定理

现在我们来讨论原问题与它的对偶问题之间的关系。

先考虑对称对偶规划问题：

$\qquad \min CX$

$(L)\ AX \geqslant b$

$$X \geqslant 0$$

$$\max Wb$$

$$(D) \ WA \leqslant C$$

$$W \geqslant 0$$

定理 9.4 （L）和（D）同时有最优解的充要条件是它们同时有可行解。

证明：只需证明充分性。设（L）和（D）分别有可行解 X^0，W^0，即有

$$AX^0 \geqslant b, \ X^0 \geqslant 0$$

及

$$W^0 A \leqslant C, \ W^0 \geqslant 0$$

于是对（L）的任一可行解 $\overline{X}$

$$\overline{CX} \geqslant (W^0 A) \overline{X} = W^0 (\overline{AX}) \geqslant W^0 b$$

即 CX 在可行解集有下界 $W^0 b$，所以（L）有最优解。同样对（D）的任一可行解 $\overline{W}$，有

$$\overline{Wb} \leqslant \overline{W}(AX^0) = (\overline{WA})X^0 \leqslant CX^0$$

故 Wb 在可行解集合上有上界 CX^0，因此（D）有最优解。

推论 若 X^0，W^0 分别是（L）和（D）的可行解且 $CX^0 = W^0 b$，则 X^0，W^0 分别为（L）和（D）的最优解。

定理 9.5 设（L）和（D）中的一个有最优解，则另一个也一定有最优解，且目标函数值相等。

综合以上定理可得到（L）和（D）的解有如下关系：①两个问题都有最优解；②两个问题都没有可行解；③一个规划问题有可行解，但目标函数在可行解集合上无界，则另一个规划问题无可行解。

以上结论同样适用于非对称对偶问题（L'）和（D'）。

定理 9.6 （松紧定理）考虑非对称对偶规划

$$\min CX$$

$$(L') \quad \begin{matrix} AX \geqslant b \\ X \geqslant 0 \end{matrix}$$

$$(D') \quad \begin{matrix} \max Wb \\ WA \leqslant C \end{matrix}$$

设 X^0，W^0 分别是 (L') 和 (D') 的可行解，则 X^0 和 W^0 分别是 (L') 和 (D') 的最优解的充要条件为

$$(C-W^0A)X^0=0 \qquad\qquad (9-11)$$

证明：由以上定理知可行解 X^0 和 W^0 同时也是最优解的主要条件是：

$$CX^0=W^0b=W^0AX^0$$

即 $(C-W^0A)X^0=0$，故定理得证。

因 $X^0>0$ 且 $C-W^0A\geqslant0$ 故式（9-11）为

$$(c_j-W^0P_j)x_j^0=0 \quad (j=1,2,\cdots,n)$$

由此可得以下推论：

推论　若 (L') 有最优解 X^0，使得对指标 j 满足 $X_j^0>0$ [称为 j 对 (L') 是松的]，则对 (D') 的一切最优解 W^0，必有 $W^0P_j=C_j$ [称为 j 对 (D') 是紧的]；若 (D') 有最优解 W^0，使得对指标 j 满足 $W^0P_j<0$ [称 j 对 (D') 是松的]，则对 (L') 的一切最优解 X，必有 $x_j=0$ [称 j 对 (L') 是紧的]。

定理9.7　考虑对称的对偶规则

$$\min CX$$

$(L)\ AX\geqslant b$

　　　$X\geqslant 0$

　　　$\max Wb$

$(D)\ WA\leqslant C$

　　　$W\geqslant 0$

设 X^0，W^0 分别是 (L) 和 (D) 的可行解，则 X^0 和 W^0 同时也是 (L) 和 (D) 的最优解的充要条件是：

$$(C-W^0A)X^0=0$$

$$W^0(AX^0-b)=0$$

定理证明略。

若记 $A=(P_1,P_2,\cdots,P_n)=(Q_1,Q_2,\cdots,Q_m)^T$（$Q_i$ 表示 A 的第 i 个行向量），则松紧关系（定理9.7）可表示为：①若 $x_j^0>0$，则 $W^0P_j=C_j$，$j=1,2,\cdots,n$；②若 $W^0P_j<C_j$，则 $x_j^0=0$，$j=1,2,\cdots,n$；③若 $W_i^0>0$，则 $Q_iX^0-b_i=0$；④若 $Q_iX^0-b_i>0$，则 $w_i^0=0$。

对偶松紧定理又称互补松弛条件，除了其理论上的意义外，还可应用于：

①已知对偶问题的最优解，求原问题最优解，反之也一样；②检验一个可行解是不是原问题的最优解（先假定给定的可行解是最优解，然后运用对偶松紧关系尝试去构造一个对偶最优解，若成功了，则原来假定成立）；③检验有关最优解性质的某些假设（例如，在最优解处，原始的约束条件是否都是严格不等式等）。

3. 对偶问题的经济意义

（1）影子价格。如果把线性规划中的约束看作是一种广义的资源限制，那么这些约束条件的右侧数值，实际上就代表了各种资源的可用总量。对偶理论在经济领域中所蕴含的意义，主要体现在资源单位变动时，目标函数值会随之发生的变化，这种现象通常被称为影子价格。这些影子价格不仅是对系统内部资源价值的客观衡量，更是一种虚拟的、非实际交易中的价格体现，它们并非真实的市场价格，而是反映了资源在优化问题中的相对价值。

影子价格具有以下特征：

第一，影子价格是系统资源在最优状态下的价值体现，被誉为最优价格，仅当系统运作至顶峰时才赋予资源等价值。

第二，影子价格的确定与系统的价值导向紧密相连，并随系统状态的变化而波动，形成动态的价格机制。

第三，影子价格作为对偶解，直观展示资源在系统内的稀缺度。资源供过于求时，其影子价格归零，增加供应对系统目标无影响；而稀缺资源则拥有高于零的影子价格，且价格越高，稀缺性越显著。

第四，影子价格类似于经济学中的边际成本，是经济管理中不可或缺的价值指标。企业管理者依据企业内部资源的影子价格，可精准制定经营策略。

[例9-7] 某企业同时制造 A 和 B 两种产品。A 产品需 2 单位原料和 1 小时人工，B 产品需 3 单位原料和 2 小时人工。A 产品售价 23 元，B 产品售价 40 元。企业每日原料限额 25 单位，人工 15 小时。原料成本每单位 5 元，人工工资每小时 10 元。核心问题是：企业应如何规划生产，以最大化销售利润？

解：

模型一：

目标函数系数直接使用计算好的销售利润，成本数据不直接反映在模型中。设使用原材料为 x_1 个单位，使用人力为 $x_2 h$，则模型为

$$\max S = 3x_1 + 5x_2$$

s. t. $2x_1 + 3x_2 \leqslant 25$

$\qquad x_1 + 2x_2 \leqslant 15$

$\qquad x_1,\ x_2 \geqslant 0$

最优解 $X = (5,\ 5)^T$，最优值 $S = 40$，对偶解 $Y = (1,\ 1)^T$。

模型二：

目标函数系数直接使用未经处理的数据，成本数据不直接反映在模型中，则模型为

$\max S = 23x_1 + 40x_2 - 5x_3 - 10x_4$

s. t. $2x_1 + 3x_2 - x_3 = 0$

$\qquad x_1 + 2x_2 - x_4 = 0$

$\qquad x_3 \leqslant 25$

$\qquad x_4 \leqslant 15$

$\qquad x_1,\ x_2,\ x_3,\ x_4 \geqslant 0$

最优解 $X = (5,\ 5,\ 0,\ 0)^T$，最优值 $S = 40$，对偶解 $Y = (6,\ 11,\ 1,\ 1)^T$。

一般来说，如果模型在成本计算中明确纳入了所有资源（如模型二），则对偶解与影子价格将保持一致。关于企业经营策略，我们可依据以下思路：

若资源的影子价格高出市场价，这意味着该资源在系统内具备盈利可能性，因此应购入该资源。

若资源的影子价格低于市场价，这反映出该资源在系统内无盈利前景，应考虑出售。

若资源的影子价格与市场价相等，表明该资源在系统内处于稳定状态，无须进行买卖操作。

另外，如果模型在成本计算中隐含地考虑了所有资源（如模型一），则影子价格应等于对偶解资源成本的总和。在制定企业经营策略时，我们可以参考以下原则：

若某资源的对偶解大于零，这说明该资源在系统内具有盈利机会，应购买该资源。

若某资源的对偶解小于零，这反映出该资源在系统内无盈利潜力，应考虑出售。

若某资源的对偶解为零，表明该资源在系统内处于均衡状态，无须进行买卖

操作。

（2）灵敏度分析。在大多数线性规划问题中，模型所使用的参数都是一些估计量，在实际问题中很可能有波动。我们关心的是，波动应限制在什么范围内，可以使所得的最优解仍为最优解，而无须从头另做计算，这便是"灵敏度"分析问题。

灵敏度分析主要涉及下面三个问题：第一，目标函数系数的灵敏度分析；第二，约束方程常数项的灵敏度分析；第三，约束方程系数的灵敏度分析。

第十章　大数据分析方法

一、大数据时代与数据分析方法

（一）大数据时代与大数据

1. 大数据时代

自 1980 年美国未来学家阿尔文·托夫勒（Alvin Toffler）首次提出"大数据"概念以来，"大数据"经历了三个发展阶段。起初，托夫勒仅在理论层面提出了这一概念，当时信息资源相对稀缺，大数据并未引起广泛关注。随后，2011 年至 2012 年，麦肯锡公司发布了一份关于大数据的调研报告，题为"大数据：下一个创新、竞争和生产力的前沿"，将大数据定义为一种超越传统数据库软件的数据集，从而逐渐引起人们的重视。2012 年的《大数据时代》进一步强调了大数据的全面性和整体性，将其视为在广泛而非小规模数据上进行分析的重要实践。

自 2013 年大数据元年开启，该项技术发展已迈入第三阶段，其影响力已渗透至各行业与领域，尤以尖端科技和物流行业最为显著。这一趋势也得到国际学术界的热烈回应，如《自然杂志》2008 年推出的"Big data：Science in the Petabyte Era"专刊，2011 年《科学》对数据处理的深入探讨，以及 2012 年 ER-CIM News "Big Data"专刊，均对大数据的概念、特性及应用发表了深刻见解。

在大数据时代，大数据的应用范围不断扩展，首先在互联网、金融及 IT 等虚拟行业迅速发展，接着逐渐渗透到教育、科研和物联网等实际领域。实际上，大数据几乎涵盖了我们生活的各个方面，各个领域都在产生着大量数据。例如，考生的成绩、个人身份信息、商场的购物记录以及会员信息、网络运营商存储的手机信息和通话记录等，只要涉及生活痕迹，都会产生数据。大数据，无论是数据形态、数据来源，还是数据体量、数据构成、数据载体、数据表现都更加丰富多彩，与以往数据资源相比呈现出数据量巨大、形式多样化、涌现速度快和价值大的特点，因而大数据时代的大数据具有更强的复杂性和更加显著的不确定性，使人类分析和利用数据遇到了困难。面对新型数据类型的涌现，人类要有能力去获取数据并有能力从数据中挖掘有效的信息，这种现实的需求持续推动管理定量分析的发展。

大数据时代的数据科学发展催生了许多新兴职业，如数据分析师、数据科学家等，提供了许多数据驱动型工作机会，也使得这些新兴职业需求的人才变得稀缺而价值高。这样的变化也使得像管理定量分析这样以数据为研究对象的方法科学变得更加重要。

管理定量分析作为一门以数据为研究对象的方法论科学，旨在为揭示真相、发现规律，以及为解决人类面临的问题寻找解决方案提供定量依据。管理定量分析理论和方法必须根据数据形态和问题本质的变化而发展。数据形态是由数的表现方式和量两个维度决定的，问题本质是由事物的本质属性和人类的诉求两个维度决定的。管理定量分析的研究对象是数据而不是数字，它是有灵魂的。数据中蕴含了丰富的信息和内容。在从初级数据到科学数据再到大数据的演进过程中，管理定量分析大致经历了以下三个阶段：第一个阶段是只能收集到少量的数据并作简单分析；第二阶段是有目的地收集数据并科学分析、利用数据；第三阶段是当下基于社会经济生活中涌现的大数据形态发展大数据并挖掘分析理论。

2. 大数据的特征

许多学者也从不同角度对大数据进行了定义，但它们的共同点在于，认为大数据本质上是一种规模巨大的数据集，其特性通过与传统数据进行比较而凸显出来。在管理定量分析方法的发展视角下，本书采纳了如下定义：大数据是指其规模巨大到无法通过目前主流工具在合理时间内进行数据的获取、管理、处理并整理成为帮助企业经营决策的信息。这种数据是基于电子信息技术自动记录、储存的各种信息的产物。

大数据的特征可以概括为五个特点，即大量（Volume）、多样（Variety）、高速（Velocity）、价值（Value）和在线（Online）。

大数据的第一个特征是数据量巨大。数据的采集、存储和处理都呈现出极大的规模。随着信息技术的飞速发展，数据量呈爆发性增长，来自社交网络、移动网络和各种智能工具的数据源不断涌现。举例来说，截至 2019 年 6 月 30 日，淘宝的用户规模已达到了 7.55 亿，而淘宝网积累的用户行为数据则成为巨大的数据资产。随着云计算技术的不断成熟，数据存储和处理的成本不断降低，这种接近零成本的存储方式有助于挖掘出更多的数据价值，犹如沙里淘金，只有沙越多，最终淘到的金子才会越多。

大数据的第二个特征是种类繁多。数据的类型和来源多种多样，涵盖了结构化、半结构化和非结构化数据，如网络日志、音频、视频、图片、地理位置信息等。例如，广泛应用的推荐系统需要分析用户日志数据以推荐用户喜欢的内容。不同类型的数据来源决定了大数据的多样性，而这种多样性对数据处理能力提出了更高的要求。

大数据的第三个特征是价值密度低。大数据主要通过互联网和物联网产生和传输，随着信息感知的普及，数据不断产生，但其中的大部分数据价值密度较低。因此，高成本的数据存储要求大数据处理能够在短时间内筛选出高价值的数据资料，许多平台需要实时分析数据以保持竞争优势。相较于传统数据，大数据的最大价值在于从大量多样化的数据中挖掘出对未来趋势和模式预测有价值的信息，并通过机器学习、人工智能或数据挖掘等方法进行深度分析，最终应用于社会经济发展各个领域。

大数据的第四个特征是处理迅捷、时效性强。其增速惊人，处理需迅速，对时效性的要求极高。例如，搜索引擎须几分钟内捕捉最新资讯，个性化推荐算法更要实时完成推荐。此特点使大数据与传统数据挖掘形成鲜明对比。

大数据的第五个特征是数据是在线的。大数据始终在线，随时可调用和计算，这是大数据与传统数据最显著的区别。在互联网高速发展的背景下，所谓的大数据不仅仅是指数据量庞大，更重要的是数据的在线实时性。例如，在打车应用中，客户和司机的数据都是实时在线的，这样的数据才具有实际意义。在线数据的商业价值远远超过存储在计算机中的离线数据。

在当今大数据时代，用户行为数据、用户业务活动和交易记录、用户社交数据及相关信息，以及智能数据的采集，共同构成了庞大的大数据生态系统。这一生态系统为管理定量分析提供了丰富的数据资源，仿佛为其创造了沃土。随着大数据时代的到来，管理定量分析迎来了新的历史机遇。它急需借助智能算法、强大的数据处理平台以及新兴的数据处理技术，以便对大规模数据进行分析、预测和实时处理。这一发展将为管理定量分析学科赋予新的活力，使其能够更好地服务于人类社会，谱写出更加辉煌的篇章。

（二）数据类型与数据变化

1. 数据类型

在大数据时代，有效管理定量分析需要对数据的理解进行更新。现代意义下的数据具备以下四个特征：第一，它们是可记录的，能够以适当的方式被记录和储存。第二，这些数据是事实的记录，反映了客观事物及其发展过程的真实情况。第三，这些数据具有最适合的表现方式，能够以数字、文本、图像等形式最恰当地展现。第四，这些数据蕴含着信息价值，只有包含有价值信息的数据才值得花费时间和精力去挖掘，才值得进行相关科学研究方法的开发和研究，以分析其中的有价值内容。

根据数据的结构性特征可以将其分为三种：结构化、半结构化和非结构化。结构化数据是数字形式的可运算数值，是传统定量分析的核心。非结构化数据则是记录客观事实的各种形式，包括符号、文字、图像、声音、视频等，是大数据时代的新型数据类型，需依赖大数据分析方法深入挖掘和分析。

2. 数据变化

大数据时代，作为管理定量分析对象的数据发生了多方面的变化，主要表现为：

（1）数据内涵的变化。以往对数据的认识主要以数字为基础，以可计算为标准；而大数据则主要以信号为基础，以可分析为标准。

（2）数据来源与构成的变化。以往人们只能通过"无中生有"的办法去获得数据，主要通过专门调查或实验等方式获取数据，以结构性数据为主，而大数据则主要是"有中选优"，是从基于现代信息技术获取的一切信息，包括人与人之间的网络交流数据、人与机器之间的人机交互数据以及机器自动记录的感应数据等中有选择地删除数据。这意味着未来从大数据中筛选数据的方法和能力是挖掘大数据价值的重要影响因素。当然，大数据时代并不是任何数据都可以从现成的大数据中获得，在有些方面还需要采用传统的方式方法去收集特定需要的数据，数据来源和采集方式更加多样化。

（3）数据形式和存储方式的变化。以往数据的表现形式以数字形式为主，并表现出良好的结构特征；而大数据的表现形式是多样化的，包括数字、文字、图像、影像和视频等数据形式，由此导致大数据的储存方式也不同于以往数据的存储方式。

（4）数据复杂程度的变化。以往管理定量分析数据的复杂性主要体现在数据收集方法、测量方法和测量精度，以及变量的多元性等方面；而大数据的复杂性主要表现为六个不确定性，即数据总体的非确定性、数据表现的非标准性、数据含义的非单一性、数据产生的非独立性、数据真伪的难分辨性和数据来源的有偏性。

与传统数据分析"先有总体后有数据"的思维模式不同，大数据研究者首先看到的是数据本身，然后才会分析总体或元素，即大数据研究是总体跟着数据走。根据大数据研究对象的不同，大数据总体可以有两种情况：一是由全部数据构成的数据总体，二是由全部数据的承担者所组成的总体。但无论怎样，都是先有数据再确定样本或元素。根据数据范围和特征分析，大数据总体可能有三种情况：一是某一现象某一方面数据的集合；二是某一现象所有方面数据的集合；三是所有相同现象或相关现象某一方面或所有方面数据的集合。从时间角度进行划分，后面时刻的大数据总体都包含了前面时刻的大数据总体，这是由大数据的累积性决定的，所以前面时刻的大数据总体都是后面时刻大数据总体的一个样本。

（二）大数据分析方法

大数据时代的数据分析不是以问题为导向，是以大量数据为前提的，是要把大数据作为宝贵的资源，从中挖掘有价值的信息。因此数据分析的思路发生了变化，数据挖掘的分析思路主要为"探求式的现象特征描述、多元化的数据分析思维、挖掘性的数学运算、强大的计算技术、形成结论"，其遵循的逻辑分析框架也不同，主要遵循"定量—定性"的逻辑分析框架。

由于大数据分析方法体系还处于形成和发展过程中，人们对大数据分析方法的分类有各种不同的角度。比如，有学者根据大数据分析的具体目标，将大数据分析方法分为可视化分析、语义引擎、数据挖掘算法、预测性分析、数据质量和数据管理几个方面的方法。可视化分析主要是针对数据呈现形成可视化要求，是大数据分析最基本的要求。语义引擎是一种用于解析、提取和分析数据的工具，应当具备智能提取信息的能力，特别是对于大数据时代多样化的非结构化数据而言，这成为新的需求。数据挖掘算法作为大数据分析的核心理论，针对不同类型和格式的数据形成了多种多样的算法。在这个领域中，只有那些能够严格遵循科学统计理论、能够深入挖掘数据内部有效信息，并且能够快速获得准确结论的算法才能够得到认可并且生存下来。预测性分析是基于大数据分析的应用目标，具有很强的实用价值，其基于数据挖掘获得的有效信息构建模型，并将新的数据输入模型获得对未来预测的数据。

大数据分析方法还有一种比较常见的分类是按大数据分析的内容要求来划分的，分为描述型分析、诊断型分析、预测性分析和指令型分析。具体地：①描述型分析主要回答"是什么"的问题，这是最常见的分析方法。例如，企业每个月的营业收入和损失账单是在获取大量客户数据和经营数据的基础上对企业运营状况的描述。利用可视化工具，能够有效利用描述型分析所提供的信息。②诊断型分析旨在探究"为什么"的问题，它常作为描述性分析的深化步骤。借助对描述型数据的深度剖析，诊断工具能帮助我们更精准地洞察数据内核，深化分析层次。例如，商业智能仪表板（Business Intelligence Dashboard，BI 仪表板）是商业智能系统中常见的模块之一，其通过良好的设计，可以实现数据可视化的功能。这些仪表板通过图形化的方式展示了度量信息和关键业务指标（KPI）的当前状态，为企业提供了一种直观的数据虚拟化工具。通过 BI 仪表板，用户可以通过交互式的图表、图形和表格来查看和分析关键数据，帮助他们快速理解业务状况、发现趋势和模式，并及时采取相应的行动。商业智能仪表板能够按照时间序列进行数据读入、特征过滤和钻取数据等，以便更好地分析数据。③预测性分析主要回答"将会怎么样"。该方法运用历史数据与统计模型，旨在预测未来事件发生的概率、数值大小及具体时间，为决策者提供前瞻性洞见。通过建立预测模型，人们可以对未来的各种情况进行推测和估计，从而在面对充满不确定性的环境时做出更为明智的决策。④指令型分析主要回答"应该做什么"。指令型分析是基于"是什么""为什么""将会怎么样"分析结果的基础上，帮助用户决定"应该做什么"。例如，交通规划分析是一种综合考虑各种交通因素的方法，旨在优化交通路线选择。通过对各路线的距离、行驶速度限制以及交通管制等因素进行综合评估，交通规划分析能够为人们提供最佳的通行方案。大数据分析方法的特点和多样化对相关专业人员提出了新的要求，通常大数据分析人员必须掌握的基础知识包括数据库、数据及编程方法、管理定量分析方法等。

二、Python 简介

（一）Python 语言的特点

Python，别名爬虫，是计算机程序设计语言，动态且面向对象。此语言是 Guido van Rossum 于 1989 年末所创，1991 年开始公之于众。最初，Python 设计之旨在于编写自动化脚本，处理简易任务及系统管理。之后，Python 日臻完善，渐成强大灵活的编程语言，广泛应用于软件开发诸领域。

Python 语言的持续进步与增强，使其在开发大型复杂项目时备受青睐。其语法简洁、标准库丰富，同时拥有强大的第三方库支持，让开发者能迅速构建出多种应用，涵盖 Web 开发、科学计算、数据分析、人工智能等领域。

与 Perl 语言类似，Python 的开放源代码模式也是其成功的重要因素之一。Python 源代码采用 GPL（GNU General Public License）协议发布，这意味着任何人都可以自由地查看、修改和重新分发 Python 代码，从而促进了社区的合作和共享。这种开源的精神不仅推动了 Python 语言的发展，也为开发人员提供了丰富的资源和支持，使得 Python 成了一个受欢迎的编程语言之一。

Python 在全球脚本语言排名中位居前列，成为众多领域首选。尤其在人工智能领域，Python 更是炙手可热的编程语言。其用途广泛，适用于数据分析、爬虫开发等多个方面。Python 之所以备受青睐，源于其灵活的语法、清晰的结构、出色的可读性、强大的可移植性和跨平台开发能力。这些特点使得初学者易于上手，并能深入进行数据挖掘与分析工作。

Python 语言拥有众多优点，这些优点使得它成为一种备受欢迎的编程语言：

（1）简单易学：Python 以简单主义为理念，其语法简洁清晰，读起来如同阅读英语句子一般，使得初学者能够轻松上手。其详尽的说明文档也有助于初学者快速学习和理解。

（2）免费、开源和可移植性：Python 可以自由地分发、修改和重新分发。由于其开源本质，Python 可以轻松地在各种操作系统平台上运行，包括 Linux、Windows、Mac 等，具有出色的可移植性。

（3）解释性：Python 程序无须事先编译为二进制形式，而是直接执行源代码。Python 解释器首先将源代码转换成字节码这一中间形式，随后再转换成机器语言执行。这种机制让 Python 程序的编写与移植变得更为简便。

（4）面向对象：Python 同时支持面向过程和面向对象的编程范式，使得程序员可以根据需求选择合适的编程方式。

（5）可扩展性和可嵌入性：Python 可与 C/C++ 等语言混编，利用 C/C++ 编写部分程序以提升执行效率。同时，Python 程序可嵌入 C/C++ 程序中，实现更强大的脚本功能，从而增强程序的灵活性和扩展性。

（6）丰富的库：Python 标准库功能强大且庞大，涵盖了各种常用的功能和工具，如正则表达式、文档生成、单元测试、数据库操作等。此外，还有许多高质量的第三方库可供选择，极大地丰富了 Python 的功能和应用领域。

（7）规范的代码：Python 采用强制缩进的方式，使得代码具有良好的可读性和整洁性，使得程序员能够更加容易地理解和维护代码。

（8）速度快：Python 底层由 C 语言编写，许多标准库和第三方库也是用 C 语言编写，因此 Python 在运行速度上表现出色，适用于处理各种类型的任务和项目。

当然，虽然 Python 语言具有许多优点，但也存在一些缺点，主要集中在以下两个方面：

一是单行语句和命令行输出问题：在 Python 中，有时候无法将程序写成一行，如在命令行中执行多条语句时就不太方便。举例来说，像"import sys；for i in sys. path：print（i）"这样的代码就无法直接在命令行中运行，而需要将其写入一个 . py 文件。相比之下，Perl 和 Awk 等语言则更为灵活，可以更方便地在 shell 下完成简单程序的编写和执行。

二是运行速度相对较慢：相较于 C 和 C++ 等编译型语言，Python 的运行速度略显逊色。这源于 Python 的解释性特点，它需在运行时转换源代码为机器语言，而 C 和 C++等语言则在编译阶段完成此转换，所以执行效率更高。尤其在处理大规模数据、复杂计算或需要高性能的情况下，Python 的运行速度相对较慢可能会成为一个问题。

Python 之所以成为很热门的数据分析软件是由它的诸多优势所决定的，但要真正感受它的魅力需要使用它，只有通过实践才能真正体会 Python 在大数据分析方面的价值，而且更多人的参与也将会使 Python 更有价值。

（二）Python 入门

Python 是一种强大的面向对象、面向函数的编程语言，这样的编程环境需要使用者既要熟悉编程语言的各种命令，还要熟悉 DOS 编程环境。如果学习者具备了这些条件，可以从 Python 官网 https：//www. python. org/downloads/下载 Python 最新版本，下载 Python 提供最基本的语言环境。

如果学习者没有编程经验或没有熟练使用管理定量分析方法的能力，要直接学习 Python 编程是有一定困难的。建议学习者可以采用基于 Anaconda 的 Jupyter 平台进行数据分析。Jupyter 项目提供一个在线使用开源计算程序的云服务平台，可以帮助学习者快速学习和掌握包括 Python 在内超过四十种的编程语言。用户可以在 https：//jupyter. org/try 选择使用 Try Classic Notebook，就会出现 Jupyter Notebook。它的灵活性使它成为数据科学家、研究人员和教育者等多个领域的首选工具之一。Jupyter Notebook 的功能丰富多样，用户可以在同一个笔记本中编写和运行代码，实时查看结果，并结合 Markdown 语法添加说明性文字和图表，使得文档更加清晰易懂。其支持的众多编程语言包括 Python、R、Julia 等，使得用户可以根据需求选择最适合的语言进行数据分析和处理。Jupyter Notebook 的开放性和易用性，使其成为许多项目、课程和研究工作中不可或缺的工具之一。数据挖掘领域的热门比赛 Kaggle 里的资料都采用了 Jupyter 格式。

如何新建 Jupyter Notebook 文档？单击文件（file），依次选择 New Notebook-Python3 就会先后出现两个页面，在页面中新建文档，文档名默认为 Untitled. ipynb，当然也可以更换文档名（操作 file-rename）。接下来就可以用文档进行计算和分析了。在 Jupyter Notebook 中，cell 是执行代码或书写文档的基本单位，包含输入与输出两部分。它有三种类型：Code 型用于编写和运行代码，并展示结果；Markdown 型用于撰写 Markdown 格式的文档，并转换为相应格式的输出；RawNBConvert 型则用于输入普通文本，执行后不会产生输出结果。Python 进行科学运算和画图时需要调用的分析包如 numpy、scipy、pandas 等在 Jupyter 中都已安装。

如果不想安装庞大的 Python 和 Jupyter Notebook，只想先尝试学习一下，那么可以使用浏览器版的 Jupyter Lab 试试。Jupyter Lab 是一个基于网页的集成开发环境（Integrated Development Environment，IDE），保留了 Jupyter Notebook 的全部特性。

（三）Python 的分析包

Python 在数据分析领域拥有众多强大的模块。所有 Python 的函数和数据集都被妥善保存在包中，只有安装并导入这些包，其内容才能被有效利用。Anaconda 和 Jupyter Notebook 已预装诸如 numpy、scipy、pandas、matplotlib 等常用的数据分析包，对于初学者来说，只需掌握这些包的基础知识，便能在数据分析中大展拳脚。接下来，我们将简要介绍这些数据包的核心功能。

1. Numpy

Numpy，作为 Python 的数值计算利器，旨在满足严格的计算处理需求。它为我们提供了对 Numpy 数组和面向数组计算的深入理解。此外，Numpy 还囊括了众多高级的数值编程工具，包括矩阵数据类型、矢量处理以及精细的运算库。其中，ndarray 和 ufunc 是 Numpy 的两大基石。ndarray 作为多维数组，专用于存储同一数据类型的数据；而 ufunc 则是一系列能够高效处理数组的函数。通过这两大对象，Numpy 在数值计算领域展现出了强大的实力。

2. Scipy

Scipy 是一款专为科学和工程领域设计的 Python 数值分析包，以其便捷性和易用性备受推崇。它涵盖了统计、优化、积分、线性代数、傅里叶变换、信号与图像处理以及常微分方程求解等多个模块。作为 Numpy 的依赖项，Scipy 提供了大量对用户友好且高效的数值例程，如数值积分和优化等，极大地简化了复杂数值分析的过程。

3. Pandas

Pandas 数据操作包堪称数据清洗和整理的利器，它能轻松应对数据缺失问题，并轻松合并流行数据库如 SQL 数据库。Pandas 最初是为金融数据分析而诞生，因此在时间序列分析方面表现出色。Pandas 专注于解决数据分析任务，集成了丰富的库和标准数据模型，提供了一系列高效便捷的数据处理函数和方法。它拥有高级数据结构，让数据分析变得更加迅速和简单。同时，Pandas 建立在 Numpy 的基础上，进一步简化了 Numpy 的应用。

4. Matplotlib

Matplotlib 是一个基于 Numpy 的 Python 可视化模块，专门用于数据绘图。它提供了丰富的绘图工具，特别适用于统计图形的绘制。在 Matplotlib 中，用户可以自定义各种属性，如图像大小、线宽、色彩等，从而精确控制图表的每一个细节。此外，Matplotlib 还支持将图表输出为多种格式的矢量图和图像文件，如 PDF、SVG、JPG 等，为用户提供了极大的灵活性。无论是调整图表样式还是导出文件，Matplotlib 都能满足用户的各种需求。

要明确一点，安装程序包与载入程序包是两个截然不同的步骤。安装程序包，意味着将所需的软件包安装到计算机上；而载入程序包，则是将这些软件包导入到 Python 的运行环境中。通常，安装程序包需要在命令行界面中使用 pip 工具，如输入"pip install pandas"来安装 pandas 包。至于在 Python 中调用这些包，我们通常使用"import"命令，如要调用 Numpy 数值计算工具包，可以输入"import numpy"。

（四）Python 的数据类型

Python 中的对象（object）是数据的基本单位，可以代表各种不同的实体或值。这些对象可以包括数字、数组、字符串、函数或者自定义的数据结构等。举例来说，一个人的年龄可以用整数类型的数字来表示，而名字则可以用字符串类型来表示。

Python 提供了一些标准数据类型，用于存储和操作各种数据。这些标准数据类型包括数值（Numbers）、字符串（String）、列表（List）、元组（Tuple）和字典（Dictionary）。

1. 数值

数值是 Python 中用于储存数值信息的数据类型，具有不可变性，即其值一旦被赋予便不可更改，如需变动则会生成新的对象。Python 支持四种数值类型：

有符号整型（int），用于表示整数；长整型（long），除表示长整数外，还可用于八进制和十六进制的数值表示；浮点型（float），用于存储小数；复数（complex），用于处理复数的运算。这些类型使得 Python 在数值处理方面具备强大的功能。

2. 字符串

字符串是编程语言中表示文本的数据类型，由数字、字母、下划线组成的一串字符。在 Python 中，字符串和列表是常见的数据类型，它们都支持索引操作来获取其中的元素。对于字符串和列表，索引可以从左到右或从右到左进行。

从左到右索引是从索引 0 开始的，默认情况下，最左边的元素的索引为 0，依次递增，直到字符串或列表的长度减 1 为止。这种索引方式允许我们按照顺序逐个访问字符串或列表中的元素。

另一种是从右到左索引，这是以 -1 作为起始索引，默认情况下，最右边的元素的索引为 -1，依次递减，直到达到字符串或列表的第一个元素为止。通过从右到左的索引，我们可以方便地访问字符串或列表的末尾元素。

例如，一个由 6 个字符构成的字符串中的每个字符的编号可以是 0、1、2、3、4、5，也可以是 -6、-5、-4、-3、-2、-1。

3. 列表

列表是 Python 中使用最频繁的数据类型。列表可以被用来实现各种集合类的数据结构，因此在实际编程中被广泛应用。

列表可以容纳各种类型的数据，包括字符、数字、字符串等，甚至可以包含其他列表，形成所谓的嵌套列表结构。这种灵活性使得列表在处理各种数据时都能够胜任，并且能够满足复杂数据结构的需求。

由于列表支持动态长度，即在程序运行时可以动态地添加、删除和修改其中的元素，因此它非常适合用来存储需要频繁变化的数据集合。此外，列表还支持索引、切片和各种操作方法，使得对列表中的元素进行访问、操作和处理变得非常便捷和高效。

列表是 Python 中常用的复合数据类型，用方括号"［］"标识。若要截取列表中的部分值，可以使用切片操作，即指定起始和结束下标［如（头下标：尾下标）］。列表的索引从左到右默认从 0 开始，从右到左则默认从 -1 开始。如果下标为空，则表示截取至列表的开头或结尾。

4. 元组

元组是一种与列表（List）类似的数据结构，但它使用圆括号"（）"进行标识，元素之间以逗号分隔。与列表不同的是，元组是不可变的，即一旦创建后，其内部元素无法再次赋值，因此可以将其视为只读列表。

5. 字典

字典是 Python 中除列表外最为灵活的内建数据结构。列表存储的是有序的对象集合，而字典则容纳无序的对象集合。字典的独特之处在于，它通过键来存取元素，而非依赖位置偏移。字典使用"｛｝"进行标识，由键（key）及其对应的值（value）共同构成。

需要说明的是，Python 对象是通过名字创建和保存的，用 who 命令来查看当前打开的 Python 环境中的对象，用 del 删除这些对象。

（五）Python 编程运算

Python 是面向对象、面向函数的编程语言，具有常规语言的算术运算和逻辑运算功能，以及控制语句、自定义函数等功能。运算通常可以根据最终获得的值不同分为两类，一类结果为具体的值，另一类结果为 bool 值。Python 编程运算主要有算术运算（见表 10-1）、赋值运算（见表 10-2）、比较运算（见表 10-3）、逻辑运算（见表 10-4）和成员运算（见表 10-5）。

表 10-1 算术运算

运算符	描述	实例
+	加——两个对象相加	a+b 输出结果 30
−	减——得到负数或是一个数减去另一个数	a−b 输出结果−10
×	乘——两个数相乘或是返回一个被重复若干次的字符串	a×b 输出结果 200
/	除——x 除以 y	b/a 输出结果 2
%	取模 —返回除法的余数	b%a 输出结果 0
**	幂——返回 x 的 y 次幂	a**b 为 10 的 20 次方，输出结果 100000000000000000000
//	取整除——返回商的整数部分	9//2 输出结果 4，9.0//2.0 输出结果 4.0

表 10-2　赋值运算

运算符	描述	实例
==	等于——比较对象是否相等	（a==b）返回 False
!=	不等于——比较两个对象是否不相等	（a!=b）返回 True
<>	不等于——比较两个对象是否不相等	（a<>b）返回 True。这个运算符类似！=
>	大于——返回 x 是否大于 y	（a>b）返回 False
<	小于——返回 x 是否小于 y。所有比较运算符返回 1 表示真，返回 0 表示假。这分别与特殊的变量 True 和 False 等价。注意，这些变量名的大写	（a<b）返回 True
≥	大于等于——返回 x 是否大于等于 y	（a≥b）返回 False
≤	小于等于——返回 x 是否小于等于 y	（a≤b）返回 True

表 10-3　比较运算

运算符	描述	实例
=	简单的赋值运算符	c=a+b 将 a+b 的运算结果赋值为 c
+=	加法赋值运算符	c+=a 等效于 c=c+a
-=	减法赋值运算符	c-=a 等效于 c=c-a
×=	乘法赋值运算符	c×=a 等效于 c=c×a
/=	除法赋值运算符	c/=a 等效于 c=c/a
%=	取模赋值运算符	c%=a 等效于 c=c%a
**=	幂赋值运算符	c**=a 等效于 c=c**a
//=	取整除赋值运算符	c//=a 等效于 c=c//a

表 10-4　逻辑运算

运算符	描述	实例
and	布尔"与"——如果 x 为 False，x and y 返回 False，否则它返回 y 的计算值	（a and b）返回 True
or	布尔"或"——如果 x 是 True，它返回 True，否则它返回 y 的计算值	（a or b）返回 True
not	布尔"非"——如果 x 为 True，返回 False。如果 x 为 False，它返回 True	not（a and b）返回 false

表 10-5 成员运算

运算符	描述	实例
in	如果在指定的序列中找到值返回 True，否则返回 False	x 在 y 序列中，如果 x 在 y 序列中返回 True
not in	如果在指定的序列中没有找到值返回 True，否则返回 False	x 不在 y 序列中，如果 x 不在 y 序列中返回 True

三、网络爬虫方法

（一）网络爬虫的含义

大数据时代大量数据资料散落于互联网之中，而且无时无刻不在生成新的数据信息。对于数据分析者来说，如何将网页中的最新数据自动汇入而不必手动或较少手动整理数据就成为重要的基础工作。网络爬虫技术满足了数据分析者的这方面需求。

网络爬虫（别称网络蜘蛛、网络机器人）是一个为搜索引擎从互联网上自动提取网页的程序，它按一定的规则自动从网络中抓取信息。网络爬虫技术就是能够帮助人们将大量散落在互联网中的数据抓取出来，为进一步的大数据分析提供条件的方法。Python 拥有网络爬虫技术，可以将大量结构化数据资料直接导入 Python 中，为数据分析提供条件。

网络爬虫通常被用于搜索引擎、数据挖掘、网络监控等领域。一个完整的网络爬虫系统通常由多个组件构成，每个组件都有其特定的功能，共同协作完成信息的获取和处理任务。

一是爬虫调度程序，它是整个爬虫系统的入口，负责启动和管理整个爬虫程序的运行。

二是 URL 管理器，它用于管理待爬取的 URL 和已经爬取过的 URL，确保爬虫不会重复抓取相同的网页，也能够及时发现新的待抓取网页。

三是网页下载器，它负责下载网页内容，将网页保存在本地供后续处理使用。网页下载器可以处理不同类型的网页，包括 HTML、XML、JSON 等格式。

四是网页解析器，它用于解析下载的网页内容，提取出其中的新 URL 和所需的信息。网页解析器通常使用正则表达式、XPath、CSS 选择器等技术进行网页内容的提取和解析。

五是网页输出器，它负责将获取到的信息以文件的形式输出，通常是保存为 HTML、XML、JSON 等格式的文件，或者直接存储到数据库中供后续使用。

这些组件共同协作，完成了网络爬虫对网页的下载、解析和存储等工作，从而实现了对互联网信息的自动化获取和处理。

利用网络爬虫技术，我们可以爬取多种类型的数据。这些数据类型包括：网页文本，如 HTML 文档和 Json 格式文本；图片，以二进制文件形式获取并保存为图片格式；视频，同样以二进制文件形式存在；其他任何通过请求可以获取的数据。

（二）Python 网络爬虫操作流程和方法

1. 网络爬虫操作流程

首先是发起请求。这一步通过使用 HTTP 库向目标网站发送请求，请求可以包含各种信息，如额外的标头（header），以及其他参数。这个步骤是与目标服务器建立通信的起点，等待服务器响应。

其次是获取响应内容。如果服务器正常响应，爬虫将收到一个响应（Response），其中包含了所需的页面内容。这个内容可以是 HTML 格式的文本，也可以是 JSON 格式的数据，甚至可能是二进制数据，如图片或视频等。

再次是解析内容。接收到的页面内容可能呈现为 HTML 格式，这时可以选择利用正则表达式或特定的页面解析库来细致分析其内容；若内容为 JSON 格式，则能直接将其转换为 JSON 对象，从而进行便捷的解析；若遇到二进制数据，可选择保存或进行更深入的处理。

最后是保存数据。保存数据的方式多种多样，可以将数据保存为文本文件，也可以存储到数据库中，或者以特定格式保存为文件。这个步骤是将爬取到的信息永久性地保存下来，以备后续分析和使用。

通过这四个步骤，网络爬虫可以有效地获取、处理和保存网页数据，这为后续的数据分析和应用提供了基础。

2. Request 和 Response

HTTP Request 是浏览器向服务器发送消息的过程，即浏览器向目标网址所在服务器发起请求；而 HTTP Response 则是服务器接收浏览器请求后，根据请求内容进行处理，并将结果返回给浏览器进行展示的过程。

（1）Request 中包含的内容。Request 中包含的内容主要包括请求方式、请求URL、请求头和请求体。

a. 请求方式。HTTP 请求方法主要包括 GET 和 POST 两种最常用类型，另外还有 HEAD、PUT、DELETE 和 OPTIONS。

GET：向特定资源发起"展示"请求，主要用于数据读取而非执行具有"副作用"的操作，常见于 Web 应用。由于 GET 请求的数据直接嵌入在 URL 中，它可能会被网络爬虫等自由访问，因此需注意数据隐私和安全性。

POST：向特定资源发送数据，请求服务器进行相应处理，如提交表单、上传文件等。POST 请求的数据封装在请求体中，可以用来创建新资源或更新现有资源，确保数据传输的安全性和完整性。

HEAD：与 GET 方法类似，向服务器发出指定资源的请求，但服务器只返回资源的头部信息，不传回资源的内容。这可用于获取有关资源的元信息而无须传输全部内容。

PUT：将最新内容上传至指定资源位置，用于更新资源内容。

OPTIONS：可向服务器查询其支持的所有 HTTP 方法。在请求中，可用"＊"作为资源名称的占位符，以此测试服务器功能的正常运行状态。这一方法有助于客户端了解服务器的通信能力，从而进行更高效的交互。

DELETE：请求服务器删除指定资源。

这些 HTTP 请求方法具有不同的功能和用途，可以根据实际需求选择适当的方法来实现特定的操作。

b. 请求目标。请求目标是网络爬虫获取数据的基本依据，它必须是一个有效的 URL 才能成功获取数据。URL，即统一资源定位符，是互联网上标准资源的地址，也是我们通常称为网址的东西。每个互联网文件都有一个唯一的 URL，它指示文件的位置以及浏览器应如何处理它。

URL 的格式通常由三个部分组成：协议（服务方式）、存放资源的主机 IP

地址（有时还包括端口号），以及主机资源的具体地址，如目录和文件名等。网络爬虫通过解析 URL 来定位要获取的资源，并按照指定的协议和地址访问目标网站以获取所需的数据。

c. 请求头。请求头（Request Headers）是在发送 HTTP 请求时包含的头部信息，用于向服务器传递额外的请求参数和元数据。其中包括了一系列键值对，每个键值对表示一个特定的请求参数或元数据。

常见的请求头信息包括但不限于：

User-Agent：标识了客户端的软件应用类型、操作系统、版本等信息，以便服务器能够根据不同的客户端类型提供不同的响应。

Host：指定了请求的目标服务器的域名或 IP 地址。

Cookies：用于在客户端和服务器之间传递状态信息，通常用于记录用户的身份认证、会话管理等。

除了上述信息外，请求头还可以包含其他自定义的信息，以满足特定的需求或要求服务器执行特定的操作。在 HTTP 通信中，请求头是与请求主体一起发送到服务器的重要部分，它们提供了关于请求的上下文和额外的控制信息。

d. 请求体。请求体（Request Body）是 HTTP 请求中包含的主体部分，用于向服务器传递附加的数据或信息。在 HTTP 请求中，请求体通常与 POST 请求一起使用，用于向服务器提交表单数据、上传文件、JSON 数据等。

请求体的内容格式可以是多种多样的，取决于请求的类型和所传递的数据。对于表单提交，请求体通常采用表单编码（Form Data）或者多部分表单编码（Multipart Form Data）的格式；对于 JSON 数据，请求体则是一个 JSON 字符串；而对于文件上传，请求体则可能是一个二进制数据流。

请求体中的数据对于服务器来说是非常重要的，它包含了客户端发送的具体信息，服务器需要对这些数据进行解析和处理。在 HTTP 请求中，请求头（Request Headers）用于传递元数据信息，而请求体则包含了实际的数据内容。

（2）Response 中包含的内容。所有 HTTP 响应的首行都是状态行，其中包含了当前所使用的 HTTP 版本号、由三位数字组成的状态码以及对状态的简短描述，这些信息彼此之间由空格分隔。Response 中包含的内容主要有响应状态、响应头和响应体等。

a. 响应状态。Response 有多种响应状态，如：200 代表成功，301 表示跳转，

404 表示找不到页面，502 表示服务器错误等，具体包括：

1xx Informational（信息性状态码）：表示请求正在处理，需要进一步操作。

2xx Success（成功状态码）：表示请求已成功被服务器接收、理解、接受。

3xx Redirection（重定向状态码）：表示需要客户端采取进一步的操作才能完成请求。

4xx Client Error（客户端错误状态码）：表示客户端发出的请求有误，导致服务器无法处理。

5xx Server Error（服务器错误状态码）：表示服务器在处理请求时发生内部错误或无法完成请求。

b. 响应头。响应头是 HTTP 响应的一部分，包含了服务器返回给客户端的一些重要信息。其中包括：

Content-Type（内容类型）：指示了响应体的数据类型，如文本类型、图像类型、应用程序类型等。这有助于客户端正确解析和处理响应内容。

Content-Length（内容长度）：表示响应体的字节长度，用于指示客户端在接收完整响应后停止接收数据。

Server（服务器信息）：指示了响应所使用的服务器软件及其版本信息。这有助于客户端了解响应来自哪个服务器。

Set-Cookie（设置 Cookie）：用于在客户端存储和管理会话状态信息的一种机制。服务器可以通过 Set-Cookie 头部向客户端发送一个或多个 Cookie，客户端会在随后的请求中将这些 Cookie 发送回服务器。

c. 响应体。响应体是 HTTP 响应的核心组成部分，其中包含了客户端请求的实际资源内容，如网页的 HTML 代码、图像文件、音频文件、视频文件等各种数据形式。它是客户端通过 HTTP 协议从服务器端获取数据的主要载体。响应体的内容类型取决于客户端请求的资源类型以及服务器端提供的响应内容。在网页浏览器中，响应体通常包含了用于呈现网页内容的 HTML 代码、CSS 样式表、JavaScript 代码等。对于其他类型的资源，响应体可能是图像文件的二进制数据、音频文件的音频流、视频文件的视频流等。因此，响应体的内容对于客户端来说是非常重要的，它直接影响了客户端的用户体验和对所请求资源的有效利用。

（三）Python 网络爬虫步骤

第一，准备所需库。

准备一款名为 BeautifulSoup（网页解析）的开源库，用于对下载网页进行解析，建议使用 PyCharm 编译环境，可以直接下载该开源库。

其具体步骤如下：①选择 File→Settings；②打开 Project：PythonProject 下的 Project interpreter；③点击加号，添加新的库；④输入 bs4，选择 bs4 点击 Install Packge 进行下载。

第二，编写爬虫调度程序。

bike_spider 是项目名称，引入的四个类分别对应下面的四段代码：url 管理器、url 下载器、url 解析器、url 输出器。

第三，编写 url 管理器。

把已经爬取过的 url 和未爬取的 url 分开存放，以免重复爬取某些已经爬取过的网页。

第四，编写网页下载器，通过网络请求来下载页面。

第五，编写网页解析器。

解析网页时，需明确查询内容的特征，可打开网页，右键点击并选择"审查元素"，以探究目标内容的共同特点，进而准确提取所需信息。

第六，编写网页输出器。

输出的格式有很多种，建议选择以 html 的形式输出，这样可以得到一个 html 页面。

四、文献计量研究方法

（一）文献计量分析简介

文献计量学，一门跨学科领域，利用数学和统计学原理对各类知识载体进行量化分析。它巧妙融合了数学、统计学与文献学，致力于构建全面而量化的知识体系。其主要研究对象涵盖文献数量（如出版物，特别是期刊论文及其引用）、作者群体（个人、集体或机构），以及词汇统计（特别是标识文献的叙词）。文献计量学的显著特点在于其最终成果必然是"量化"的，这为学术研究提供了有力的数据支撑。

文献计量学如今的应用范围极为广阔。在微观上，它可帮助识别核心文献，评估出版物价值，分析文献使用效率，并促进图书情报部门的精细化管理。在宏观层面，文献计量学则有助于构建高效情报系统和网络，优化情报处理流程，揭示文献服务中的不足，预测出版趋势，进而推动情报基础理论的不断进步和完善。

文献计量分析的主要研究内容有：①发表数量：文献年度发表数量、累计数量；②作者：作者发文数量、作者分布、作者合作网络；③研究机构，研究机构所属地域；④关键词词频、关键词共现网络、关键词变迁；⑤文献互引网络、共引、共被引；⑥期刊来源分布；⑦资源分布、基金分布、学科分布；⑧高频词下载/引用文献列表等。

（二）文献计量分析的步骤和具体方法

1. 文献计量分析的步骤

文献计量分析的基本步骤为：

第一步，确定题录数据并进行探索性分析，根据需要统计某类主题（如年度、期刊、关键词、机构、基金等）出现的频数，并排出先后次序。

第二步，基于共现分析思路构建共现矩阵，画出知识图谱，对数据和图谱进行深入分析获得有效信息。

在第一步中用户可以将题录数据导入 Python，为进一步分析提供依据。

2. 文献计量分析具体方法

我们下面将介绍如何利用中国知网（CNKI）相关功能获得文献题录数据，并进行文献计量可视化分析。

第一步，检索。这一步利用中国知网检索，可以设置文献来源于某期刊，或是查询某个主题，有针对性地了解其文献的计量可视化内容。如果想要了解某一领域的研究，也可以检索该关键词。

第二步，勾选。这一步选择需要进行文献计量可视化分析的文献。例如，想要了解《管理世界》在 2018 年所发表的文献内容，可选择"发表年度"——"2018"。操作提示：①可以增加每页显示的文献数量，具体地，点击每页显示 50 页，尽可能多地显示文献量；②选中全部期刊，具体地，点击当前页最上方勾选按钮，一次性勾选当前页全部期刊文章。

第三步，进入。这一步点击"计量可视化分析"——"已选文献分析"，查看分析结果，可以发现当前最多只能支持分析 200 篇文献。可供查看的分析内容主要涵盖两个主要方面：关系网络和分布情况。在关系网络方面，主要包括文献互引网络、关键词共现网络和作者合作网络。文献互引网络反映了文献之间的引用关系，展现了文献之间的相互影响和引用频率。关键词共现网络则显示了关键词之间的共现关系，帮助我们理解不同主题之间的关联程度和研究热点。作者合作网络揭示了不同作者之间的合作关系和合作频率，为研究团队构建和合作伙伴选择提供了参考。分布情况主要包括资源类型、学科领域、来源出版物、基金支持、作者分布以及机构情况等。通过分析资源类型，我们可以了解文献内容的多样性，从而更好地满足用户的需求。学科领域的分布情况能够帮助我们了解不同领域的研究热点和发展趋势。来源出版物的分布情况则有助于评估期刊或会议的学术影响力和质量。基金支持和作者机构的分布情况反映了研究项目的资金来源和研究机构的分布情况，有助于了解研究的资金支持和研究人员的分布情况。

第四步，解读。获得知网提供的文献分析知识图谱后，可以对其内容进行进一步解读。我们在此处以关系网络为例，通过文献互引网络，可以找出这一系列期刊文章中的关键期刊，可以通过圆圈的大小、颜色、连线判断该文章的关键性。通常关键文献具有多条连线，处于中心地位，如果文献年份较早，颜色为深色。

五、社会网络分析方法

（一）社会网络分析方法

社会网络（Social Network），简单来说，是由各种社会关系交织成的复杂结构。社会网络分析，这一源自物理学适应性网络的概念，旨在通过深入剖析网络关系，将个体间的微妙联系与社会系统的整体框架紧密联结。这种方法，融合了数学、图论等多元理论，为社会学家提供了一种全新的定量分析视角。从社会网络的角度来看，个体在社会环境中的互动，实则遵循着一种基于关系的模式或规律，这种规律恰恰映射出社会的深层结构。社会网络分析，既是一种实用的分析工具，又代表着一种独特的关系思维。

著名社会网络分析家巴里·韦尔曼曾深刻指出，网络分析的本质在于揭示那些潜藏在复杂社会系统之下的深层网络模式。这种分析方法具有广泛的适用性，能够有效解析社会学、经济学、管理学等诸多领域的问题。

社会网络的核心元素包括行动者及他们之间的关系纽带。行动者既可以是具体的个人，也可以是群体、公司或其他社会集体。每个行动者在社会网络中的位置，我们称为"节点"，而关系纽带，则是行动者之间各种联系的体现，如亲缘、合作、交换乃至对抗等关系。

社会网络分析方法，本质上是一套用于剖析社会网络关系结构及其属性的规范和方法，它侧重于分析不同社会单位间的关系结构及其特性，从而为我们提供了一个深入理解社会现象的新视角。

社会网络分析法主要关注的内容包括中心性分析、凝聚子群分析、核心—边缘结构分析以及结构对等性分析等。

1. 中心性分析

在社会网络分析中，"中心性"堪称核心概念。个体在网络中的核心地位，即其中心度，是评估其重要性的关键指标。因此，每个行动者或节点在网络中均拥有独特的中心度。除了个体的中心度，网络的中心势同样值得关注，它反映了网络中各节点间的差异程度。与个体中心度不同，中心势刻画的是整个网络的集中程度，故每个网络仅有一个中心势值。

依据计算方法的不同，中心度和中心势可细分为三种：点度中心度/中心势、中间中心度/中心势以及接近中心度/中心势。这些分类不仅有助于我们分析网络中不同节点的重要性，还能深入探究整体网络结构的集中程度，为我们提供了更为全面和细致的分析视角。

2. 凝聚子群分析

在社会网络分析领域，当网络中的部分行动者因关系紧密而形成相对独立的次级群体时，这些群体被称为凝聚子群。凝聚子群分析的核心在于探讨网络中这些子群的数量、内部成员间的互动特性，以及子群之间的关联模式。同时，它也聚焦于不同子群成员间关系的独特性。

鉴于凝聚子群成员间关系的紧密性，一些学者形象地称为"小团体分析"。通过深入剖析凝聚子群及其内部互动，我们能更精准地把握网络中的小团体结构，进而理解这些小团体在整个网络中的功能与角色。

3. 核心—边缘结构分析

核心—边缘（Core-Periphery）结构分析旨在探究社会网络中哪些节点处于核心地位，哪些节点处于边缘地位。这种分析方法广泛应用于各种社会现象的研究，如精英网络、科学引文关系网络以及组织关系网络等。

在核心—边缘结构分析中，核心节点通常具有较高的中心度和连接度，它们在网络中扮演着重要的角色，拥有更多的资源和信息，对网络的稳定性和功能发挥着关键作用。相反，边缘节点往往与核心节点连接较少，地位较为边缘化，可能缺乏资源和影响力，对整个网络的影响较小。

通过核心—边缘结构分析，我们可以深入了解社会网络中各个节点的地位和作用，从而为研究网络结构、社会交互和信息传播等提供重要参考。

（二）Python 社会网络分析步骤

Python 是开源的，任何人都能访问其第三方模块 networkx 的源代码。networkx 是用 Python 语言编写的，它专注于图论和复杂网络的建模。这款软件包功能强大，能生成多种随机和经典网络，还能深入分析网络结构，构建网络模型，设计新型网络算法，甚至绘制网络图。安装 networkx 十分便捷，只需在已安装 pip 的环境中执行 pip install networkx 命令即可完成。若未安装 pip，则需要先安装 pip，然后再安装 networkx。值得一提的是，Python3 在安装时通常会默认包含 pip。

概括地讲，社会网络分析的基本步骤有三步：构建网络模型、分析网络和展示网络图之知识图谱。本书下面将简单列出利用 networkx 进行社会网络分析的具体步骤：

（1）在 NetworkX 库中，我们可以创建一个不含任何节点和边的空白图。图本质上由一组顶点以及连接这些顶点的边构成。在 NetworkX 中，顶点的类型非常灵活，几乎可以是任何对象，如文本字符串、图像数据、XML 对象，甚至自定义的节点对象等。但需要注意的是，Python 的 None 类型对象是不能作为图中的节点使用的。

import networkx as nx

G = nx. Graph（）

（2）图的发展涉及顶点和边的增加。顶点可以通过单次添加、批量添加列表形式或自 nbunch（一个包含节点的可迭代容器，如列表、集合、图或文件等）添加，需注意 nbunch 本身并非图的节点。NetworkX 提供了丰富的图生成函数以及图读写工具。边的增加同样灵活，可以单条添加、批量添加边列表，或通过添加 ebunch（包含边元组的可迭代对象）实现，边元组可以是表示无权边的二元组或包含权值的三元组。同样，图的拆卸过程也遵循类似的方法。

（3）指定对象。在 NetworkX 中，我们可以为节点和边指定各种对象。尽管数值和字符串是常用的选择，但实际上节点可以是任何可哈希对象（除了None）。同样，边也可以与任意对象 x 相关联。为了添加或修改节点属性，我们可以利用 add_nodes（）、add_nodes_from（）方法或直接通过 G. nodes 访问。对于边的属性，add_edges（）、add_edges_from（）方法或下标访问都是有效的操作方式。

（4）分析网络图。我们可以通过各种图论的函数来分析网络结构。

（5）画图（Drawing graphs）。NetworkX 虽不专注于绘图，但能与 Matplotlib 等绘图工具完美结合，实现出色的可视化效果。首先，需引入 Matplotlib 的 plot 接口，pylab 同样适用。对于交互式代码测试，使用"ipython-pylab"非常便捷，它集成了 Ipython 和 Matplotlib 的功能，并提供了直观的交互模式。其次，验证 networkx. drawing 模块的导入情况，确保一切准备就绪。最后，借助 Matplotlib 将图形呈现于屏幕之上。

参考文献

［1］范柏乃，蓝志勇. 公共管理研究与定量分析方法：第 2 版 ［M］. 北京：科学出版社，2013.

［2］陈向明. 质的研究方法与社会科学研究 ［M］. 北京：教育科学出版社，2000.

［3］艾尔·巴比. 社会研究方法：第 11 版 ［M］. 邱泽奇，译. 北京：华夏出版社，2009.

［4］戴维·德沃斯. 社会研究中的研究设计 ［M］. 郝大海，等译. 北京：中国人民大学出版社，2008.

［5］刘兰剑，李玲. 管理定量分析方法与技术：第 2 版 ［M］. 北京：中国人民大学出版社，2018.

［6］徐国祥. 统计预测和决策：第 4 版 ［M］. 上海：上海财经大学出版社，2012.

［7］陈丽燕. 统计学 ［M］. 北京：中国统计出版社，2015.

［8］邵崇斌，徐钊. 概率论与数理统计 ［M］. 北京：中国农业出版社，2007.

［9］刘颖芬，占济舟. 比例标度一致性比较的新方法 ［J］. 统计与决策，2007（15）：17-18.

［10］余广华，刘宗时. 中国经济管理概论 ［M］. 北京：中国人民大学出版社，1989.

［11］陈振明. 公共管理（MPA）专题十五讲 ［M］. 北京：中国人民大学出版社，2004.

［12］卢淑华.社会统计学：第5版［M］.北京：北京大学出版社，2021.

［13］胡光宇.战略定量研究基础：预测与决策［M］.北京：清华大学出版社，2010.

［14］张彦.社会统计学——原理与方法（修订本）［M］.南京：南京大学出版社，2001.

［15］袁政.公共管理定量分析：方法与技术［M］.重庆：重庆大学出版社，2006.

［16］谭跃进.定量分析方法（修订版）［M］.北京：中国人民大学出版社，2006.

［17］陈永国.公共管理定量分析方法［M］.上海：上海交通大学出版社，2006.

［18］林齐宁.决策分析［M］.北京：北京邮电大学出版社，2003.

［19］许晓东.定量分析方法［M］.武汉：华中科技大学出版社，2008.

［20］杨健.定量分析方法［M］.北京：清华大学出版社，2018.

［21］黄斌.管理定量分析［M］.北京：清华大学出版社，2021.

［22］汪长江，汪士寒.现代管理学［M］.北京：清华大学出版社，2015.

［23］蒲晓晔.公共管理定量分析［M］.北京：经济科学出版社，2018.

［24］胡荣.定量研究方法［M］.北京：北京大学出版社，2021.

［25］吕燕，朱慧.管理定量分析：方法与实践［M］.上海：上海人民出版社，2021.